W. Köllmann, W. Reininghaus, K. Teppe (Hg.)

Bürgerlichkeit zwischen gewerblicher und industrieller Wirtschaft

UNTERSUCHUNGEN
ZUR WIRTSCHAFTS-, SOZIAL- UND TECHNIKGESCHICHTE

Band 12

Bürgerlichkeit zwischen gewerblicher und industrieller Wirtschaft

Beiträge des wissenschaftlichen Kolloquiums anläßlich des 200. Geburtstags
von Friedrich Harkort vom 25. bis 27. Februar 1993

Herausgegeben von Wolfgang Köllmann, Wilfried Reininghaus und Karl Teppe

GESELLSCHAFT FÜR WESTFÄLISCHE WIRTSCHAFTSGESCHICHTE E. V.
DORTMUND 1994

Die Deutsche Bibliothek – CIP-Einheitsaufnahme

Bürgerlichkeit zwischen gewerblicher und industrieller Wirtschaft: Beiträge des Wissenschaftlichen Kolloquiums anläßlich des 200. Geburtstags von Friedrich Harkort vom 25. bis 27. Februar 1993 / Gesellschaft für Westfälische Wirtschaftsgeschichte e. V. Hrsg. von Wolfgang Köllmann… –

(Untersuchungen zur Wirtschafts-, Sozial- und Technikgeschichte; Bd. 12)

ISBN 3-925227-36-9

NE: Köllmann, Wolfgang [Hrsg.]; Wissenschaftliches Kolloquium anläßlich des 200. Geburtstags von Friedrich Harkort <1993, Hagen; Wetter, Ruhr>; Gesellschaft für Westfälische Wirtschaftsgeschichte; GT

ISBN 3-925227-36-9
Gesellschaft für Westfälische Wirtschaftsgeschichte e. V.
Dortmund 1994
Druck: Rhein-Ruhr Druck Sander, Dortmund
Alle Rechte vorbehalten
Schriftleitung: Gabriele Unverferth und Wilfried Reininghaus

Gedruckt mit Unterstützung der Harkort-Gesellschaft e. V., Hagen

INHALT

Friedrich Harkort fasziniert bis auf den heutigen Tag alle, die sich für die Wirtschafts-geschichte Westfalens interessieren. Seinen Nachruhm verdankt er ebenso der Mecha-nischen Werkstätte in Wetter wie seinen Anregungen zur Wirtschafts-, Sozial- und Bildungspolitik. Die Gründung seiner Maschinenfabrik, der ersten in Westfalen, war 1819 ein Markstein auf dem Weg zur Entstehung des Ruhrgebiets. In der Politik ließ sich der streitbare Liberale an Kreativität von kaum jemandem übertreffen. Seine Visionen waren den Zeitgenossen oft um Generationen voraus.

Die Gesellschaft für Westfälische Wirtschaftsgeschichte hat deshalb das wissenschaft-liche Kolloquium anläßlich des 200. Geburtstages von Friedrich Harkort im Februar 1993 gerne unterstützt und begleitet. Die von der Forschung im Westfälischen Wirt-schaftsarchiv intensiv genutzten Bestände legten es nahe, nicht nur Friedrich Harkort, sondern auch seine Familie und ihre wirtschaftlichen Aktivitäten in den Mittelpunkt zu stellen. In idealer Weise sind deshalb mit dieser Publikation die beiden satzungsmäßi-gen Ziele der Gesellschaft verknüpft, die Arbeit des Westfälischen Wirtschaftsarchivs ebenso wie die wirtschafts- und sozialgeschichtliche Forschung zu fördern.

Zu danken ist allen, die zum Gelingen der Tagung und damit auch zum Erscheinen dieses Bandes beigetragen haben. Die Harkort-Gesellschaft e. V. und die Südwestfäli-sche Industrie- und Handelskammer zu Hagen, vertreten durch ihren Präsidenten Herrn Dipl.-Ing. Robert Dicke und ihren Hauptgeschäftsführer Herrn Dipl.-Volkswirt Runar Enwaldt, haben die Veranstaltung durch ihr Engagement erst ermöglicht. Die Gesellschaft für Westfälische Wirtschaftsgeschichte freut sich daher, der Kammer im Jahre ihres 150jährigen Jubiläums dieses Buch vorlegen zu können.

Die Städte Hagen und Wetter als gemeinsame Gastgeber des Kolloquiums haben in nachbarschaftlicher Verbundenheit bewiesen, wie sehr sie der Geschichte ihrer Region verpflichtet sind. Hierfür ist Rat und Verwaltung beider Städte zu danken. In Wetter hat Herr Bürgermeister Ulrich Schmidt, Vizepräsident des Landtags von Nordrhein-Westfalen, die Anliegen des Westfälischen Wirtschaftsarchivs in besonderem Maße unterstützt.

Bei der wissenschaftlichen Planung des Kolloquiums und des Tagungsbandes koope-rierte das Westfälische Wirtschaftsarchiv eng mit dem Westfälischen Institut für Regionalgeschichte in Münster und dessen Direktor Herrn Dr. Karl Teppe. Ihm ist für die Vorbereitung ebenso zu danken wie Herrn Prof. Dr. Wolfgang Köllmann, dem langjährigen Vorstandsmitglied unserer Gesellschaft und Begründer der neueren Har-kort-Forschung.

Die in diesem Band vorgelegten Beiträge präsentieren der Öffentlichkeit Ergebnisse aktueller Forschungen, denen ich wünsche, daß sie über Westfalen hinaus Beachtung finden.

Dortmund, im Mai 1994

Heinrich Frommknecht
1. Vorsitzender der
Gesellschaft für Westfälische Wirtschaftsgeschichte e. V.

„BÜRGERLICHKEIT ZWISCHEN GEWERBLICHER UND INDUSTRIELLER WIRTSCHAFT".

Ein einführender Bericht über das wissenschaftliche Kolloquium anläßlich des 200. Geburtstags von Friedrich Harkort vom 25. bis 27. Februar 1993

Dem Archivgut der Familie Harkort und ihrer Unternehmen gilt die besondere Aufmerksamkeit des Westfälischen Wirtschaftsarchivs in Dortmund (WWA) seit seiner Gründung. Der bevorstehende 200. Geburtstag von Friedrich Harkort – das bekannteste Mitglied der Familie wurde am 22. Februar 1793 geboren – ließen das Archiv frühzeitig in konzeptionelle Überlegungen über eine angemessene wissenschaftliche Ehrung des Jubilars eintreten. Wie bei vergleichbaren Anlässen früher setzte das WWA dabei auf die Kooperation mit anderen Institutionen. Wegen der gesamtwestfälischen Bedeutung des Harkort-Themas konnte als Mitveranstalter das Westfälische Institut für Regionalgeschichte (WIR, bis 1991 Wissenschaftliche Hauptstelle des Provinzialinstituts für Landes- und Volksforschung) gewonnen werden. Die Kooperation mit dieser Einrichtung des Landschaftsverbandes Westfalen-Lippe bot sich für das Archiv um so mehr an, weil der Landschaftsverband zu den Trägern des WWA zählt.

Parallel zu den Vorbereitungen für das Kolloquium wurden die langjährigen Erschließungsarbeiten an den Harkort-Beständen im WWA abgeschlossen. 1991 konnte in der Reihe „Inventare der nichtstaatlichen Archive Westfalens" des Westfälischen Archivamts das Archiv der Firma und Familie Johann Caspar Harkort vorgestellt werden; 1993 erschien in der Inventarreihe des WWA eine zweibändige Publikation zum Archiv der Mechanischen Werkstätte, der Gründung Friedrich Harkorts[1].

Im vorbereitenden Arbeitskreis waren beteiligt Prof. Dr. Wolfgang Köllmann (Bochum), Prof. Dr. Wolfgang Mager (Bielefeld), Prof. Dr. Wolfhard Weber (Bochum), Dr. Karl Teppe, Direktor des WIR, sowie die Archivare Prof. Dr. Ottfried Dascher und Dr. Wilfried Reininghaus. Sie schlugen vor, Friedrich Harkort und die Familie Harkort im Zusammenhang zu behandeln. Es sollten allgemeine Fragen der Forschung an das im Archiv erschlossene Quellenmaterial herangetragen, regionale bzw. familienbezogene Aspekte mit nationalen und internationalen Bezügen verknüpft werden. Querverbindungen ergaben sich insbesondere zu zwei Schwerpunkten der jüngeren Sozial- und Wirtschaftsgeschichte zwischen 1750 und 1850: zur Bürgertumsforschung und zu den Anfängen der regionalen Industrialisierung in Westfalen. Für exportorientierte Unternehmen wie Johann Caspar Harkort zu Harkorten und die Mechanische Werkstätte Friedrich Harkorts kam ein dritter Aspekt hinzu: die außenwirtschaftlichen Beziehungen des Raums um Hagen zu England, zum Baltikum und zu Skandinavien. Das von W. Köllmann vorgeschlagene Motto der Veranstaltung „Bürgerlichkeit zwischen gewerblicher und industrieller Wirtschaft" verbindet die einzelnen Aspekte.

Dank der Unterstützung der Harkort-Gesellschaft e. V., Hagen, der Südwestfälischen Industrie- und Handelskammer zu Hagen, der Gesellschaft für Westfälische Wirtschaftsgeschichte e. V., Dortmund, der Mannesmann Demag Fördertechnik AG, Wetter, sowie der Städte Hagen und Wetter fand dann in der Woche des 200. Geburtstags von Friedrich Harkort vom 25. bis 27. Februar 1993 das Kolloquium statt. Kolloquium und offizielle Ehrung waren in ein Gesamtprogramm integriert. Besuche in Haus

Hohenhof in Hagen-Emst, auf Burg Wetter, in Volmarstein und auf Haus Harkorten sorgten für ein Ambiente, das entscheidend zum Gelingen der Tagung beitrug.

Am 25. Februar 1993 begrüßten in Hagen Dipl.-Ing. Robert Dicke, Präsident der Südwestfälischen Industrie- und Handelskammer zu Hagen und Vorsitzender der Harkort-Gesellschaft e. V., und Dietmar Thieser, Oberbürgermeister der Stadt Hagen, die Teilnehmer des Kolloquiums. Sie betonten, daß Friedrich Harkort in Hagen und Umgebung seit langem Identität stiftet. Seine bahnbrechenden Ideen zur Dampfkraft und zur Eisenbahn machten den „Alten Harkort" ebenso populär wie seine politische Tätigkeit.

In seiner Einführung in die Thematik der Tagung begründete Wilfried Reininghaus, warum das Thema auf die Gesamtfamilie Friedrich Harkorts ausgedehnt wurde. Während zu seinen prägenden ersten Lebensjahrzehnten W. Köllmanns Biographie vorliegt[2], fehle es zu den anderen Harkorts an Untersuchungen. E. Soedings liebevoll geschriebene Sammelbiographie von 1958[3] behalte zwar ihren Wert, ersetze aber nicht fachhistorische Arbeiten. Die Ausdehnung auf allgemeinere Fragestellungen durch die Referate des Kolloquiums bedeutete vor allem, den Transformationsprozeß von der vorindustriellen zur industriellen Zeit genauer in den Blick zu nehmen. Bezogen auf die Region, aus der die Harkorts stammten, hieß das auch, anhand der Geschichte der Grafschaft Mark und ihrer Bewohner Ausgangs- und Rahmenbedingungen, Verlauf, Folgen und Ergebnis der Industrialisierung zu untersuchen. Diese Fragen standen im Mittelpunkt der zweiten Arbeitssitzung, wobei mikroökonomische Aspekte dominierten. Der rasche ökonomische Wandel vom 18. zum 19. Jahrhundert erfaßte alle Lebensbereiche, er strahlte auf Politik, Gesellschaft und Kultur aus. Viele der hierauf abzielenden Fragen bündelten sich in der neueren Bürgertumsforschung, dem Thema der ersten Arbeitssitzung. Den Außenbeziehungen der Region sollte die dritte Arbeitssitzung gewidmet sein. Technologietransfer und Außenhandel wirkten auf die Ausgangsregion zurück.

An Reininghaus' Einführung schloß sich unmittelbar sein Beitrag über die Harkorts und das Bürgertum in der Grafschaft Mark innerhalb der ersten Arbeitssitzung an, die unter Leitung von Wolfgang Mager stand[4]. Reininghaus behandelte den Sonderfall des ländlichen Bürgertums im 18. Jahrhundert, das bisher von der Forschung ausgespart blieb. Dem schwachen Stadtbürgertum in der Hellwegzone standen vermögende ländliche Unternehmer im gewerbereichen Süden der Grafschaft gegenüber. Anstelle des erkrankten Rudolf Boch zog Reininghaus am Beispiel der Brüder Johann Caspar, Friedrich und Eduard Harkort Linien bis zur Revolution 1848/49. Der für Hagen vorgesehene Beitrag Bochs über das bergisch-märkische Wirtschaftsbürgertum zwischen 1814 und 1840 wird in diesem Band abgedruckt. Er zeichnet die sich wandelnden Einstellungen der Unternehmer in der Region zur Industrialisierung nach. Friedrich Harkort wird darin mit bergischen Unternehmern wie Schuchard und Aders verglichen. Hartmut Zwahr (Leipzig) behandelte die unternehmerischen Aktivitäten der beiden Brüder Carl und Gustav Harkort in Leipzig im lebensgeschichtlichen Zusammenhang. Über 40 Jahre standen die Leipziger Harkorts mit dem westfälischen Stammhaus in engem Briefkontakt. Sie paßten sich den Gegebenheiten des Marktes an, gaben aber die familiären Bindungen nicht auf.

Die zweite Arbeitssitzung, geleitet durch Ottfried Dascher (Düsseldorf), eröffnete am 26. Februar 1993 Stefan Gorißen (Bielefeld) mit einem Referat über die Unternehmensstrategien der Kaufleute und Verleger Johann Caspar Harkort. Er unterschied in seiner mikroökonomischen Studie die drei Geschäftsbereiche Handel, Verlag (Kaufsystem) und Produktion. Aus betriebswirtschaftlicher Logik drängte die Firma J. C. Harkort immer stärker auf eine Kontrolle des Herstellungsprozesses. Clemens Wischermann (Münster) zeigte Handlungsspielräume frühindustrieller Unternehmer auf am Beispiel der Iserlohner Nähnadelindustrie 1815 und der Diskussion um Bergbaufreiheit nach 1830. Hierbei prallten die Auffassungen des „Ultraliberalen" Friedrich Harkort, der preußischen Bürokratie und des Anhängers des Stollenbergbaus, Carl Berger, aufeinander. Sven Eisenberger trug Ergebnisse seiner Bielefelder Magisterarbeit über die Arbeiterschaft der Mechanischen Werkstätte in Wetter vor. Er legte die Probleme einer frühen Fabrik dar, die kein Techniker wie etwa Fr. Krupp leitete. Harkort blieb auf englische Ingenieure angewiesen. Bemerkenswert war, so Eisenberger, die Vielzahl der Tätigkeiten und die frühe Trennung von Kopf- und Handarbeit.

Unter Leitung von Karl Ditt (Münster) analysierte in der dritten Arbeitssitzung Elisabeth Harder-Gersdorff (Bielefeld) den Export von Metallwaren in das Baltikum. Insbesondere die Konkurrenz der Steiermark muß berücksichtigt werden, wenn die Absatzchancen der märkischen Sensen angemessen beurteilt werden sollen. Bei einer relativen Stagnation der Verkaufspreise für Sensen in Lübeck entstand im 18. Jahrhundert eine Mengenkonjunktur mit differenziertem Sortiment. Wolfhard Weber (Bochum) bewertete den Technologietransfer zwischen England und Deutschland vor dem Hintergrund des Scheiterns F. Harkorts in Wetter. Er knüpfte an den Wettbewerb zwischen zwei preußischen Ministerien in der Gewerbeförderung an: Das Berg- und Hüttendepartement konkurrierte mit der Technischen Deputation. Wie ein unsichtbarer Faden durchzog die Transferpolitik die Überlegung, daß durch den Import von Maschinen und Fachkräften die Befähigung zur Eigenständigkeit gefördert werden sollte.

Karl Heinrich Kaufhold (Göttingen) leitete die Schlußdiskussion, die die Referate und ihre oft neuen Forschungsergebnisse zusammenfassend auswertete[5]: „Die fruchtbare Spannung zwischen einer bedeutenden Unternehmerpersönlichkeit, Friedrich Harkort, und seiner Familie auf der einen und den ökonomischen und sozialen Zusammenhängen, in denen er wirkte, auf der anderen Seite beherrschte wie schon die Tagung auch die abschließende Diskussion. Zwei Begriffe schienen auf den ersten Blick geeignet zu sein, sowohl das Besondere als auch das Allgemeine des Themas aufzunehmen: Bürgerlichkeit und Unternehmertum. Bei näherer Betrachtung zeigten sich indes beide als fragwürdig:

1. Waren die Harkorts und war vor allem Friedrich Harkort repräsentativ für 'Bürgerlichkeit'? Ohne Zweifel sprechen gewichtige Aspekte ihrer Lebensweise und ihrer Mentalität dafür, und doch geht die Rechnung nicht ohne Reste auf. Die Harkorts lebten auf dem Lande in einer Region, in der die Städte wirtschaftlich wie gesellschaftlich im ganzen eine Rolle am Rande spielten. Will man sie für das Bürgertum in Anspruch nehmen, muß also dessen für die Zeit als Regelfall ausschließliche Bindung an die Städte aufgegeben werden. Diese Frage wurde nicht zu Ende diskutiert, auch wenn sich ein Einvernehmen dahin abzeichnete, ‚Bürgerlichkeit' sei auch auf dem Lande nicht ohne weiteres auszuschließen.

Speziell für Friedrich Harkort blieb umstritten, ob er als ‚typischer Bürger' anzusehen sei. Denn er vereinigte in sich zweifellos bürgerliche Tugenden wie z. B. Fleiß und Strebsamkeit mit Eigenschaften, die sich damit nicht vereinbaren ließen, vor allem seine Neigung, alles auf eine Karte zu setzen und mehr zu wagen, als dies bei Abwägung der Chancen und Risiken zu vertreten gewesen wäre. Ob sich darin

Elemente einer Spielernatur finden lassen, blieb offen, da auch das Wagnis als ein Charakteristikum des Kaufmanns gelten kann.

2. Solche Fragen können nicht aufkommen, wenn man die Rolle Friedrich Harkorts als Unternehmer heraushebt, denn zu diesem gehört unbestritten auch das Wagen, ja selbst der Versuch, das unmöglich Scheinende möglich zu machen. Das Scheitern bleibt dabei nicht ausgeschlossen. Allerdings ist, wie betont wurde, die Unternehmergeschichte im wesentlichen eine Geschichte der erfolgreichen Unternehmer geblieben, und zu diesen gehörte Friedrich Harkort nicht – auch wenn sein Werk ihn überdauerte und in vielfach gewandelter Form noch heute besteht. Das führte zu der Frage, ob nicht am Anfang der Industrialisierung ein in einer Region führender Pionier wie Friedrich Harkort ein Unternehmertyp eigener Prägung sei, der mit besonderen Maßstäben gemessen werden müsse, wenn man ihm gerecht werden wolle. Sie wurde nicht abschließend beantwortet, nicht zuletzt deswegen, weil es dazu einer breiteren empirischen Grundlage bedarf als sie ein einzelner Unternehmer bieten kann. Festzuhalten ist aber, daß die oft unreflektierte Gleichsetzung von Unternehmer und Wirtschaftsbürger nicht so selbstverständlich war, wie sie es zu sein scheint.

Einvernehmen bestand darüber, daß sich die Tagung in ihrer Mischung von auf die Person Friedrich Harkorts, auf seine Familie sowie auf die ökonomischen und sozialen Verhältnisse der Zeit, in der er wirkte, bezogenen Referaten den richtigen Weg gewählt habe, und daß ihre vielfältigen neuen Ergebnisse ohne die reichen Bestände des Westfälischen Wirtschaftsarchivs nicht zustande gekommen wären. Wenn dennoch am Schluß kein einheitliches, zumindest in seinen Grundzügen unbestrittenes Bild des Generalthemas gezeichnet werden konnte, so ist dies wohl hauptsächlich dem Stand der Forschung zu den übergreifenden Komplexen Bürgerlichkeit und Unternehmertum zuzuschreiben. Die Forschung befindet sich in vollem Fluß, wie auch die Schlußdiskussion deutlich machte, die mehr Fragen formulierte, als sie Antworten geben konnte. Die Tagung leistete hier aber, wie uns scheint, einen wichtigen Beitrag, indem sie nicht nur offene Fragestellungen anhand eines schwierigen, weil in vielen Punkten wenig typischen Beispiels herausarbeitete, sondern zugleich ein umfassendes, auf breite Archivbestände gestütztes Material für die weitere Diskussion bereitstellte".

Das Kolloquium klang mit einem offiziellen Festakt im Stadtsaal Alt-Wetter am 27. Februar 1993 aus. Bürgermeister und Landtagsvizepräsident Ulrich Schmidt hatte zu Ehren Harkorts, der Wetter einen bedeutenden Rang in der Geschichte der deutschen Industrialisierung gesichert hat, einen würdigen Rahmen gestaltet. Er konnte mehr als 250 Gäste begrüßen. Landesdirektor Dr. Manfred Scholle (Landschaftsverband Westfalen-Lippe) fand lobende Worte für die Zusammenarbeit in der Kulturpflege am Beispiel der Aktivitäten zu Ehren des Jubilars. Anstelle des verhinderten Ministerpräsidenten Johannes Rau würdigte NRW-Arbeitsminister Franz Müntefering die Verdienste Friedrich Harkorts als Industriepionier und Sozialpolitiker. Prof. Dr. Wolfgang Köllmanns Vortrag „Sozialreform versus soziale Revolution" stellte die gesellschaftlichen Konzepte von Harkort, Marx und Engels gegenüber. Im Foyer des Stadtsaals war während des Festakts und an den folgenden Tagen eine von Stadtarchivar Dr. Dietrich Thier (Wetter) organisierte Ausstellung über Leben und Wirken Friedrich Harkorts zu sehen, die anschließend auch im Foyer der Südwestfälischen Industrie- und Handelskammer zu Hagen gezeigt wurde.

Wolfgang Köllmann   Wilfried Reininghaus   Karl Teppe

Teilnehmer des Kolloquiums

Beckmann, Uwe, Dr., Hagen
Conrad, Horst, Dr., Münster
Dascher, Ottfried, Prof. Dr., Düsseldorf/Dortmund
Dauskardt, Michael, Dr., Hagen
Ditt, Karl, Dr., Münster
Eisenberger, Sven, Bielefeld
Gall, Lothar, Prof. Dr., Frankfurt
Gorißen, Stefan, Bielefeld
Harder-Gersdorff, Elisabeth, Prof. Dr., Bielefeld
Helbeck, Gerd, Schwelm
Heuermann, Holger, Hagen
Hobein, Beate, Hagen
Kästing, Friederike, Dr., Hagen
Kaufhold, Karl Heinrich, Prof. Dr., Göttingen
Kloosterhuis, Jürgen, Dr., Münster
Köllmann, Wolfgang, Prof. Dr., Bochum
Lindström, Dag, Dr., Uppsala
Mager, Wolfgang, Prof. Dr., Bielefeld
Plaum, Bernd D., Dr., Dortmund
Pradler, Klaus, Dortmund
Reininghaus, Wilfried, Dr., Dortmund
Reulecke, Jürgen, Prof. Dr., Siegen
Spohn, Thomas, Dr., Münster
Tenfelde, Klaus, Prof. Dr., Bielefeld
Teppe, Karl, Dr., Münster
Thier, Dietrich, Dr., Wetter
Weber, Wolfhard, Prof. Dr., Bochum
Wessel, Horst A., Dr., Düsseldorf
Wischermann, Clemens, Dr., Münster
Zwahr, Hartmut, Prof. Dr., Leipzig

Anmerkungen

1   Das Archiv der Familie und Firma Johann Caspar Harkort zu Hagen-Harkorten im Westfälischen Wirtschaftsarchiv Dortmund, bearb. von Wilfried Reininghaus, Münster 1991; Friedrich Harkort, Kamp & Co. – Die Mechanische Werkstätte in Wetter. Inventar zum Bestand F 1, bearb. von Wilfried Reininghaus, 2 Bde., Dortmund 1993.

2   Wolfgang Köllmann, Friedrich Harkort, Bd. 1: 1793-1838, Düsseldorf 1964.

3   Ellen Soeding, Die Harkorts, 2 Bde., Münster 1957.

4   Auf eine ausführliche Inhaltsangabe der in Hagen und Wetter gehaltenen Referate einschließlich des Festvortrags von W. Köllmann wird verzichtet, weil sie ebenso wie das krankheitsbedingt ausgefallene Referat von R. Boch hier in der ursprünglich vorgesehenen Reihenfolge abgedruckt werden.

5   Die Veranstalter sind Herrn Kaufhold sehr dafür verbunden, daß er sich der Mühe unterzog, die Ergebnisse der Diskussion schriftlich festzuhalten, und diese für den Tagungsband und für den Vorab-Bericht in den AHF-Mitteilungen zur Verfügung stellte. Die folgenden Passagen sind seinem Bericht entnommen.

Wilfried Reininghaus

Die Harkorts und das märkische Bürgertum

Wer den sozialen und wirtschaftlichen Rang der Familie Harkort zu Harkorten in ihrer näheren Umgebung zwischen dem Dreißigjährigen Krieg und der Mitte des 19. Jahrhunderts ermitteln will, hat es leicht[1]. In sämtlichen verfügbaren Steuerlisten und anderen quantifizierbaren Quellen behaupteten die Harkorts einen Spitzenplatz unter den Einwohnern der Westerbauerschaft, im Gericht und Kirchspiel Hagen. Dies schlug sich nachdrücklich in den Ämtern nieder, die sie ausübten. In sechs aufeinanderfolgenden Generationen nahmen die ältesten Söhne namens Johann Caspar Harkort oder ihre jeweiligen Brüder als Gerichts- und Kirchenvorsteher, Steuerrezeptoren, Fabrikendeputierte oder Bürgermeister Führungsaufgaben wahr. Einige wenige Beispiele müssen an dieser Stelle als Beleg genügen. Der erste Johann Caspar Harkort erwarb sich sowohl im Gericht Hagen als auch bei den brandenburgischen Behörden große Anerkennung, als er in seiner Eigenschaft als Rezeptor in den 1670er Jahren das Steuerwesen im Gericht Hagen reorganisierte[2]. Der 1752 gestorbene Bernhard Diedrich Harkort avancierte zum ständischen Syndikus der Grafschaft Mark. Zwar hatte dieses Amt in der Zeit, in der es Harkort bekleidete, seinen repräsentativen Charakter eingebüßt, doch wird man Harkorts Rolle vor dem Hintergrund des allgemeinen Widerstands gegen die Akziseverfassung in den 1730er und 1740er Jahren neu beurteilen müssen[3]. Als die Handelskammer Hagen nach der Veröffentlichung der Statuten am 27. 10. 1844 ihre Arbeit 1846 aufnahm, wählte sie Johann Caspar Harkort V zu ihrem ersten Vorsitzenden[4].

Materielle Grundlage der hervorgehobenen Stellung war der große landwirtschaftliche Betrieb auf Gut Harkorten, das schon im Schatzbuch der Grafschaft Mark von 1486 erwähnt wird[5]. Die agrarische Betätigung der Hofesinhaber erhielt sich bis zum 19. Jahrhundert, sie erfuhr seit 1780 sogar eine Steigerung, denn Johann Caspar Harkort IV und sein gleichnamiger Sohn vermarkteten intensiv ihre landwirtschaftlichen Erzeugnisse. Die Brennerei, der Kalkofen und die Baumschule bildeten ertragreiche Nebenbetriebe. Über Verbesserungen der Agrarbetriebe führten die Harkorts eine weitläufige Korrespondenz. Johann Caspar Harkort IV pflegte mit Caspar Heinrich Stucke in Lennep einen regelmäßigen Austausch über alle Formen einer kommerziell geführten Landwirtschaft[6]. In seinem Nachlaß haben sich mehrere Manuskripte erhalten, in denen er seine Pläne festhält. Sie reichten von der Eigenerzeugung von Senf und Sauerkraut bis zur Mistersparnis und Festlegung der Fruchtfolgen. In Anerkennung seiner Verdienste um den agrarischen Fortschritt ernannte die „Gesellschaft naturforschender Freunde Westfalens" Johann Caspar Harkort IV 1800 zu ihrem Ehrenmitglied[7]. 1804 wurde er mit einer Silbermedaille für die Einführung der Stallfütterung im südlichen Teil der Grafschaft Mark öffentlich ausgezeichnet[8]. Johann Caspar Harkort IV muß deshalb als einer der Wegbereiter der modernen Landwirtschaft in Westfalen gelten.

Den Haupterwerbszweig und die Quelle des wachsenden Wohlstands machte jedoch der Handel aus. Er war eng verbunden mit der Produktion von Fertigwaren aus Metall. Schon vor der Eröffnung des ältesten erhaltenen Geschäftsbuches im Jahre 1674 müssen Handelsbeziehungen mit Lübeck, dem Umschlagplatz für Sensen und Messer in das Baltikum, bestanden haben. Die Expansion des Handels im 18. Jahrhundert, genau zu verfolgen anhand der schriftlichen Zeugnisse, begleitete eine immer engere Einbindung der Produktion in die Firma Johann Caspar Harkort[9].

Die Kombination von Handel und Produktion sicherte den Harkorts schon um 1750 einen führenden Platz unter den Unternehmern ihrer Region, weit über das Gericht Hagen hinaus. Johann Rembert Roden rechnete sie 1754 in seiner Beschreibung der Exportgewerbe südlich der Ruhr zu den sechs „prinzipalsten Kaufleute(n), so in Eisen-Waaren fast durch ganz Europa handeln, die Fabrikanten in Arbeit unterhalten und davon ihr soutien haben"[10]. Mit Recht werden die Harkorts zur „wirtschaftlichen Führungsschicht (des) landsässigen Bürgertums" in der Grafschaft Mark gezählt. Wolfgang Köllmann sah deshalb das Elternhaus von Friedrich Harkort „gezeichnet von bürgerlicher Ehrbarkeit, bürgerlicher Wohlhabenheit und bürgerlicher Verantwortung für Familie, Beschäftigte und Gemeinde"[11].

Die aus der Mikro-Analyse abgeleitete und überaus plausible „Bürgerlichkeit" der Harkorts[12] als soziale Konsequenz ihres wirtschaftlichen Erfolges stellt sich allerdings als Problem dar, wenn wir diesen Befund mit der allgemeinen Forschung vergleichen. So heterogen das Bürgertum im 18. Jahrhundert gewesen sein mag, eine ländliche Variante ist in der neueren Bürgertumsforschung nicht vorgesehen; allenthalben wird nur das Stadtbürgertum in den Blick genommen. Jürgen Kocka listete in einer negativen Begriffsbestimmung dessen, was das Bürgertum nicht war, neben aristokratisch, geistlich, militärisch auch das Attribut ländlich auf[13]. Ähnlich argumentierte Thomas Nipperdey, der die bürgerliche Kultur in Abgrenzung gegen den Nicht-Bürger, den Adel, den Bauern und die Unterschichten geformt sah[14]. Offener erscheint die Definition von Bürgertum bei Lothar Gall. Er lenkte die Aufmerksamkeit in einer neutraleren Weise auf eine Schicht von Kaufleuten und vorindustriellen ‚Unternehmern' unterschiedlichster Art, auf Beamte, Angehörige der freien Berufe und Gebildete in den verschiedensten Stellungen, deren Mitglieder ihre wirtschaftliche und vor allem auch gesellschaftliche Stellung zunächst im wesentlichen ihrer individuellen Leistung und Initiative verdankten[15]. Allerdings konzentrierten sich Gall und die von ihm angeregten Arbeiten in der Forschungspraxis auf das städtische Bürgertum. Die Ausgrenzung der Landbewohner vorindustrieller Zeit aus dem Bürgertum schlägt sich mittelbar nieder im Nachweis einer nachholenden „Verbürgerlichung" des Dorfes im 19. und 20. Jahrhundert[16]. „Dorf", „Bauern" und „Land" werden in diesem Zusammenhang fast ausschließlich als industrieferne soziale Gebilde angesehen; Beispiele aus Ostelbien, Nord- und Osteuropa dominieren.

Der Nachweis von Bürgerlichkeit bei den Harkorts könnte als ein Sonderfall, als lokale Abweichung vom gesamtdeutschen Standard abgetan werden. Allerdings ist der hier behandelte Raum mehr als nur irgendein beliebiger, sondern zusammen mit Sachsen und den Rheinlanden jenen Regionen zuzurechnen, in denen sich die Industrialisierung in Deutschland am frühesten durchsetzte. Und wenn Fritz Redlichs Vermutung stimmen sollte, „daß der gesamte moderne Wirtschaftsaufbau in Deutschland wie auch in anderen westlichen Ländern das Werk von ein paar hundert Familien gewesen ist"[17], dann muß der Fall der Harkorts und ihres Umfeldes, ihre soziale, wirtschaftliche und kulturelle Herkunft besondere Aufmerksamkeit beanspruchen. Unstrittig ist, daß Friedrich, Carl und Gustav ebenso wie ihr weniger bekannter Bruder Johann Caspar V zu den führenden Wirtschaftsbürgern ihrer Zeit gehörten. Hätte Redlich eine Rangliste der von ihm in den Blick genommenen Familien aufgestellt, hätten die Harkorts einen Platz sehr weit vorne eingenommen.

Um die Wurzeln der Bürgerlichkeit der ländlichen Unternehmerfamilie Harkort freizulegen, ist ein vergleichender Blick auf die Sozialstrukturen in der alten Grafschaft Mark erforderlich. Sozialgeschichtliche Arbeiten als Voraussetzung für eine Gesamtanalyse der märkischen Bevölkerung im Ancien Régime fehlen weitgehend, denn das Schwergewicht der regionalen Forschung lag auf der Wirtschaftsgeschichte[18]. Die folgenden Bemerkungen über Bürgertum und Sozialstruktur im späten 17. und 18. Jahrhundert können nur vorläufige und skizzenhafte Thesen sein.

Zu unterscheiden sind mehrere abgegrenzte soziale und ökonomische Systeme im Norden und Süden der Grafschaft Mark, die auf dem Wege der regionalen Arbeitsteilung miteinander verflochten waren:

– In der Hellweg- und mittleren Ruhrzone dominierten die Ackerbürgerstädte mit ausgeprägter Landwirtschaft, einem fast ausschließlich für den lokalen Bedarf produzierenden Gewerbe und einer schwach entwickelten Kaufmannschaft, die Krämer und Höker, aber kaum Groß- und Exporthändler umfaßte. Wegen ihrer Wochen- und Jahrmärkte behielten die Städte zwar eine zentrale Funktion für ihr agrarisch geprägtes Umland bei, es gelang ihnen jedoch nicht, die Gewerbeausübung in ihren Mauern zu begrenzen; sie konnten nach dem Dreißigjährigen Krieg die Ausbreitung des Landhandwerks nicht verhindern. Da unter den Einwohnern der Städte im Norden der Grafschaft die landwirtschaftliche Betätigung als Ackerbürger oder Tagelöhner vorherrschte, verwischten sich die Grenzen zwischen Stadt und Land.

– Die Stadt Hamm wich vom Typus der Ackerbürgerstadt ab. Als Sitz der Kammerdeputation bzw. Kriegs- und Domänenkammer bündelte die Quasi-Hauptstadt administrative Funktionen und beherbergte als einzige Stadt in nennenswerter Zahl Beamte. Ebenfalls als Ausnahme ist Soest zu werten. Soest herrschte seit dem Mittelalter über sein Umland, die Börde, unterdrückte das Landhandwerk und verfügte noch in preußischer Zeit über ein bestimmendes Stadtpatriziat [19]. Gerade die Ausnahme Soest läßt den Regelfall stärker hervortreten: Am Hellweg gab es ein städtisches Bürgertum, das nicht imstande war, auf sein Umland entscheidend einzuwirken. Es bezahlte dies gegenüber dem 16. Jahrhundert mit einer deutlichen Einbuße an Bevölkerung und an Wohlstand.

– Im gewerbereichen Süderland zeigten die Städte eine größere Vielfalt als in der nördlichen Mark[20]. Dies belegen schon die unterschiedlichen Rechtsverhältnisse. Den alten Städten wie Iserlohn und Lüdenscheid stand z. B. eine „junge" Akzisestadt wie Hagen gegenüber. Auch südlich der Ruhr war der Stadt-Land-Gegensatz gelockert, aber aus völlig anderen Gründen als im Norden der Mark. Als Sitz von Kirche und Gericht wirkten die Städte auf die sie umgebenden Ämter unverändert administrativ ein, aus wirtschaftlichen Gründen verloren sie in der Neuzeit zum Teil an Bedeutung. Die allermeisten Metallgewerbe konnten nicht in der Stadt, sondern nur auf dem Land ausgeübt werden, denn vor allem für die Halbzeugproduktion war die Wasserkraft der Bäche außerhalb der Stadtmauern erforderlich. Die Drahtproduktion ließ sich aber durchaus von der Stadt aus effizient kontrollieren. Den städtischen Eliten in Iserlohn und Altena gelang dies. Hier, aber auch in Hagen (seit etwa 1750 mit der bedeutenden Tuchmanufaktur Moll) und in Schwelm an der Grenze zwischen Berg und Mark saßen durch Handel und/oder Produktion reiche Kaufleute. In weiten Bereichen der südlichen Mark, zwischen Ruhr, Ennepe, Volme und Lenne, beherrschten jedoch die auf großen Gütern sitzenden Unternehmer die Gewerbeanlagen und den Absatz der dort erzeugten Produkte. Die Brüninghaus', Funckes, Heilenbecks, Bertrams oder Woestes seien stellvertretend genannt[21]. Die ländlichen Unternehmer lebten jedoch nicht völlig abgeschnitten von der Stadt, die Sitz der Kirche, des Gerichts und weiterer Verwaltungseinrichtungen war.

Für die Diskussion über langfristige Veränderungen in den wirtschaftlichen Strukturen der Grafschaft Mark zwischen dem 15. und 18. Jahrhundert ist die Frage nicht unwichtig, ob sich die Schwerpunkte der gewerblichen Betätigung von Nord nach Süd verschoben haben[22]. Anders formuliert: War die Dominanz der ländlichen Unternehmer südlich der Ruhr im 18. Jahrhundert eine junge oder alte Erscheinung? Zum einen gibt es Indizien für eine schon vor dem Dreißigjährigen Krieg im außeragrarischen Bereich engagierte Schicht vermögender Landbewohner, die an die Anrainer der Nord- und Ostsee erinnert. Dort hat bekanntlich H. Kellenbenz eine verbreitete bäuerliche Unternehmertätigkeit nachgewiesen. Deshalb ist als eine in vielem der Grafschaft Mark vergleichbare Region, z. B. wegen der Eisenverarbeitung, das mittlere Schweden heranzuziehen[23]. Zum anderen büßten mehrere für den Fernhandel wichtige Städte wie Dortmund, Hattingen oder Breckerfeld ihre Bedeutung als Plätze von Handel und Gewerbe nach 1650 weitgehend ein und ermöglichten so den Aufstieg weiterer ländlicher Unternehmer[24].

Als ein Zwischenergebnis sei festgehalten: Die ländlichen Unternehmer in den wichtigsten, für den Export produzierenden Metallgewerben und die städtische Kaufmannschaft des märkischen Süderlandes waren wirtschaftlich einander gleichwertig.

Das schlug sich in den sozialen Beziehungen, in Heirats-, Verkehrs-, Kultur- und Kommunikationskreisen nieder. Die Harkorts, denen wir uns nun wieder zuwenden, suchten die Ehepartner für ihre Söhne und Töchter zwischen 1675 und 1750 gleichmäßig in Stadt und Land unter Kaufleuten und Großbauern, seltener unter Pfarrern und Juristen aus. Der geographische Radius war begrenzt, er weitete sich von der unmittelbaren Nachbarschaft bis nach Remscheid und Iserlohn aus. Auch die Generation, die um 1750 geboren wurde, und die folgende mit Friedrich heirateten fast ausschließlich Söhne und Töchter von Kaufleuten des bergisch-märkischen Raumes. Die beiden Ausnahmen sind bezeichnend. Die Ehe von Friederike Harkort mit dem Aachener Manufakturbesitzer Pastor wurde nach wenigen Jahren 1779 geschieden. Und als Eduard Harkort 1821 eine ältere Zimmermannswitwe heiratete, brach die Familie mit ihm. Das Muster der familiären Vernetzung mit der näheren Umgebung war typisch für die gesamte ländliche Unternehmerschaft in der Mark, während die Großhandelsstadt Iserlohn nach 1750 ihren Heiratskreis geographisch erheblich, und zwar in Richtung auf die Messe- und Hafenstädte hin, ausdehnte[25]. Flankierten die Iserlohner damit ihren Absatz, so konzentrierte sich die Heiratsstrategie der ländlichen Unternehmer auf die Sicherung und Vermehrung ihres Kapitals, das in großgewerblichen Anlagen, in Hämmern, Manufakturen, z. T. in Bergwerken steckte.

Bei den Harkorts fällt auf, daß, soweit bekannt, nie eine Allianz mit einem Lübecker Haus in Betracht gezogen wurde. Im Rahmen der Arbeitsteilung innerhalb des Familienbetriebs zog ein jüngerer Bruder oder Sohn regelmäßig nach Norden, um dort Geschäfte abzuschließen. Fast nie ließ sich jedoch ein Harkort auf Dauer in der Hansestadt nieder. Lieber bediente man sich enger Geschäftsfreunde als Anlaufstellen, z. B. des aus Westfalen stammenden Johann Friedrich Hülsenbeck in Rostock. So bot das relativ ferne Ziel Lübeck ebenso wie Hamburg und Rostock stets nur für kurze Zeit Anschauung von großstädtischem Leben. Im Vergleich zu den Harkorts erfuhr die Iserlohner Kaufmannschaft städtische Kultur, etwa in den Messestädten Frankfurt und Leipzig, viel intensiver. Überhaupt spielten die Messestädte für die Ausbildung und den sozialen Habitus der Kaufmannssöhne eine entscheidende Rolle[26]. Gegenüber der praktischen Ausbildung in der Fremde trat die schulische Vermittlung von Wissen bis in das späte 18. Jahrhundert zurück. Es ist kein Zufall, daß die Harkorts und nicht die weltläufigen Iserlohner Kaufleute in der Grafschaft Mark Mentoren der Schulen vor Ort waren. Zum einen subventionierten die Harkorts die Schule in ihrer Bauerschaft, deren Lehrer ihre eigenen Kinder unterrichteten. Zum anderen setzten sich Peter und Johann Caspar Harkort IV 1799 maßgeblich für die Gründung der Hagener Handelsschule ein, der ältesten dieser Art in der Grafschaft Mark, die u. a. Friedrich Harkort besuchte und die zu einer zentralen Bildungsstätte für die Region in der ersten Hälfte des 19. Jahrhunderts werden sollte. In der Disposition dieser ländlichen Kaufleute für das Schulwesen verband sich die Sorge für das Gemeinwesen sehr wohl mit dem Eigennutz[27].

Für die Schule und den Gesamtbereich der materiellen und geistigen Kultur kamen Orientierungshilfen aus dem Bergischen Land. Das Geflecht zwischen Berg und Mark können wir uns nicht kompliziert und vielschichtig genug vorstellen, trotz der von Preußen vorgegebenen wirtschaftspolitischen Konfrontation. Nicht zu verkennen ist, daß sich dies- und jenseits des Grenzflusses Wupper überaus viele Gemeinsamkeiten finden lassen. Der bergisch-westmärkische Raum bildete im 18. Jahrhundert einen zusammenhängenden Kulturkreis, der schichtenspezifisch eigene Formen entwickelte[28]. Haus Harkorten und seine Bewohner lieferten Beispiele für die Wohn- und Lebensweise der Oberschicht in dieser Region. Die Gebäude dort, vor allem das Haupthaus selbst, gelten als „die reifste und üppigste Schöpfung der bergischen Bauweise" [29]. Völlig korrekt ist das nicht, denn das Haus wird einem Breckerfelder, d. h. märkischen Baumeister zugeschrieben, der zwischen Hagen und Düsseldorf arbeitete. Desgleichen fielen die Aufträge für die Inneneinrichtung auf Harkorten an Tischler aus demselben Ort, die Möbel für einen weiten Kundenkreis bis nach Solingen anfertigten[30].

So unstrittig die Zugehörigkeit der Harkorts zu diesem territorienübergreifenden Kulturkreis auch ist, sie hielten dennoch Distanz zu Elberfeld und Barmen. Über den regen Briefaustausch, z. B. mit der Schwester und dem Schwager Teschemacher in Barmen, und durch persönliche Besuche waren sie über viele Details aus dem Wuppertal informiert. Sie scheuten jedoch vor formellen Beziehungen zurück, z. B. davor, als auswärtiges korrespondierendes Mitglied einem der Vereine des Wuppertals beizutreten, was leicht möglich gewesen wäre[31].

Zwei Kultureinrichtungen vermittelten zwischen Berg und Mark. Die eine war der Schwelmer Brunnen, der zu einem Treffpunkt für Kaufleute und Unternehmer beiderseits der Grenze wurde und Theater, Unterhaltung und Gespräche bot. Der Schwelmer Pfarrer Friedrich Christoph Müller berichtet darüber: Sonntags „kommen ganze Karawanen von Kaufleuten und Fabrikanten, Mann und Weib, zu Roß und zu Fuß aus dem Bergischen, um sich Bewegung und Freude zu machen, und sich schröpfen zu lassen"[32]. In den 1790er Jahren bot sich dann zweitens von Dortmund aus bis Elberfeld der Westphälische Anzeiger von Mallinckrodt als ein Sprachrohr des Bürgertums an, das Meinungen artikulierte und formte[33].

Der Grafschaft Mark verpflichtet waren die Harkorts nicht zum geringsten ihrer öffentlichen Ämter wegen. Dies gibt Anlaß zu fragen, in welchem Verhältnis diese und andere Unternehmer zum preußischen Staat und seiner Bürokratie standen. Erinnern wir daran, daß eben dieses Verhältnis zum Staat als Prüfstein für die Entwicklung des

Bürgertums im europäischen Vergleich gilt. Dem deutschen und zumal dem preußischen Bürgertum wurde vorgehalten, daß es durch „die lange Gewöhnung an absolutistisches Regiment" und durch sein „Obrigkeitsvertrauen" „politisches Versagen" und einen „Mangel an selbstbewußter Bürgerlichkeit" provoziert habe (R. Vierhaus)[34].

Ausgangspunkt für das öffentliche Engagement der Harkorts war ihre Stellung in der Gemeinde Westerbauer, im Gericht und im Kirchspiel Hagen. Johann Caspar Harkort I amtierte seit 1673 als gewählter Rezeptor, der Steuern nach den Umlagequoten einzog, die auf den Versammlungen der freien Einwohner auf sogenannten Erbentagen beschlossen worden waren[35]. Diese Erbentage sind mit guten Gründen in der Forschung als Vorbild für das Selbstverwaltungs-Modell des Freiherrn vom Stein angesehen worden[36]. Die Tätigkeit der Harkorts beschränkte sich indessen nicht auf das Einziehen von Steuern, vielmehr übernahmen sie weitere Aufgaben für ihre Mitbewohner: Sie beschafften Medizin gegen die Rote Ruhr in den 1680er Jahren[37], sie verwalteten das genossenschaftliche Markenerbe und das Schulkapital. In Konflikt mit dem Staat brachte sie dies im Regelfall nicht, wohl aber der Gesangbuchstreit der Jahre 1784 bis 1786, als Johann Caspar IV als einer der Wortführer für ein neues Gesangbuch in der Kirchengemeinde Hagen auftrat, die daraufhin als Ruhestörer getadelt wurden[38].

Jenseits der im engeren Sinne kommunalen Aufgaben wuchs den Harkorts eine Sprecherrolle in der regionalen Wirtschaftspolitik zu. Hierzu trug die Arbeitsteilung in der Grafschaft Mark zwischen den Rohstoff- und Halbzeuglieferanten einer- und den Fertigwarenproduzenten andererseits bei. Die Osemundhämmer des Raums Lüdenscheid belieferten die Stahl-, Eisen- und Reckhämmer an der Enneperstraße, die ihrerseits das Rohmaterial für Klingen-, Sensen- und Messerschmiede stellten. Das seit 1662 bestehende Preis- und Mengen-Kartell der Eigentümer von Osemundhämmern erzwang die Koordinierung der Interessen der weiterverarbeitenden Betriebe, die Preiserhöhungen oder Beschränkungen der Produktion nicht hinnehmen wollten. Im sog. „Stillstandsstreit" schlossen sich 1706 erstmals die „Reidemeister des Eisen- und Stahlhandels" im Amt Wetter zur Abwehr der Bestrebungen der Osemund-Reidemeister zusammen. An der Ennepe bestand man auf einem möglichst unreglementierten Wirtschaften sowie auf der freien Zufuhr von Osemundeisen und mobilisierte dazu mit Erfolg die Beamtenschaft. Dem Zusammenschluß der Eisengewerbe in Altena und Lüdenscheid zu Stapeln setzte die Enneperstraße seit 1750 sog. „Fabrikendeputierte" entgegen, die als Sprecher der Kaufleute, Hammermeister und Schmiede zwischen Wetter, Hagen und Schwelm agierten. Durchgängig stellte das Haus Harkort einen der zwei oder drei Deputierten[39].

Neben der Auseinandersetzung um die möglichst störungsfreie Zulieferung von Rohstoffen motivierte vor allem der Schutz vor Übergriffen des Militärs das regionale Zweckbündnis[40]. Die Militärreformen von König Friedrich Wilhelm I. führten nach 1713 zu einer immer rücksichtsloseren Rekrutierung, die 1720 offenen Widerstand mit Schwerpunkt im Raum Hagen/Schwelm provozierte. In der Folgezeit reagierte die preußische Verwaltung flexibel und befreite 1733 die Schmiede im Amt Wetter, die für den Export arbeiteten, von der Werbung. Das Zugeständnis beruhte auf der Einsicht, daß dem Staat durch das Exportgewerbe große Steuer- und Zolleinnahmen zuflossen und die Aushebungen nur der bergischen Konkurrenz Arbeitskräfte zuführten.

Die Bewältigung der Konflikte, die Annäherung von militärischen und wirtschaftlichen Zielen läßt eine Fähigkeit zum Dialog zwischen Staat und regionaler Wirtschaft erkennen, die in einem streng absolutistischen Regiment so nicht zu erwarten gewesen wäre. Kaufleute und ländliche Unternehmer vermochten dabei ihre Interessen nicht nur zu organisieren und zu artikulieren, sondern auch z. T. durchzusetzen. Sie leiteten in den letzten Jahren des Ancien Régime deshalb ein Recht auf Mitwirkung an zentralen Fragen der kommunalen und regionalen Politik ab. Zwei Beispiele dafür: In den Städten Schwelm und Iserlohn setzten die örtlichen Honoratioren, das waren Kaufleute, zwischen 1798 und 1804 eine Beteiligung an der Stadtverwaltung durch[41]. Sie trugen damit ebenso zu „Reformen vor der [Stein-Hardenbergschen] Reform" (O. Hintze) bei wie die ländlichen Unternehmer, die auf eine Revision der überkommenen Steuerverfassung drängten[42]. Die Akzise hatte seit 1716 Stadt und Land getrennt, Unausgewogenheiten in der Besteuerung herbeigeführt und ländliche Anbieter benachteiligt. Unter maßgeblicher Beteiligung nicht nur der preußischen Beamten mit Stein und Heynitz an der Spitze, sondern auch der gesamten ländlichen Unternehmerschaft in der Grafschaft Mark trat 1791 ein neues Steuersystem in Kraft, das die fast uneingeschränkte „Consumtions-, Handlungs- und Gewerbe-Freyheit" auf dem platten Land vorsah und den tatsächlichen Verhältnissen Rechnung trug.

Damit war am Ende des 18. Jahrhunderts weitgehend ein Ausgleich zwischen den Interessen von Stadt und Land herbeigeführt. Den Mitgliedern des Hauses Harkort war in diesem über das 18. Jahrhundert andauernden Prozeß eine Mittlerrolle zwischen Staat und Unternehmern zugefallen.

Anmerkungen

1 Der Beitrag stützt sich auf das im Westfälischen Wirtschaftsarchiv Dortmund (= WWA) befindliche Firmen- und Familienarchiv Harkort; vgl. dazu Wilfried Reininghaus (Bearb.), Das Archiv der Familie und Firma Johann Caspar Harkort zu Hagen-Harkorten im Westfälischen Wirtschaftsarchiv Dortmund, Münster 1991. Auf ausführliche Nachweise konnte deshalb verzichtet werden.

2 Vgl. Werner Ide, Anno 1677. Eine Steuerliste für das Gericht Hagen, in: Jahrbuch des Vereins für Orts- und Heimatkunde in der Grafschaft Mark 70 (1972), S. 1–75; WWA N 18 Nr. 706 (Recepturbuch 1673–1686).

3 Leo Wollenhaupt, Die Cleve-Märkischen Landstände im 18. Jahrhundert, Berlin 1924, S. 22.

4 Ludwig Beutin, Geschichte der südwestfälischen Industrie- und Handelskammer zu Hagen und ihrer Wirtschaftslandschaft, Hagen 1956, S. 53f.

5 Willy Timm (Bearb.), Schatzbuch der Grafschaft Mark 1486, Unna 1986, S. 126 Nr. 3766.

6 Nachweise: Reininghaus (wie Anm. 1), S. 63ff. Ein Nachweis für die von E. Soeding behauptete Korrespondenz mit A. Thaer ist archivalisch nicht zu erbringen.

7 Ellen Soeding, Die Harkorts, Münster 1957, Bd. 1, S. 384; vgl. Willy Timm, Christian Friedrich Meyer und die ‚Gesellschaft naturforschender Freunde Westfalens', in: Der Märker 17 (1968), S. 14–15.

8 WWA N 18 Nr. 98; vgl. allgemein zur noch nicht hinreichend erforschten Modernisierung der westfälischen Landwirtschaft um 1800: Hans-Jürgen Teuteberg, Agrarhistorische Forschungen in Westfalen im 19. und 20. Jahrhundert, in: Westfälische Forschungen 40 (1990), S. 1–44, hier 20–28.

9 Vgl. hierzu den Beitrag von Gorißen in diesem Band.

10 A. Meister (Hrsg.), Die Grafschaft Mark. Festschrift zum Gedächtnis der 300jährigen Vereinigung mit Brandenburg-Preußen, Bd. 2, Dortmund 1909, S. 189.

11 Wolfgang Köllmann, Friedrich Harkort, in: Historia socialis et oeconomica. Festschrift für Wolfgang Zorn zum 65. Geburtstag, hrsg. von H. Kellenbenz und H. Pohl, Stuttgart 1987, S. 278–282, 278, 279.

12 So schon Wolfgang Köllmann, Friedrich Harkort, Bd. 1: 1793–1838, Düsseldorf 1964, S. 15, 16 Anm. 1.

13 Jürgen Kocka, Bürgertum und Bürgerlichkeit als Probleme der deutschen Geschichte vom späten 18. zum frühen 20. Jahrhundert, in: ders. (Hrsg.), Bürger und Bürgerlichkeit im 19. Jahrhundert, Göttingen 1987, S. 21–63, 42 (Zitat); ders., Obrigkeitsstaat und Bürgerlichkeit. Zur Geschichte des deutschen Bürgertums im 19. Jahrhundert, in: W. Hardtwig/H.-H. Brandt (Hrsg.), Deutschlands Weg in die Moderne. Politik, Gesellschaft und Kultur im 19. Jahrhundert, München 1993, S. 107–121, 111.

14 Thomas Nipperdey, Kommentar: „Bürgerlich" als Kultur, in: Kocka (Hrsg.) (wie Anm. 12), S. 145.

15 Lothar Gall, Bürgertum in Deutschland, Berlin 1989, S. 21 (Zitat); ders. (Hrsg.), Vom alten zum neuen Bürgertum. Die mitteleuropäische Stadt im Umbruch 1780–1820, München 1991.

16 Vgl. Wolfgang Jacobeit, Josef Mooser, Bo Stråth (Hrsg.), Idylle oder Aufbruch? Das Dorf im bürgerlichen 19. Jahrhundert. Ein europäischer Vergleich, Berlin 1990.

17 Zitiert nach Jürgen Kocka, Unternehmer in der deutschen Industrialisierung, Göttingen 1975, S. 33.

18 Einführend und als Entwurf für weitere Forschung: Wilfried Reininghaus, Wirtschaft, Staat und Gesellschaft in der alten Grafschaft Mark, in: E. Trox (Hrsg.), Preußen im südlichen Westfalen, Lüdenscheid 1993, S. 11–41, 33–37.

19 Soests Rolle als ein zentraler Ort für die nördliche Grafschaft Mark in der Frühneuzeit ist erst in Ansätzen untersucht, vgl. hierzu Rolf Dieter Kohl, Absolutismus und städtische Selbstverwaltung. Die Stadt Soest und ihre Landesherrn im 17. Jahrhundert, Diss. Münster 1974; Johannes Pechel, Die Umgestaltung von Soest im Zeitalter Friedrich Wilhelms I. und Friedrichs II. 1715–1752, Göttingen 1905; Wolf-Herbert Deus, Kleine Soziologie der Soester zur Zeit Friedrichs des Großen, in: Soester Zeitschrift 64 (1952), S. 5–58.

20 Grundlegend: Dieter Stievermann, Städtewesen in Südwestfalen. Die Städte des Märkischen Sauerlandes im späten Mittelalter und in der frühen Neuzeit, Stuttgart 1978.

21 Die familienkundliche Forschung hat bisher mit mehreren Bänden bedeutende Materialien für die (noch ungeschriebene) Sozialgeschichte der ländlichen Unternehmer der südlichen Grafschaft Mark geliefert, vgl. vor allem Eberhard Winkhaus, Wir stammen aus Bauern- und Schmiedegeschlecht. Genealogie eines süderländischen Sippenkreises und der ihm angehörenden Industriepioniere, Görlitz 1932; Ilse Barleben, Die Woestes vom Woestenhof im Kirchspiel Lüdenscheid, 2 Bde., Altena 1971; Hans Vollmerhaus, Familien und Persönlichkeiten im südwestfälischen Kirchspiel Kierspe bis zum Beginn des 18. Jahrhunderts, Altena 1976.

22 Ich greife damit modifiziert eine These Bruno Kuskes zur „Entwicklung einer neuen Märktelinie im Ruhrtal" und zur „spürbaren Abschwächung der alten Getreidehandelsstädte am Hellweg" auf, Bruno Kuske, Wirtschaftsgeschichte Westfalens in Leistung und Verflechtung mit den Nachbarländern bis zum 18. Jahrhundert, 2. Aufl., Münster 1949, S. 31.

23 Vgl. Hermann Kellenbenz, Bäuerliche Unternehmertätigkeit im Bereich der Nord- und Ostsee (1962), in: ders., Kleine Schriften, Stuttgart 1991, Bd. 3, S. 801–840; K.-G.

Hildebrand, Das schwedische Eisen 1500-1650, in: H. Kellenbenz (Hrsg.), Schwerpunkte der Eisengewinnung und Eisenverarbeitung in Europa 1500-1650, Köln/Wien 1974, S. 1–16.

24 Gute Beispiele gibt Vollmerhaus, S. 26ff.

25 Vgl. Wilfried Reininghaus, Die Stadt Iserlohn und ihre Kaufleute (1700–1815), Habil.-Schr., Münster 1992.

26 Ders., Die „glücklich überstandenen Probejahre" des Johann Heinrich Schmidt. Briefe aus Iserlohn nach Leipzig (1780–1783), in: W. Bockhorst (Hrsg.), Tradita Westphaliae, Münster 1987, S. 349–399.

27 Winfried Schulze, Vom Gemeinnutz zum Eigennutz. Über den Normenwandel in der ständischen Gesellschaft der Frühen Neuzeit, München 1987.

28 Die jeweils auf die alten Territorien bezogenen Forschungen haben das Verbindende und Gemeinsame zwischen Berg und Mark in der Regionalgeschichte zurückgedrängt. Eine Bilanz der Beziehungen zwischen beiden Territorien in der frühen Neuzeit täte not – gerade wegen der engen wirtschaftlichen Verflechtung *und* der daraus resultierenden merkantilistischen Abschottung der Mark.

29 So Gerd Helbeck in: Museum Haus Martfeld Schwelm. Katalog, Schwelm 1985, S. 117.

30 Vgl. Manfred vom Brocke, Bau- und Ausstattungsgeschichte des Hauses Harkorten bei Hagen, Wiss. Hausarbeit, Hamburg 1988.

31 So ausdrücklich in: WWA N 18 Nr. 73; zum Vereinswesen vgl. Eberhard Illner, Bürgerliche Organisation in Elberfeld 1775–1850, Neustadt (Aisch) 1982.

32 Friedrich Christoph Müller, Chorographie von Schwelm. Anfang und Versuch einer Topographie der Grafschaft Mark (1789), ND Gevelsberg 1979, S. 42.

33 Günther Sandgathe, Der „Westfälische Anzeiger" und die politischen Strömungen seiner Zeit (1798–1809), in: Dortmunder Beiträge zur Zeitungsforschung, Bd. 5, Dortmund 1960.

34 Zitate nach Rudolf Vierhaus, Der Aufstieg des Bürgertums vom späten 18. Jahrhundert bis 1848/49, in: J. Kocka (Hrsg.), Bürger und Bürgerlichkeit im 19. Jahrhundert, Göttingen 1987, S. 64–78, 70.

35 Vgl. Jürgen Kloosterhuis, Fürsten, Räte, Untertanen. Die Grafschaft Mark, ihre lokalen Verwaltungsorgane und die Regierung zu Kleve, in: Der Märker 35 (1986), S. 3–-28, 76–87, 104–117, 147–164, hier: S. 6, 11 (mit weiterer Literatur).

36 Lohnend erschiene es, die Einbindung dieser ländlichen Selbstverwaltung in Blickles Kommunalismus-Modell zu diskutieren; vgl. u. a. Peter Blickle, Deutsche Untertanen. Ein Widerspruch, München 1981.

37 Zur (auf dem Lande aus heutiger Sicht mangelhaften) medizinischen Versorgung vgl. Emil Dössler, Beiträge zur Geschichte des Medizinalwesens in der Grafschaft Mark und im märkisch-lippischen Kondominium Lippstadt, in: Altenaer Beiträge N. F., Bd. 1 (1961), S. 79–190.

38 Vgl. Stadt- und Landesbibliothek Dortmund, Harkort-Papiere, Nr. 20.

39 WWA N 18 Nr. 115; Staatsarchiv Münster Grafschaft Mark, Fabrikendeputierte Nr. 8.

40 Vgl. zum folgenden Jürgen Kloosterhuis (Bearb.), Bauern, Bürger und Soldaten. Quellen zur Sozialisation des Militärsystems im preußischen Westfalen 1713–1803. Regesten, Münster 1992, S. VII–XIX.

41 Wilfried Reininghaus, Iserlohn (wie Anm. 25), S. 617ff.

42 Vgl. Stefan Gorißen, Die Steuerreform in der Grafschaft Mark 1791. Ein Modell für die Stein-Hardenbergschen Reformen?, in: S. Brakensiek u. a. (Hrsg.), Kultur und Staat in der Provinz. Perspektiven und Erträge der Regionalgeschichte, Bielefeld 1992, S. 189–212.

Titelblatt zur Stammtafel mit zwei Abbildungen von Haus Harkorten
1911
WWA N 18 Nr. 514

Rudolf Boch

DAS BERGISCH-MÄRKISCHE WIRTSCHAFTSBÜRGERTUM VON 1814 BIS 1840: VON DER BEGRENZTEN GEWERBEENTWICKLUNG ZUR ENTFESSELTEN INDUSTRIE

Der Zusammenbruch des napoleonischen Herrschaftssystems im kontinentalen Europa während des Winters 1813 brachte für die Kaufleute, Verleger und Fabrikanten der bergisch-märkischen Gewerbedistrikte nicht nur bedeutende politische, sondern auch einschneidende ökonomische Veränderungen. Vor allem die sofortige Aufhebung der sog. Kontinentalsperre, die über viele Jahre hinweg die Einfuhr englischer Waren massiv behindert hatte, setzte die textilen Großgewerbe, die erst unlängst gegründeten mechanischen Spinnereien und die traditionsreichen Kleineisengewerbe des ehemaligen Herzogtums Berg und der benachbarten Grafschaft Mark schlagartig erneut der Konkurrenz des hochentwickelten Inselreiches aus.

Diese Umbruchsituation begünstigte, ja provozierte geradezu eine Debatte um die zukünftigen Entwicklungsmöglichkeiten von Handel, Gewerbe und Industrie im wirtschaftlich und sozial – durch Heirats- und Verkehrskreise – miteinander verflochtenen Wirtschaftsbürgertum beider Regionen. Sie entzündete sich an der handelspolitischen Neuorientierung der Gewerbelandschaften, kreiste aber bald um die zentrale Fragestellung, ob oder bis zu welchem Grad jene Industrieentwicklung Vorbildcharakter haben sollte, die sich im England jener Jahre bereits klar abzuzeichnen begann. Diese lebhafte, weitgehend öffentlich geführte Debatte um die zukünftige gewerblich-industrielle Entwicklung und ihre möglichen gesellschaftlichen Folgewirkungen dauerte bis in die späten 1840er Jahre an und erfaßte zunehmend auch das Wirtschaftsbürgertum der linksrheinischen Städte und Gewerbelandschaften. Bis über die Mitte der 1830er Jahre war sie aber vornehmlich eine bergisch-märkische Debatte, mit dem ökonomisch herausragenden Wuppertal als intellektuellem Zentrum.[1]

Untrennbar verbunden mit dieser Debatte war die Ausbildung einer regionalen bürgerlichen Presse als Forum einer „bürgerlichen Öffentlichkeit". Der in Dortmund seit 1798 von dem Tuchhändler und Stadtrichter Arnold Mallinckrodt herausgegebene „Westfälische Anzeiger", seit 1816 „Rheinisch-Westfälischer Anzeiger", sowie der seit 1814 erscheinende „Hermann" entwickelten sich zu Selbstverständigungsorganen des Bürgertums im bergisch-märkischen Raum; eine Funktion, die sie – trotz des zeitweiligen Verbotes in der Frühphase der Reaktionsära und nur um den Preis einer weitgehenden Enthaltsamkeit bei originär innen- und verfassungspolitischen Themen seit 1819 – bis in die 1830er Jahre erfüllen konnten.[2] Diese bürgerlichen Presseorgane waren keine Tageszeitungen, sondern Wochenzeitungen, die eher Zeitschriftencharakter besaßen. Sie waren aber keinesfalls mit den damals gängigen Wochenblättern und Periodika zur „Verbreitung nützlichen Wissens" oder „bürgerlicher Tugenden" zu vergleichen, wenn sie auch teilweise derartige Züge trugen. Nicht nur wiesen die programmatischen Ziele der Herausgeber darüber hinaus,[3] auch die aktive Beteiligung der Leserschaft mit schriftlichen Beiträgen trieb beide Zeitungen immer wieder in die Rolle von Foren einer regionalen innerbürgerlichen Diskussion. Am stärksten ausgeprägt war diese Rolle bei Grundsatzdiskussionen auf wirtschafts- und handelspolitischem Feld.

In der Regel waren die Verfasser der wirtschafts-, handels- und ordnungspolitischen Beiträge Fabrikanten oder Kaufleute, bei denen sich bald eine Wortführerschaft einiger Protagonisten der jeweils konträren Positionen herausbildete.[4] Trotz der Dominanz des Wirtschaftsbürgertums in diesen an Umfang und Zeitdauer wichtigsten innerbürgerlichen Diskussionen waren der „Hermann" oder der „Anzeiger" aber keine Zeitungsprojekte rein wirtschaftsbürgerlichen Zuschnitts, wie etwa das später – seit 1834 – in Köln erscheinende „Allgemeine Organ für Handel und Gewerbe".[5] Beide Zeitschriften spiegelten aber die herausragende Stellung der großen Kaufleute und Verleger – Fabrikanten in ihrem bergisch-märkischen Verbreitungsraum wider, die den „Anzeiger" bereits im Jahre 1803 dazu veranlaßt hatte, diese als den „ersten Stand des Staates" zu bezeichnen.[6]

Die großen Kaufleute und Verleger gerieten als Protagonisten divergierender Positionen nicht nur in den Selbstverständigungsorganen in Konflikt. In ihrer Funktion als Mitglieder der Provinziallandtage oder der 1830 gegründeten Wuppertaler Handelskammer dehnten sie die Debatte um die zukünftige Entwicklung von Industrie und Gewerbe auf diese Gremien aus.[7] Die Debattenkonstellation in den ersten Jahren nach 1814 läßt sich wie folgt skizzieren: Bis 1820 hatten sich im Wirtschaftsbürgertum zwei klar unterschiedene Gruppen herausgebildet. Die eine setzte sich aus gewerblichen Unternehmern, vor allem etablierten Textil- und Kleineisenverlegern, zusammen, zu deren Wortführern häufiger der Barmer Siamosen-Verleger und Stadtrat – seit 1826 auch Abgeordneter des Rheinischen Provinziallandtags – Johannes Schuchard (1782–1855) gehörte. Den Gegenpart bildete eine Gruppe von Großkaufleuten und Bankiers, die überwiegend Handelsinteressen verfolgte. Diese Gruppierung fand ihren unangefochtenen Repräsentanten bald in dem bekannten und schreibfreudigen Elberfelder Kaufmann und Kommunalpolitiker Jakob Aders (1768–1825). Zu dieser Gruppe zählten unter anderem auch der einflußreiche Großkaufmann und Landtagsabgeordnete Josua Hasenclever (1783–1853) aus Remscheid, der große Elberfelder Garnimporteur und Kommunalpolitiker Abraham Troost (1762–1840) sowie der Herausgeber des „Anzeigers", Arnold Mallinckrodt (1768–1825). Im Spannungsfeld dieser konträren Gruppierungen begann sich auch der junge Friedrich Harkort (1793–1880) im „Anzeiger" und im „Hermann" schriftlich zu artikulieren.

Die Vision eines forcierten industriellen Wachstums und einer gesellschaftlichen Führungsrolle der Industrie lag der wirtschaftsbürgerlichen Debatte anfangs noch nicht zugrunde. Bis in die frühen 1830er Jahre gab es zwischen den Kontrahenten – bei überaus unterschiedlichen handels- und ordnungspolitischen Zielen – Konsens darüber, daß eine Industrialisierung nach englischem Muster abzulehnen sei. Englands Entwicklungsweg wurde als Gefährdung der „Bürgergesellschaft" begriffen. Im Kern ging daher diese Auseinandersetzung bis etwa 1830 darum, ob eine begrenzte Industrieentwicklung in der Form einer selektiven Mechanisierung einzelner Gewerbezweige anzustreben sei oder ob man sich auf die Weiterentwicklung und soziale Konsolidierung der tradierten Formen gewerblicher Großproduktion, Heimgewerbe und Manufaktur, konzentrieren solle. Die Befürworter einer partiellen Mechanisierung standen aber in der Janusköpfigkeit ihres ökonomischen Denkens den Verfechtern eines gewerblichen Entwicklungswegs in nichts nach, zumal die selektive Imitation englischer Fertigungsprozesse lange Zeit nur Programm blieb und kaum ihr Wirtschaftsverhalten prägte.

Ein gemeinsames Kennzeichen der ersten von Aders angeführten Debattenrunde in den Jahren nach 1814 bestand darin, daß fast alle Beteiligten – die Großkaufleute und die meisten gewerblichen Unternehmer – das kräftige Wachstum der gewerblichen Warenproduktion seit dem ausgehenden 18. Jahrhundert noch als ein einmaliges, befristetes Ereignis interpretierten, das durch die Französische Revolution und die Impulse einer fast 25jährigen Kriegsepoche hervorgerufen worden war. Obwohl die bergisch-märkischen Kaufleute und Verleger einen ökonomischen Expansionsprozeß selbst miterlebt hatten und in den Kategorien ökonomischen Wachstums denken konnten, hielten sie die zukünftigen Wachstums*chancen* für äußerst begrenzt. Die gemeinsame Prämisse der Debattenteilnehmer blieb die Vorstellung von nur sehr begrenzt ausweitbaren menschlichen Konsumbedürfnissen, welche auch der gewerblich-industriellen Produktion auf Dauer enge Schranken setzten.

Die Ziele der Großkaufleute: Begrenzung der Industrie durch Freihandel unter Erschließung Lateinamerikas als Ventil für eine angebliche „Überproduktion"

Der Forderung nach einem durch hohe Zölle geschützten, einheitlichen deutschen Binnenmarkt, die in jenen Jahren vor allem vom „Deutschen Handels- und Gewerbeverein" unter der Leitung von Friedrich List öffentlichkeitswirksam propagiert wurde, standen die Großkaufleute um Aders scharf ablehnend gegenüber. Das Credo dieser Gruppe war der Freihandel ohne nationale Zollschranken. Den entscheidenden Grund für die anhaltende Depression nach 1815 sahen die bergisch-märkischen Großkaufleute nicht in dem weithin ungehinderten Import englischer Gewerbeerzeugnisse, sondern in dem beschleunigten Wachstum des gesamten europäischen Produktionsapparates seit 1789, dem die Konsumtion unmöglich habe folgen können.[8] Erst nach der Rückkehr „normaler Zeiten" seit Kriegsende, die auch die in England entstandenen Überkapazitäten fühlbar machten, sei diese Auseinanderentwicklung von Produktion und Verbrauch offensichtlich geworden. Den zentralen Hebel zum Ausgleich des seiner Analyse nach gestörten Verhältnisses von „Bedürfnis und Produktion" sah Aders im unbedingten Freihandel. Nur der internationale Wettbewerb könne die Produktionskapazitäten auf ihr „natürliches" Maß zurückführen. „Was dabei nicht erhalten werden kann, mag untergehen, ich kann kein Unglück für Deutschland daran finden", formulierte Aders 1820 in einem programmatischen Artikel im „Anzeiger".[9]

Bereits im Jahr 1818 hatte eine Pressepolemik im „Hermann" enthüllt, daß die Freihandelspartei um Aders bereit war, den Untergang verschiedener Fabrikationszweige in Rheinland-Westfalen billigend in Kauf zu nehmen. Ein anonym bleibender Kaufmann, der seine Artikel mit „Ultramontanus" zu unterzeichnen pflegte, hatte zur Eröffnung der Debatte geschrieben: „Es wäre kein Schaden, wenn der größte Teil der Fabrikherren ihre Kapitalien an Landbesitztum legte und ihre Fabrikarbeiter sich zur Landarbeit wendeten."[10] Eine Aufforderung, die Friedrich Harkort zu einer sarkastischen Replik verleitete: „Der Verfasser jenes Aufsatzes muß eine fette Hufe Landes bewohnen, indem der uns anweist, unser Heil im Ackerbau zu suchen; (...) Die Gebirge können ihre Bewohner nicht ernähren, darum rührt sich die emsige Menge."[11] Zwar stellte sich der Einleitungsartikel des „Ultramontanus" später als bewußte Provokation heraus, um die Befürworter eines Zollschutzes für die bergisch-märkischen Gewerbe aus der Reserve zu locken, der Verlauf der Diskussion machte aber unmißverständlich klar, daß die am Freihandel orientierten Kaufleute die anhaltende Depression in einer Reihe von Gewerbezweigen zum Anlaß nahmen, um ein Ende der – ihrer Meinung nach – seit der napoleonischen Epoche vorherrschenden einseitigen Bevorzugung der gewerblichen Produktion zu fordern. Keine weitgehende Reagrarisierung, aber doch die „Beschränkung" der gewerblichen Fertigung auf ein „natürliches Maß", die in letzter Konsequenz auch eine Umlenkung von Kapitalien auf die in jenen Jahren gewinnbringende Landwirtschaft einschloß, war ihr Ziel. Das von zeitgenössischen Staatswissenschaftlern, vor allem Johann Friedrich Lotz (1771–1838) und Adam Müller (1779–1829), einflußreich vertretene ökonomische Leitideal eines „ausgeglichenen Verhältnisses von Handel, Industrie und Ackerbau",[12] das die gesellschaftlich untergeordnete Rolle der Großgewerbe formelhaft festschrieb, hatte zahlreiche Anhänger in der Kaufmannschaft.

Das wirtschaftspolitische Rezept der Großkaufleute zur Lösung der Krise der gewerblichen Produktion im Nachkriegseuropa beschränkte sich aber nicht darauf, den Abbau von Überkapazitäten zu propagieren. Schon seit 1816 warb insbesondere Aders für eine Exportoffensive der Gewerbe nach Übersee, wo er – so nannte er es – „jungfräuliche" Verbraucher anzutreffen hoffte, deren Konsumbedürfnisse noch nicht erfüllt waren. Eine verstärkte Warenausfuhr vor allem nach Lateinamerika sollte die Folgen des für notwendig erachteten Schrumpfungsprozesses abmildern und eine Radikalisierung der zollpolitischen Forderungen der Fabrikanten verhindern. Indem die Großkaufleute durch Erschließung überseeischer Märkte dem Gewerbe den Weg aus der Krise wiesen, hoffte Aders außerdem, die alte Führungsrolle des Handels über die in den letzten Jahrzehnten erstarkten Gewerbe behaupten zu können.

Aders und seine Mitstreiter gingen realistisch davon aus, daß sie in den überseeischen Absatzgebieten auf scharfe englische Konkurrenz stoßen würden. Sie hofften aber durch die Ausschaltung des traditionellen Speditions- und Zwischenhandels in den deutschen und holländischen Hafenstädten die Konkurrenzvorteile der englischen Handelshäuser, die zumeist *direkt* exportierten, vermindern zu können. Die Kaufleute und Verleger des Binnenlandes sollten sich von der alten Vormundschaft der Seestädte befreien. Aders schwebte eine „Rheinisch-Westfälische Hanse" vor, die vor allem den Interessen der exportorientierten Gewerbe verpflichtet sein, aber auch den Reimport von Kolonialwaren eigenständig organisieren sollte.[13] Damit sollten auch die Vorteile der englischen Konkurrenten auf das reduziert werden, was Aders selbstbewußt als einzigen Vorsprung Englands gegenüber den rheinischen Gewerben gelten lassen wollte: die „ausgedehnten Spinnereien" und der „vollkommenere Mechanismus der Maschinen und Fabrikgerätschaften".[14] Aders war aber durchaus optimistisch, daß auch dieser Vorsprung bald aufgeholt werden könne. Er sah in der strikten Anwendung der „Prinzipien des Freihandels" nicht nur eine Garantie für ein „ausgeglichenes Verhältnis von Landwirtschaft, Handel und Gewerbe", sondern auch für eine – durch Konkurrenzdruck – zügig erfolgende Adaption technischer Innovationen.

Die Großkaufleute um Aders zeichneten sich durch ein pragmatisches Verhältnis zum Einsatz von Maschinen in der Produktion aus. Sie erkannten zwar die von ihnen konstatierte „Überproduktionskrise" als durch den verstärkten Einsatz von Maschinen in der Textilfertigung mitverursacht, wie sie auch die typischen Argumente der damaligen Kritiker von Maschinen – nämlich Vernichtung traditioneller und Verringerung allgemeiner Arbeitsmöglichkeiten – nicht grundsätzlich zurückwiesen. Beide Folgewirkungen schienen ihnen aber unausweichlich und bereits mittelfristig gesellschaftlich kompensierbar zu sein. Je mehr man in den preußischen Westprovinzen die partielle Einführung von Maschinen nach englischem Vorbild beschleunige, je zügiger man eine „Vervollkommnung der Maschinerie" erreiche, um so eher würde auch das Ende dieses schmerzhaften Umstrukturierungsprozesses eintreten.

Die Mechanisierung der Produktion als Ursache und beständige Dynamik eines dauerhaften, scheinbar nie enden wollenden Veränderungsprozesses oder gar die Idee eines allgemeinen „industriellen Fortschritts" – im Wirtschaftsbürgertum erstmals 1842/43 um das Projekt der „Rheinischen Zeitung" herum diskutiert – lagen noch außerhalb ihres Denkhorizontes.[15] Industrieller „Fortschritt" wurde noch ganz auf die Blüte einiger Sektoren bezogen. Die Erfindung der mechanischen Baumwollspinnerei galt den Repräsentanten dieser zwischen 1760 und 1790 geborenen Generation von Kaufleuten nur als eine neue, fraglos wichtige Einzelerfindung in der langen Reihe von Einzelerfindungen, welche die technologische Ausrüstung Europas seit Gutenbergs Druckpresse nach und nach verbessert hatten. Nur gelegentlich schien in den Debattenbeiträgen eine Ahnung davon auf, daß im „englischen Maschinenwesen" das Potential zu einer alle bisherigen Erfahrungen sprengenden, permanenten Umwälzung steckte. Ein durch die Erzeugung immer neuer Bedürfnisse sich selbst tragendes, kontinuierliches gewerbliches Wachstum, das notwendigerweise zu immer neuen Disharmonien zwischen Produktion und Verbrauch führen mußte, galt den bergisch-märkischen Großkaufleuten auch nicht als erstrebenswert. Sie glaubten, daß es in der Macht der gesellschaftlich Handelnden stände, durch „richtige nationalökonomische Prinzipien" sowie durch „sittliche Mäßigung" ein krisenhaftes Ungleichgewicht als gesellschaftlichen Dauerzustand verhindern zu können. „Wahrscheinlich kommt erst dann eine bessere Zeit", schrieb Aders 1818, „wenn allgemeiner auf eine Beschränkung der erkünstelten Bedürfnisse gedacht wird und wir uns der Weise unserer Väter wieder nähern, von der wir uns seit 25 Jahren zu weit entfernt haben."[16]

Sogar der auf die schnelle Mechanisierung der Textilspinnerei setzende Aders hatte noch die – zwar ökonomisch entwickelte, aber doch ständische Züge tragende – lokale Bürgergesellschaft der Gewerbezentren des Herzogtums Berg oder der Grafschaft Mark seiner Jugendzeit in den 1770er/80er Jahren vor Augen. Seine wirtschaftspolitischen Initiativen waren anscheinend von dem Ziel geprägt, die Grundlagen dieser älteren, als sozial weitgehend spannungsfrei idealisierten „Bürgergesellschaft" der einfachen Bedürfnisse nicht vollends und unwiederbringlich zu zerstören. Gerade mit den Mitteln der freien Konkurrenz und des Freihandels glaubte Aders – was aus der Rückschau erstaunen mag – eine „unnatürliche", forcierte Industrieentwicklung, die Schaffung von labilen „Treibhausindustrien" und von nicht mehr in die „bürgerliche Ordnung" integrierbaren Arbeitermassen verhindern zu können. Der auf Freihandel und Gewerbefreiheit setzende Wirtschaftsliberalismus war aber in jenen Jahrzehnten noch keineswegs jene oft behauptete „Industrialisierungsideologie" par excellence. Bis in die 1840er Jahre hinein war er – zumindest im deutschsprachigen Raum – vielmehr die theoretische Unterfütterung der Zielvision eines aus merkantilistischer Gängelung und zünftigen Bindungen befreiten, aber zugleich natürlich begrenzten ökonomischen Wachstums.[17]

Auch am Englandbild der Großkaufleute wird deutlich, daß sie in den Kategorien von inneren, immanenten Grenzen der Industrieentwicklung dachten. England sollte den westlichen Provinzen Preußens nur bis zu einem gewissen Grad als Vorbild dienen. Bereits um 1820 galt den Großkaufleuten das Inselreich als überentwickelt, extrem krisenanfällig und von einer sozialen Revolution bedroht.[18] Der eigene Weg in die Zukunft sollte vielmehr zu einem Gleichgewicht von Produktion und Konsumtion führen, wie es angeblich die glücklichen Jahre des 18. Jahrhunderts beherrscht hatte und jetzt auf höherem Niveau wiedergewonnen werden sollte.

Die Ziele der Verleger-Fabrikanten: Zollschutz und Binnenmarktorientierung als Mittel einer defensiven Erhaltungsstrategie

Den zeitgenössischen Gegenpol zu den Freihändlern um Aders bildete eine – bereits erwähnte – Gruppe von etablierten bergisch-märkischen Textil- und Kleineisenverlegern, die auch in den 1820er Jahren am Ziel eines durch hohe Zölle geschützten, einheitlichen deutschen Binnenmarktes festhielt und der 1821 durch die Gründung der „Rheinisch-Westindischen Kompagnie" eingeleiteten Überseeorientierung entgegentrat. In den wirtschaftsbürgerlichen Selbstverständigungsorganen wie auch im Rheinischen Provinziallandtag machte sich der Barmer Siamosenfabrikant Schuchard häufig zu ihrem Wortführer. Der von dieser Gruppe geforderte Zollschutz für gewerbliche Waren sollte aber nicht offensiv eine forcierte Gewerbeentwicklung in den Staaten des Deutschen Bundes herbeiführen, sondern der Besitzstandssicherung, der Konsolidierung des in der napoleonischen Epoche erreichten Produktionsniveaus dienen. Vor allem sollte England, das die tradierten Marktstrukturen in Europa aus den Angeln zu heben schien, durch einen scharfen Protektionismus in seine Schranken verwiesen werden.[19]

Schuchard sah dabei ganz deutlich, daß die englische Industrie einen historisch völlig neuartigen Typus von Erzeugung und Verbrauch darstellte: Sie richte sich nicht mehr nach überkommenen Bedürfnissen, sie suche nicht nach Marktlücken wie die flexibel spezialisierten bergisch-märkischen Gewerbe, sondern sie wolle mit Hilfe einer extrem billigen Massenproduktion neue Bedürfnisse und neue Märkte überhaupt erst schaffen. Schuchard hielt diese Tendenz für eine pathologische, eine krankhafte Erscheinung, die in „Deutschland" nicht nachgeahmt werden solle. Dieser „Industrialismus" – so ein kritischer zeitgenössischer Begriff – schädige alle „arbeitenden Klassen" (die Fabrikanten wie die Arbeiter) und führe mit innerer Konsequenz zu immer neuen Überproduktionskrisen, da er in seiner Produktionslogik bewußt von den *tatsächlich* vorhandenen Bedürfnissen abstrahiere. Die gewerblichen Unternehmer um Schuchard waren der festen Überzeugung, daß man das englische Industriesystem nicht hier und da imitieren, sondern nur ganz übernehmen könne – oder aber ganz ablehnen müsse. Für die Übernahme aber fehle es in „Deutschland" an entscheidenden Voraussetzungen, insbesondere an Kapital für die hohen Investitionen in große, nur vergleichsweise mäßigen Gewinn abwerfende Fabriken.[20] „Deutschland" beherrsche weder den Welthandel wie England noch besitze es eine große Flotte, um die Erschließung immer neuer Märkte zur Not zu erzwingen. Daher forderten diese etablierten Verleger einen eigenständigen „deutschen" Weg der begrenzten Gewerbeentwicklung. Dieser bescheidene Entwicklungspfad sollte sich an der Befriedigung der überkommenen Bedürfnisse, gegebenenfalls auch an einer flexiblen Anpassung an langsam wachsende neue Bedürfnisse orientieren. Das Gewerbe sollte ein gesundes Maß behalten, dadurch die Konkurrenz verringern und die gefürchteten, neuen Überproduktionskrisen vermeiden. Auf diese Weise sollte auch den Arbeitern ein überschaubares, menschenwürdiges Leben gesichert werden. Mit Blick auf den zukünftigen Deutschen Zollverein schrieb Schuchard in einem programmatischen Artikel im „Anzeiger": „Deutschlands Wohlstand wird, ohne England in allen seinen großartigen, kostbaren Unternehmungen zu folgen, immer allgemeiner verbreitet werden durch den ruhigen, ungestörten inneren Verkehr von 25 Millionen Bewohnern, deren Betriebsamkeit verhältnismäßig verteilt ist bei Ackerbau, Handel, Gewerbe und Fabriken."[21] Auch Schuchard strebte mithin das Ideal eines „ausgeglichenen Verhältnisses" dieser drei Wirtschaftsbereiche an. Obwohl er sich stets als Interessenvertreter der handwerklichen Großgewerbe und der kleinen Fabriken gerierte, sollten diese doch kein Übergewicht in der Gesellschaft erlangen.

Anscheinend inspiriert von dem schweizer Nationalökonomen Sismonde de Sismondi (1773–1843) begriff Schuchard im Verlauf der 1820er Jahre die gewerbliche Überproduktion der Nachkriegsepoche als erster Debattenteilnehmer nicht mehr als Spätfolge einer historisch einzigartigen Periode gesellschaftlicher Umwälzungen seit 1789, sondern als immanente Tendenz einer von allen sozialen Bindungen zunehmend befreiten Produktion.[22] In der Verhinderung einer Kapitalkonzentration in den Händen weniger, bei gleichzeitiger Hebung des Lohnniveaus und der Konsumfähigkeit der gewerblichen Arbeiterschaft lag für Schuchard die einzige Chance, einer permanenten Überproduktionskrise zu entrinnen.

Die Hebung des Lohnniveaus war Schuchard nicht nur ökonomisches Ziel, sondern auch ein zentrales gesellschaftspolitisches Ziel. „Die Länder sind nur glücklich zu preisen, worin auch der Mittelstand und die unteren Klassen des Volkes in einem Zustand von Behaglichkeit und Zufriedenheit leben", schrieb Schuchard in einem weiteren programmatischen Artikel im „Anzeiger".[23] Diesen „Zustand von Behaglichkeit und Zufriedenheit" hatte es für Schuchard – wie auch für Aders – in der lokalen Bürgergesellschaft in ihrer Jugendzeit angeblich schon einmal gegeben. Es war beider Ziel, diese Lebensform nach „der Weise unserer Väter" (Aders) mit Hilfe einer – sei es durch Freihandel, sei es durch Zollschutz – begrenzten Gewerbeentwicklung auf höherem Niveau wiederherzustellen. Freilich gingen die etablierten, politisch zumeist konservativen Verleger um Schuchard davon aus, daß die entfesselte Konkurrenzwirtschaft, für die die Großkaufleute bedingungslos eintraten, und die „Fabrikation mit Maschinen im Großen" (Schuchard), welche die Gruppe um Aders zumindest bis zu einem gewissen Punkt bereitwillig fördern wollte, das Ziel einer stabilen bürgerlichen Gesellschaft ohne extreme Besitzunterschiede nicht befördern, sondern verunmöglichen würden.

Die Entgrenzung der Industrie: Krise und Umbruch der Deutungsmuster von Warenproduktion und Gesellschaft ab 1830

Die frühen 1830er Jahre leiteten einen Umbruch der wirtschaftsbürgerlichen Debatte in den bergisch-märkischen Gewerbedistrikten ein. Es fand ein Paradigmenwechsel in großem Stil statt. Die überseeische Orientierung in der Tradition des kolonialen Handels des 18. Jahrhunderts trat stark zurück. Anstelle des Fernhandels nach außen und des früheren Leitideals eines „ausgeglichenen Verhältnisses von Ackerbau, Handel und Gewerbe" im Inneren, traten neue Kategorien der Wirklichkeitserfassung und des Zukunftsentwurfs. Sie ähnelten zunehmend der modernen Erfahrungswelt des 20. Jahrhunderts: Die Industrie rangierte nicht mehr als eine Wirtschaftsform neben gleichberechtigten anderen. Sie wurde vielmehr zum Bewegungszentrum der gesamten Gesellschaft erklärt. Die Landwirtschaft verlor dagegen ihren Primat, der Handel seine wegweisende Funktion für die industriell-gewerbliche Produktion. Beide sollten nun, auf einem zweiten oder dritten Rang, im Schlepptau einer blühenden Industrie zur

Geltung kommen. Die Stoßrichtung der Debatte ging ab etwa 1830 in Richtung einer vom Ausland unabhängigen, zollgeschützten und allseits entwickelten „nationalen" Industrie, auf ein „Los von England", wie es später der zeitgenössische Nationalökonom List öffentlichkeitswirksam formulierte, durch die Imitation von England. Die Debatte, an deren Anfang die Bereitschaft zur Begrenzung und gesellschaftlichen Unterordnung der Industrie stand, endete schließlich mit der breiten Akzeptanz einer forcierten Industrieentwicklung im Wirtschaftsbürgertum.

Der Paradigmenwechsel in der Debatte um die Zukunft von Industrie und Gesellschaft kann zwar nicht vollständig aus wirtschafts- und sozialgeschichtlichen Zusammenhängen erklärt werden[24], doch wirkten die europäischen Revolutions- und Krisenjahre 1830/32 , die die soziale und politische Brisanz von anhaltend hohem Bevölkerungswachstum und Massenarmut verdeutlichten, die zeitgleiche Ernüchterung über die ausbleibende „erzieherische Wirkung" des Freihandels auf die heimische Maschinenspinnerei und -weberei sowie schließlich das eklatante Scheitern der Übersee-Aktiengesellschaften als eine Art Zäsur.

Die Krise der 1821 in Elberfeld von Aders in großem Stil gegründeten „Rheinisch-Westindischen Kompagnie" – mehr als 50 Kaufleute und Verleger aus Berg und Mark sowie aus dem Gladbacher Raum hatten sich mit dem damals bemerkenswert hohen Kapitaleinsatz von schließlich zwei Millionen Talern an dieser Aktiengesellschaft beteiligt – wurde spätestens an der Jahreswende 1829/30 deutlich sichtbar. 1832 mußte schließlich die Liquidation des Unternehmens unter hohen Verlusten der Kapitalgeber eingeleitet werden. Obwohl die „Kompagnie" in den ersten Jahren ihres Bestehens durchaus Exporterfolge erzielt hatte, hatte sich ab 1825 die überaus begrenzte, d. h. völlig überschätzte, Aufnahmefähigkeit der angeblich „jungfräulichen" lateinamerikanischen Märkte bereits klar abgezeichnet. Eine verschärfte englische Preiskonkurrenz hatte dann in den folgenden Jahren den ökonomischen Niedergang des Unternehmens beschleunigt.

Eine weitere Übersee-Aktiengesellschaft, der 1824 in Elberfeld von denselben Finanziers unter der Federführung von Karl Heinrich Kamp (1786–1853) und den Gebrüdern Jung gegründete „Deutsch-Amerikanische Bergwerksverein", erwies sich um 1830 ebenfalls zunehmend als kostspieliges Phantasieprojekt und mußte in den darauffolgenden Jahren mit einem Verlust von mehr als 1,5 Millionen Talern liquidiert werden. Der „Bergwerksverein" hatte sich das ehrgeizige Ziel gesetzt, die mexikanischen Silberminen, die seit dem Abzug der spanischen Kolonialverwaltung zum Großteil stillstanden, in eigener Regie auszubeuten. Bis 1827 hatte der Verein 24 Silbergruben, vier Goldgruben, eine Bleigrube, sieben Amalgamierwerke und drei Schmelzhütten in seinen Besitz gebracht. Neben hunderten von mexikanischen Arbeitern hatte er mehr als 60 deutsche Bergingenieure und Knappen in Übersee beschäftigt. Aber aufgrund anhaltender revolutionärer Unruhen, diverser Betrugsaffären, mangelnder Kapitaldecke und fehlender politisch-diplomatischer Rückendeckung waren die erhofften Erfolge ausgeblieben.[25] Was England in der Folgezeit finanzieren und machtpolitisch absichern konnte, erwies sich für die führenden Wirtschaftskreise von Berg und Mark als mindestens „eine Nummer zu groß".

Das Scheitern der beiden Überseeprojekte ermöglichte in der Folge auch die Infragestellung der ihnen zugrundeliegenden wirtschafts- und ordnungspolitischen Denkmuster und begünstigte somit den Durchbruch eines neuen Paradigmas industrieller Entwicklung und handelspolitischer Orientierung, gerade bei einer jüngeren Gruppe von Kaufleuten, repräsentiert etwa durch den 1793 geborenen Friedrich Harkort oder den 1786 geborenen Kamp, die noch unlängst im Bann der von Aders entscheidend gestalteten wirtschaftspolitischen Orientierung gestanden hatten.[26] Allerdings waren bei dieser Generation das Verständnis und das Interesse für die stoffliche Seite des tradierten Produktionssystems in den Gewerbelandschaften sowie die Bereitschaft, als Kaufleute in die Produktionssphäre vorzudringen, stärker ausgeprägt als bei dem fast zwanzig Jahre älteren Aders. England wurde von ihnen nicht nur als partielles Vorbild propagiert, sondern in seiner technischen Weiterentwicklung bis hin zu Details aufmerksam verfolgt oder – wie mit der von Kamp finanzierten Harkortschen Maschinenfabrik in Wetter – beispielhaft imitiert. Solange aber die Überseeorientierung in der Tradition des kolonialen Handels die scheinbare Chance zu gewinnbringenden eigenen Unternehmungen eröffnete, wurden diese jüngeren Kaufleute nicht zwingend auf den Weg einer umfassenden heimischen Industrieentwicklung verwiesen, die auch dem Binnenmarkt eine erhöhte Bedeutung zumessen mußte.[27]

Erst seit dem Jahr 1830 entwickelte sich Harkort zum eindeutigen Vorkämpfer jener grundlegenden ökonomischen Neuorientierung, für die ihm die rheinisch-westfälische Unternehmerforschung ein Denkmal setzte: der forcierten Erschließung der heimischen Steinkohlevorkommen – vor allem durch die Entfesselung des freien Wettbewerbs im noch staatlich dirigierten Bergbau – sowie der integrierten Modernisierung der Stahlerzeugung und Eisenverarbeitung. Dieses Harkortsche „Entwicklungsprogramm" korrespondierte mit jener zum gleichen Zeitpunkt an Boden gewinnenden industriellen Zukunftsvorstellung, für die sich sein Kompagnon und ehemals dezidierter Freihändler Kamp – seit 1831 erster Präsident der Wuppertaler Handelskammer – massiv zu engagieren begann: dem mit Hilfe von staatlichen Schutzzöllen forcierten Ausbau eines „nationalen Fabriksystems", das auf allen Produktionsstufen – vor allem in der mechanisierten Massenproduktion von Halbfertigwaren, etwa Garnen – völlige Selbständigkeit gegenüber dem Ausland erlangen sollte. Hatten die Baumwollspinnereibesitzer in den fünfzehn Jahren zuvor stets nur defensiv den Erhalt ihres Gewerbezweiges, dessen Schutz vor „gänzlicher Vernichtung"[28] gefordert, so verlangte der offizielle Wuppertaler Handelskammerbericht für das Jahr 1830 erstmals offensiv die rasche Expansion der mechanischen Baumwollspinnerei, machte mithin den qualitativen Sprung vom Zollschutz als Erhaltungsprotektionismus zum Schutzzoll im Sinne eines industriellen „Erziehungszolls". Die mechanische Baumwollspinnerei wurde in den Rang einer Schlüsselindustrie erhoben. Ihre forcierte Expansion sollte als Einstieg in die schnelle Mechanisierung vieler Zweige der Textilindustrie dienen und die Gründung großer Maschinenfabriken und Kattundruckereien nach sich ziehen.[29] Industrialisierung wurde erstmalig als zusammenhängender Prozeß, als ein Ineinandergreifen von „Kettengliedern" (Kamp) begriffen, der sukzessive alle Gewerbezweige erfassen mußte. Daher rückte die Produktionssteigerung und verkehrstechnische Erschließung des benachbarten westfälischen Steinkohlebergbaus, nicht zuletzt als billige Energiebasis für die „Entfaltung der Industrie", immer stärker in das Blickfeld der Wuppertaler Textilunternehmer.

Die von Kamp und dem Elberfelder Finanzier und Baumwollspinnereibesitzer Peter Conrad Peill (1776–1835) einerseits und Friedrich Harkort andererseits Anfang der 1830er Jahre entworfenen Zielvisionen waren zwar nicht deckungsgleich,[30] sie wuchsen aber seit 1832 in relativ kurzer Zeit zu einem einheitlichen Industrialisierungsparadigma zusammen. Anfang der 1840er Jahre war der forcierte Ausbau des montanindustriellen Komplexes als Basis einer „nationalen Gesamtindustrie" bereits zum integralen Bestandteil eines – nach anfänglichen Widerständen von etablierten Verlegern um Schuchard und kleineren Bergwerkseignern um den Wittener Bergwerksbesitzer Carl Berger (1794–1871) – von der übergroßen Mehrheit des Wirtschaftsbürgertums in Rheinland-Westfalen getragenen Programms industriellen Wachstums geworden.[31] Bereits 1832 beschrieb ein anonym bleibender Elberfelder Kaufmann im „Hermann" seine Standesgenossen in Berg und Mark als „wie durch einen Zauberschlag gewendet". „Über geschehene Dinge zu philosophieren", resümierte der Verfasser, „heißt leeres Stroh dreschen; doch drängt sich unwillkürlich der Gedanke auf: Welche Gruben man mit dem in Mexiko verborgten Geld hätte kaufen und zu welchen Preisen Kohle nach Elberfeld schaffen können."[32]

Die Frage nach der sozialen Verträglichkeit einer „Entfaltung der Industrie" mit dem Ideal einer „Bürgergesellschaft" der mäßigen Besitzunterschiede und der einfachen Bedürfnisse, die noch Aders wie Schuchard umtrieb, trat bei zahlreichen Protagonisten der neuen Zielvision gewerblich-industrieller Entwicklung in den Hintergrund, wenn sie in der Folgezeit auch nicht völlig verdrängt werden konnte. Tradierte Vorbehalte suchte man mit dem Hinweis zu zerstreuen, daß der englische Industrialisierungsstand noch lange nicht erreicht sei, vielleicht nie erreicht werden könne. Einige Verfechter einer beschleunigten Industrieentwicklung – nicht zuletzt Friedrich Harkort – glaubten außerdem, spezifische „Fehler" der englischen Industrialisierung vermeiden zu können: Eine weitgehende Dezentralisierung der Industrie und die Schaffung einer breiten Schicht von „Arbeiter-Bauern" sollten die „englischen Fehler" einer rasanten Urbanisierung und Proletarisierung, d. h. der völligen Eigentumslosigkeit und des „Ausgeliefertseins" der gewerblichen Arbeiter an die Konjunkturzyklen, verhindern. Bald propagierte man auch die Eisenbahnen als Chance zu einer weiträumigen, nicht mehr nur heimgewerblichen, sondern auch fabrikindustriellen Erschließung des „platten Landes", bzw. als Möglichkeit, die Fabriken in den Gewerbezentren ohne eine weitere Verstädterung mit pendelnden Arbeitskräften aus dem Umland zu versorgen.[33]

Vor allem führten die Protagonisten einer forcierten Industrieentwicklung einen neuen gesellschaftlichen Begründungszusammenhang in die Debatte ein: Durch die mechanisierte Produktion von Halbfertigwaren in großem Stil, etwa Baumwollgarnen oder Roheisen, in Rheinland-Westfalen statt in England sollte Arbeit und Brot für die „jährlich zunehmende Bevölkerung aus den niederen Ständen" geschaffen werden.[34] Eine beschleunigte Industrialisierung wurde von Anfang an als entscheidender Beitrag zur Eindämmung und Beherrschbarmachung der Massenarmut begründet, die erst in den europäischen Revolutions-und Krisenjahren 1830/32 von breiten wirtschaftsbürgerlichen Kreisen überhaupt als gesellschaftliche Herausforderung wahrgenommen wurde. Zu Beginn der 1830er Jahre fand also ein weiterer, bemerkenswerter Paradigmenwechsel statt: Eine forcierte Gründung von neuen Industrien über den „natürlichen" Gang der Gewerbeentwicklung hinaus – in den 1820er Jahren von Aders und anderen noch als Heranzüchtung kränkelnder „Treibhausindustrien" strikt abgelehnt – galt fortan nicht mehr als *Ursache* von Armut und Proletarisierung, sondern als *Mittel* im Kampf gegen die Armut. Die Pauperismusdebatte, die bis dahin eher auf Sozialreform, gesetzliche Heiratsbeschränkung und Industriebegrenzung abzielte, wurde in der Folgezeit in ihrer Pointe nachgerade umgebogen.

Im Gegensatz zu älteren ökonomischen Erfahrungsmustern, die noch die Debatte der 1820er Jahre prägten, setzte sich in den 1830er Jahren außerdem die historisch neuartige Auffassung relativ zügig durch, daß die gewerbliche Warenproduktion zu einer unendlichen Ausdehnung fähig sei und die Bedürfnisse fast unbegrenzt vermehrbar seien. Besonders kraß kam dieser Wandel im Erwartungshorizont, der die Wirtschaftsmentalität und schließlich auch das Verhältnis zur Natur nachhaltig verändern sollte, 1830/32 in der Kontroverse über die sog. Liberalisierung des Bergbaus zwischen Friedrich Harkort und Carl Berger zum Ausdruck: Während Berger, der Verteidiger des aus dem preußischen Merkantilismus überkommen staatlichen Direktionsprinzips, von einem gesellschaftlich vorgegebenen „Debit" ausging und noch fest überzeugt war, daß das „märkische Bergamt (...) aus Erfahrung" wisse, „welches Quantum in jedem Revier jährlich verkauft" werden könne,[35] erwartete Harkort – unter der Voraussetzung sinkender Produktions- und Transportkosten – eine rasche und gewaltige Steigerung von Produktion und Absatz, deren Grenzen für ihn nicht absehbar waren. Immer mehr Wirtschaftsbürger begriffen sich in den 1830er Jahren als Teilnehmer an einem Wachstumsprozeß mit quasi offenem Ende.[36] Die nach 1814 noch sehr konkrete Perspektive einer zukünftigen Stagnation von Handel und Gewerbe verschwand aus der öffentlichen Debatte. Die Erfahrung als bestimmende Struktur des Denkens wurde im Wirtschaftsbürgertum zunehmend von der Erwartung verdrängt. An die Stelle der Erfahrungen der vergangenen drei Jahrhunderte, daß gewerbliche Expansionsphasen in Stagnation oder Deindustrialisierung enden konnten, daß schließlich die Knappheit der natürlichen Ressourcen die Grenzen der Expansion vorgab, trat die Erwartung eines langfristig anhaltenden Wachstums und einer „Emanzipation" der Produktion aus den Zwängen der Natur.[37]

Die dramatische Öffnung des Erwartungshorizonts basierte freilich nicht allein auf Zukunftshoffnungen, sondern auch auf neuen Erfahrungen der 1830er Jahre: Das benachbarte Belgien exemplifizierte in jenem Zeitraum die Möglichkeit eines rasanten industriellen Wachstums auf der Grundlage sehr ähnlicher materieller Ressourcen, über die auch Rheinland-Westfalen verfügte. England bewies – trotz neuartiger Krisen – das langfristige Funktionieren einer angebotsorientierten Produktion und begann sein negatives Image in den 1830er Jahren zu verlieren[38]. Der beginnende Eisenbahnbau, der schlagartig alle alten Maßstäbe von Zeit und Raum außer Kraft setzte, brachte nicht nur das neue Lebensgefühl des Wirtschaftsbürgertums zum Ausdruck, in eine „neuen Weltperiode" eingetreten zu sein,[39] in der tradierte ökonomische Erfahrungsmuster obsolet geworden waren. Schon in seinen Anfangsjahren beflügelte er nicht nur die Investitionsbereitschaft und den Unternehmungsgeist auf vorher ungeahnte Weise, sondern produzierte bereits kurzfristige, schnell wirkende Wachstumsimpulse.[40]

Von der historisch neuartigen Erwartung eines anhaltenden Wachstums zur Beschleunigung dieses Wachstums durch Industriefinanzierungsbanken, Aktiengesellschaften und eine grundlegend neue staatliche Infrastruktur- und Rahmenpolitik war es dann nur ein vergleichsweise kleiner Schritt. Wie die *Nation* zum Bezugsrahmen einer nun systemisch gedachten Industrieentwicklung wurde, rückte der Staat als Instrument der planerischen Gestaltung einer jetzt als offen und in hohem Maße gestaltbar begriffenen Zukunft immer stärker in das Blickfeld der führenden Kreise des Wirtschaftsbürgertums. Der Staat sollte durch eine entschiedene, die partielle ökonomische Rückständigkeit Deutschlands kompensierende Zoll- und Industrieförderungspolitik eine aufholende Industrialisierung gegenüber den westeuropäischen Nachbarländern ermöglichen. Außerdem sollte er die politische und gesellschaftliche Stabilität in einer Zeit des beschleunigten Wandels durch liberale Freiheitsrechte und bürgerliche Machtbeteiligung garantieren. Stand für die Protagonisten einer begrenzten Gewerbeentwicklung – trotz vielfältiger zoll- und handelspolitischer Initiativen beim Deutschen Bund oder gar in Übersee – die lokale „Bürgergesellschaft" im Mittelpunkt ihres gesellschaftlichen Denkens, so gewann für die Verfechter einer entfesselten Industrie am Ende des Darstellungszeitraumes die Orientierung auf eine nationale „bürgerliche Gesellschaft" zunehmende Bedeutung.[41]

Der begründete Wille zu einer forcierten Industrieentwicklung, der sich in der bergisch-märkischen Debatte seit den frühen 1830er Jahren immer deutlicher manifestierte, war nicht einfach das vorhersehbare Ergebnis ökonomischer Sachzwänge oder gar pure „ideologische Verbrämung" von materiellen Interessen einzelner Unternehmer oder Unternehmergruppen. Zwar war die Debatte um die Zukunft von Gewerbe und Industrie über weite Strecken auch eine Auseinandersetzung um konkurrierende materielle Interessen – etwa in der Zollfrage. Von Beginn an wurde sie aber von dem Bemühen der führenden Debattenteilnehmer geprägt, zukunftsweisende „ideelle" Interessen zu entwerfen, die kurzfristige materielle Interessengegensätze überwinden sollten.[42] Zu einem einigenden „ideellen" Interesse entwickelte sich die von Kamp, Peill und anderen Wuppertaler Wirtschaftsbürgern entworfene Zukunftsvision einer vom Ausland unabhängigen, allseitig ausgebildeten „nationalen" Industrie, die Anfang der 1830er Jahre noch auf hartnäckigen Widerspruch stieß, aber schon bald ihren Siegeszug im gesamten Rheinland-Westfalen antreten sollte. Das „ideelle" Interesse an einer industriell eigenständigen Nation, die zugleich als der neue Bezugs- und Ordnungsrahmen einer entgrenzten, nun systemisch verstandenen Industrieentwicklung begriffen wurde, teilten zunehmend auch jene Wirtschaftsbürger – etwa die noch immer zahlreichen Textil- und Kleineisenverleger –, die keine so konkreten materiellen Interessen mit einer aufholenden, beschleunigten Industrialisierung zu verbinden vermochten, wie die Baumwollspinnerei- oder Hüttenwerksbesitzer.

Die vielleicht wichtigsten Motive und Argumente für eine forcierte Industrieentwicklung wurzelten aber in der Überzeugung, damit das entscheidende Mittel zur Eindämmung und Beherrschbarkeit der Massenarmut gefunden zu haben. Das im bergisch-märkischen Wirtschaftsbürgertum nach 1830 formulierte und rasch breit getragene „ideelle" Interesse an einer zukünftigen Wirtschaftsverfassung, welche die gesellschaftliche Sprengkraft der Massenarmut durch Wachstum entschärfen und diese dadurch in eine „bürgerliche Gesellschaft" integrierbar machen sollte, erleichterte dem neuen ökonomischen Denken in den Kategorien einer entgrenzten bzw. entfesselten Industrie den Durchbruch.

Anmerkungen

1 Der vorliegende Aufsatz basiert auf meinem Buch Grenzenloses Wachstum? Das rheinische Wirtschaftsbürgertum und seine Industrialisierungsdebatte 1814–1857, Göttingen 1991, in dem ich auch die Folgedebatte in den führenden Wirtschaftskreisen von Köln, Aachen, Krefeld usw. bis über die Revolutionsjahre hinaus rekonstruiert habe. Diese Folgedebatte war aber von den im bergisch-märkischen Raum in den frühen 1830er Jahren entworfenen neuen Deutungsmustern von Industrie und Gesellschaft bereits entscheidend vorgeprägt. Soweit nicht gesondert aufgeführt, finden sich Belege und weiterführende Literatur in meinem Buch.

2 Der „Rheinisch-Westfälische Anzeiger" erschien in der Region mit wechselnden Verlagsorten und Herausgebern – abgesehen von kurzen Verbotsphasen – von 1798 bis 1847. 1818 gingen Redaktion und Herausgeberschaft in die Hände von Dr. Hermann Schulz (1780 – 1844) aus Hamm über. Dieser war regierungsloyal und auch im wirtschaftlichen Denken konservativer als Mallinckrodt. Es gelang Schulz aber in der Folgezeit, den „Anzeiger" erneut zu einem interessanten Debattenorgan zu machen. Erst nach der Mitte der 1830er Jahre verlor der „Anzeiger" an Einfluß und entfernte sich mit seiner zunehmenden, konservativen Industrialismus-Kritik immer weiter vom „Mainstream" wirtschaftsbürgerlichen Denkens. Der, der Geschichtswissenschaft weit besser bekannte, „Hermann" wurde seit Februar 1814 in Hagen herausgegeben. Die Leitung des Blattes hatten der dortige Kirchenrat Wilhelm Aschenberg (1770–1819) und der Schuldirektor Philipp Stork (1770–1822). Zu den engsten Mitarbeitern und Finanziers gehörten angesehene Wirtschaftsbürger aus den märkischen und bergischen Gewerbedistrikten: der Elberfelder Textilverleger Gerhard Siebel (1784–1831), Mitglieder der Familie Harkort, vor allem Friedrich Harkort, sowie der Bergwerks- und Gutsbesitzer Friedrich von Hövel (1766–1826). Bis zu seinem Verbot im September 1819 konkurrierte der „Hermann" als Debattenorgan mit dem „Anzeiger", seine Verbreitung im linksrheinischen Teil der Rheinprovinz war aber deutlich geringer. Erst nach vier Jahren konnte der „Hermann" erneut erscheinen. Er wurde anfangs in Schwelm, dann in Barmen herausgegeben und konnte an seine Tradition als Selbstverständigungsorgan erneut anknüpfen. Trotz Wechsels des Herausgabeortes von Barmen nach Düsseldorf und der Änderung des Untertitels in „Zentralorgan für Rheinland und Westfalen" im Jahre 1834 verlor auch der „Hermann" bald rapide an Bedeutung. Vgl. Boch, Wachstum, S. 307 f., hier auch weiterführende Literatur.

3 So betonte etwa die Redaktion des „Hermann" in einer Stellungnahme zur weiteren Gestaltung der Zeitschrift Ende 1814: „Handel, Manufakturen und Fabriken werden ungleich mehr berücksichtigt werden, als bis jetzt in irgendeinem hierländischen Blatt geschah." Außerdem forderte sie zur „tätigen Teilnahme des gebildeten Publikums" auf („Hermann" 1814, S. 354). Bereits 1798 definierte sich der „Anzeiger" als „Sprechsaal".

4 Da häufig Synonyme oder Namenskürzel gebraucht wurden, war es nicht in allen Fällen möglich, die Identität der Verfasser festzustellen. Es war bei Verfassern, die anonym bleiben wollten, aber durchaus üblich, eine Berufsbezeichnung anzugeben, etwa: „Ein Kaufmann vom Niederrhein", „Mehrere Barmer Fabrikanten" usw. Zuweilen ging auch aus dem Text der berufliche Status des Schreibers hervor. Kaum mehr als ein halbes Dutzend Männer aus bildungsbürgerlichen Berufen beteiligte sich an den zentralen wirtschafts-und ordnungspolitischen Auseinandersetzungen.

5 Zum „Allgemeinen Organ", das sich in den späten 1830er und frühen 1840er Jahren zur zeitweilig bedeutendsten wirtschaftsbürgerlichen Zeitung Rheinland-Westfalens entwickelte, vgl. Boch, Wachstum, S. 149 ff. und 344 f.

6 RWA 1803, S. 1494.

7 Die gedruckten und ungedruckten Protokolle, Petitionen und Berichte der Handelskammer von Elberfeld-Barmen sowie der Provinziallandtage wurden deshalb gleichgewichtig in die Rekonstruktion der Debatte einbezogen.

8 1818 schrieb Aders z. B.: „Die Baumwollfabrikation, und fast möchte ich dieses von den Fabriken im allgemeinen behaupten, haben sich in den letzten 25 Jahren zu sehr vermehrt, und es wird mehr Ware gemacht, als der Verschleiß wegnehmen kann." Zit. nach J. F. Benzenberg, Über Handel und Gewerbe, Steuern und Zölle, Elberfeld 1819/ND Leipzig 1977, S. 43.

9 RWA 1820, S. 1849.

10 „Hermann" 1818, S. 594.

11 Ebd.. 1818, S. 629 f.

12 Die Geschichte des aus der Adam Smithschen Lehre entlehnten, im deutschsprachigen Raum zu einem ideologischen Eigenleben gelangenden Theorems vom „ausgeglichenen Verhältnis" ist noch weitgehend unerforscht. Lotz, Geheimer Konferenzrat in Sachsen-Coburg und Mitglied des Bundesschiedsgerichts in Frankfurt, war nicht der „Erfinder", aber doch – neben dem heute weitaus bekannteren, romantischen Staatswissenschaftler und Metternich-Intimus Müller – einer der einflußreichsten Propagandisten dieses Theorems. Vgl. weiterführend Boch, Wachstum, S. 51, 73, 310, 317 f.

13 Vgl. H.-J. Oehm, Die Rheinisch-Westindische Kompagnie, Neustadt 1968 sowie Boch, Wachstum, v. a. S. 53 ff., 60 ff., 312 ff.

14 RWA 1820, S. 946.

15 Zur „Rheinischen Zeitung für Politik, Handel und Gewerbe" vgl. Boch, Wachstum, S. 190 – 226.

16 RWA 1820, S. 502.

17 Dazu neuerdings J. Bossmann, Primat des Handels oder der Industrialisierung? Norddeutsche Freihändler und ihre Herausforderung durch süddeutsche Fabrikanteninteressen 1814–1849, Diss. Bielefeld 1994. Vgl. auch die brillante Analyse des freihändlerischen Industrialisierungsverständnisses der preußischen Reformbeamtenschaft durch E. D. Brose, die zu ähnlichen Ergebnissen führt: ders., The Politics of Technological Change in Prussia. Out of the Shadow of Antiquity 1809–1848, Princeton 1993.

18 Für Aders war England ein „warnendes Beispiel, wie schädlich ein zu weit getriebenes Fabriksystem werden kann" (RWA 1820, S. 500). Die Ursachen dieser „Überindustrialisierung" meinten die Großkaufleute um Aders einerseits in der immer noch merkantilistisch orientierten Zollschutzpolitik Londons und andererseits in der englischen Usurpation und monopolistischen Ausgestaltung des Welthandles seit der Kontinentalsperre zu erblicken. Beides erachteten sie als fundamentale Verletzungen der allein eine organische, ausgeglichene Entwicklung garantierenden „Prinzipien des Freihandels". Die anhaltend schwere ökonomische Depression auch und besonders im technisch teilweise überlegenen England sowie die durch sie provozierten Arbeiterunruhen 1816/17 und 1819 schienen ihnen Beweis genug, daß in England „treibhausmäßig" Industriepotentiale entstanden seien, die einer verschärften Konkurrenz unter Friedensbedingungen nicht standhalten würden. Der absehbare Verlust des Monopols im Welthandel würde England in eine politische und soziale Katastrophe führen, vgl. Boch, Wachstum, S. 58 f.

19 Der gleiche defensive Erhaltungsprotektionismus wurde auch von der übergroßen Mehrheit der Mitglieder des 1819 gegründeten „Deutschen Handels-und Gewerbevereins" vertreten. Vgl. Bossmann, Primat. Nicht zufällig war Schuchard bis zur Auflösung dieses erfolglos propagierenden Vereins dessen „Korrespondent" für Rheinland-Westfalen.

20 Schuchard in RWA 1832, S. 112f.: "Die Spinnereien bleiben dafür vorzüglich einem Lande eigentümlich, welches viele sehr reiche Bewohner hat, die ihre Kapitalien nicht zu verwenden wissen. Der bedächtige, vorsichtige Deutsche, welcher ein großes Vermögen besitzt, wird nicht leicht auf die Idee kommen, dieses bei einer solchen prekären Unternehmung rentbar zu machen, solange er die Gelegenheit hat, 4 Prozent Zinsen durch Darlehen auf sichere Hypotheken zu machen."

21 RWA 1835, S. 1385. Mit diesen hochgesteckten Hoffnungen auf den Zollverein stand Schuchard nicht allein. Zahlreiche Beiträge von gewerblichen Unternehmern in den Selbstverständigungsorganen erwarteten vom Zollverein eine Verminderung der Konkurrenz, ein Nachlassen der Handelskrisen und eine Entschärfung der Massenarmut.

22 S. de Sismondis Hauptwerk „Noveaux Principes d'Économie Politique" erschien 1819 in Genf und war Schuchard, der häufig Geschäftsreisen in die Schweiz unternahm, mit großer Wahrscheinlichkeit bekannt. Schuchard folgte – ohne je darauf hinzuweisen – den zentralen und am stärksten rezipierten Überlegungen Sismondis nicht nur in seiner Krisentheorie,

sondern auch in seiner Kritik der klassischen Werttheorie, die nur die Förderung der Produktion um der Produktion willen, nicht aber die menschliche Wohlfahrt berücksichtige.

23 RWA 1835, S. 1387.

24 Die Debatte war nicht nur Ausdruck oder Spiegelbild der ökonomischen Realität bzw. der tatsächlichen oder vermeintlichen Sachzwänge. Als ein Prozeß innerbürgerlicher Selbstverständigung und Weltdeutung, in verstärktem Maße herausgefordert durch die Krisen der Jahre 1830/32, konstituierte sie stets auch Realität – wie schwer meßbar auch immer.

25 Weiterführend zum „Bergwerksverein": Boch, Wachstum, S. 67ff., 315f.; H. Kruse, Deutsche Briefe aus Mexiko mit einer Geschichte des Deutsch-Amerikanischen Bergwerksvereins 1824–1838, Essen 1923.

26 So hob z. B. Harkort 1824 im „Hermann" – er war inzwischen zum „Technischen Konsulenten" des „Bergwerksvereins" aufgestiegen – die zentrale Bedeutung des Überseehandels hervor. Auch in Harkorts bekanntem, bahnbrechenden Artikel „Eisenbahnen (Railroads)" im „Hermann" des Jahres 1825, mit dem er ein erstaunliches Gespür für die bevorstehende Transportrevolution bewies, ist auffällig, daß er die Vorteile der Eisenbahn, u. a. in enger Verbindung mit der „Rheinisch-Westindischen Kompagnie" darstellte und sie als Vehikel des Kaufmannskapitals und seiner ersehnten direkten Anbindung an den Transatlantikhandel begriff: „Die Rheinisch-Westindische Kompagnie darf Elberfeld als einen Hafen betrachten, sobald der Zentner für 10 Silbergroschen binnen 2 Tagen an Bord des Seeschiffes in Bremen zu legen ist" (ebd., 1824, S. 137f., 1825, S. 201f.). Noch im Frühjahr 1830 schlug Harkort – im Gegensatz zu anderen Debattenbeiträgen, die eine schnelle Auflösung der „Kompagnie" forderten – vor, daß die Geschäftätigkeit eine neue Richtung nehmen solle: er habe Hinweise auf die Chance einer neuen „kaufmännischen Spekulation" in Spanien! Vgl. „Hermann" 1830, S. 124. 1833 zog Harkort auf seine Art einen Schlußstrich unter das Kapitel der Überseeorientierung der Ära Aders: „Hätten wir früher Gelegenheit gehabt, unseren erwachenden Assoziationsgeist auf die inneren Bedürfnisse zu richten, so würden die Millionen nicht unnütz nach Amerika gewandert sein" („Hermann" 1838, S. 127). Harkort ließ aber dabei im unklaren, wer diese „Gelegenheit" eigentlich verhindert hatte.

27 Als sehr reicher Erbe und Besitzer von 7 Landgütern hatte z. B. Kamp nur einen Bruchteil seines Vermögens in die Maschinenfabrik in Wetter investiert; sie beschäftigte in jenen Jahren kaum mehr als 90 Arbeiter. Den weitaus größten Teil seines Vermögens investierte – und verlor – Kamp beim „Bergwerksverein" sowie – mit größerem ökonomischen Erfolg – bei der „Vaterländischen Feuerversicherungs AG". Auch die Brüder Friedrich August (1796–1852) und Johann Christian Jung (1780–1868) wurden erst nach 1830 zu Förderern einer modernen industriellen Entwicklung des Wuppertals. Zwar waren sie bereits in den 1820er Jahren als Fabrikunternehmer tätig. Über ihre mechanisierte Baumwollspinnerei äußerte sich der preußische Staatsrat Kunth aber 1829 mit Entsetzen! Erst 1834 – nach dem Scheitern ihrer Spekulation auf schnellen Reichtum in Mexiko – konnte sich die Familie entschließen, erhebliche Summen in die Errichtung einer modernen englischen Spinnereianlage auf dem Gut Hammerstein in Wuppertal-Sonnborn zu investieren, die fortan für viele Jahre als Musterbeispiel für entwickelte industrielle Technik galt.

28 „Hermann" 1826, S. 117 f.: „Die Inhaber der Spinnereien werden sicher nichts mehr erbitten, als zu ihrer Selbsterhaltung und zur Beschäftigung der armen Kinder usw. höchst notwendig und den Fabriken und Färbereien unschädlich ist." Ähnlich „Hermann" 1826, S. 161 (Beilage): „Es wäre traurig, wenn in Preußen die Spinnerei (...) so ganz hinten angesetzt oder ausgerottet werden sollte."

29 Vgl. den Jahresbericht der Handelskammer Elberfeld-Barmen für 1830, in: D. Schweitzer/ H. Jordan, Wirtschaftliche Selbstverwaltung in Aktion 1830–1980, Wuppertal 1980, S. 236ff. Stand die in den 1820er Jahren von Kamp und Harkort verfolgte technische

Nachahmung Englands in einzelnen Sektoren – vor allem Maschinenbau und Spinnerei – vollständig in Einklang mit der preußischen Gewerbeförderungspolitik, so stieß das neue Industrialisierungsverständnis, das eine allgemeine staatliche Rahmenpolitik zur Sicherung langfristiger Kapitalinvestitionen einklagte, auf hartnäckigen Widerstand der Berliner Bürokratie. Vgl. dazu Boch, Wachstum, S. 131, 153ff., 177ff. Dazu neuerdings auch: Brose, Politics (wie Anm. 17), hier S. 117 ff.

30 Harkort blieb bis in die 1850er Jahre hinein – im Gegensatz zu Kamp – dezidierter Freihändler. Die mechanisierte Textilverarbeitung spielte in Harkorts Zukunftsvision eine nur sehr untergeordnete Rolle. Die eisenschaffende Industrie und die Maschinenbauindustrie hielt Harkort aber zu einer aufholenden Konkurrenz mit England unter Verzicht auf den Schutz durch hohe Zölle für fähig.

31 Vgl. dazu Boch, Wachstum, Kap. 5: „Nationale Gesamtindustrie und beschleunigte Industrialisierung durch Schutzzölle werden mehrheitsfähig 1834–1843", S. 138 ff.

32 „Hermann" 1832, S. 787 und 789.

33 Harkort erwartete schon 1833 vom Eisenbahnbau eine Stabilisierung und Ausdehnung der kleingewerblichen Produktion, etwa im bergisch-märkischen Kleineisengewerbe: „Durch eigenen Besitz unterscheidet sich unser Arbeiter so vorteilhaft von dem englischen; daher die größere Wohlfeilheit. Begünstigt durch diese Eigentümlichkeit, bedürften wir zu größerem Flor nur wohlfeilere Steinkohlen und billiges Eisen (...), und die Zahl der kleinen Werkstätten wird sich in 50 Jahren (...) verdoppeln." Zit. nach ders., Die Eisenbahn von Minden nach Köln, Hagen 1833/ND Hagen 1961, hg. und eingeleitet von W. Köllmann, S. 20. Harkort führte 1844 seine Vorstellungen zur industriellen Dezentralisierung in seiner weithin rezipierten Schrift „Hindernisse der Zivilisation und Emanzipation der unteren Klassen" weiter aus. Dazu sowie zu den Dezentralisierungs- und sozialen Reformzielen des Herausgeberkreises der „Rheinischen Zeitung" und des „Jungen Köln" in den Jahren 1842 –46 vgl. Boch, Wachstum, S. 195ff. Zur Idealisierung der Existenzform der Arbeiter-Bauern seit den 1820er Jahren auch ebd., S. 93ff.

34 Jahresbericht der Handelskammer Elberfeld-Barmen für 1830, in: Schweitzer/Jordan, Selbstverwaltung (wie Anm. 29), S. 245.

35 „Anzeiger" 1830, S. 1445. Zur Pressefehde 1830/33 zwischen Carl Berger, dem Vater von Harkorts späterem Schwiegersohn Louis Berger, und dem ehemaligen Dortmunder Oberbergsamtsdirektor Bölling einerseits und Friedrich Harkort andererseits ausführlich: Boch, Wachstum, S. 134ff. Dazu unlängst auch C. Wischermann, Preußischer Staat und westfälische Unternehmer, Köln 1992, S. 220ff.

36 So schrieb der junge Kölner Großkaufmann und Freihändler Ludolf Camphausen (1803–1890), der noch in den Adersschen Denkkategorien eines nur begrenzten Wachstums und eines zukünftigen quasi stationären Gleichgewichts von Produktion und Konsumtion erzogen worden war, 1835: „Gewerbe und Handel werden zunehmen. Wo die Grenze der fortschreitenden Bewegung liege, kann nur die Zukunft enthüllen; allein wir sind berechtigt, den Stillstand in großer Ferne zu suchen." Vgl. Boch, Wachstum, S. 140 u. 339.

37 Während Berger noch – mit dem Blick auf „kommende Generationen" – zu mäßigem Wachstum und „haushälterischem" Umgang mit den natürlichen, nicht erneuerbaren Ressourcen mahnte, war es insbesondere Harkort, der die riesigen Kohlevorkommen des Ruhrgebiets schon in den frühen 1830er Jahren als Chance postulierte, die natürlichen Schranken, die einem übergreifenden und forcierten Industriewachstum entgegenstanden, für einen langen Zeitraum überwinden zu können.

38 Bevor das alte, den katastrophischen Zusammenbruch einer künstlichen Industrie einschließende Englandbild im rheinisch-westfälischen Wirtschaftsbürgertum völlig verblaßte, erlebte es in der Zeit der großen Chartistendemonstrationen zu Beginn der 1840er Jahre noch einmal eine kurzfristige Renaissance. Vgl. Boch, Wachstum, S. 195ff.

39 „Allgemeines Organ für Handel und Gewerbe", 23.06.1836, Beilage „Eisenbahnen".

40 Zur herausragenden Bedeutung des Eisenbahnbaus für die Mobilisierung der Wirtschaftskräfte, die Öffnung des Erwartungshorizonts und die Verbreitung und Verfestigung des neuen ökonomischen Denkens im Wirtschaftsbürgertum Rheinland-Westfalens seit 1833 vgl. Boch, Wachstum, S. 138ff.

41 Harkorts schriftstellerische und politische Tätigkeit zielte in den 1840er und frühen 1850er Jahren bereits auf die Einbindung der Unterschichten in eine nationale „bürgerliche Gesellschaft", die sich durch eine verstärkte Wachstums-, Sozial- und Bildungspolitik in diesem Prozeß zu einer bürgerlich-industriellen Gesellschaft wandeln sollte. Auch der 10 Jahre jüngere Elberfelder Großkaufmann und Bankier August von der Heydt (1801–1874), der – trotz seiner führenden Rolle bei der ersten preußischen Sozialgesetzgebung zu Beginn der 1850er Jahre – einer aktiven Sozial- und Bildungspolitik des Staates eine weit geringere Bedeutung zumaß als Harkort, steht beispielhaft für eine Orientierung auf den Zentralstaat bzw. die „Nation". Seit Mitte der 1830er Jahre als Protagonist einer forcierten Industrieentwicklung und einer neuen Wirtschaftspolitik des Staates in den Wuppertaler Eisenbahnkomitees und auf den Rheinischen Provinziallandtagen hervorgetreten, sah er sich – seit 1849 für mehr als ein Jahrzehnt preußischer Handels- bzw. Finanzminister – als Sachwalter bürgerlicher Interessen und der „bürgerlichen Gesellschaft" im Machtzentrum Berlin. Vgl. Boch, Wachstum, S. 177ff., 267ff., 274ff.

42 Der Begriff „ideelle" Interessen wird von mir in enger Anlehnung an die Definition und forschungstheoretische Intention von M. R. Lepsius verwandt. Vgl. ders., Zur Soziologie des Bürgertums und der Bürgerlichkeit in: J. Kocka (Hg.), Bürger und Bürgerlichkeit im 19. Jahrhundert, Göttingen 1987, S. 79–100. „Ideelle" Interessen basieren nach Lepsius im Anschluß an Max Weber auf Erfahrungen und Erwartungen von Gruppen, die in gemeinsam getragenen Zukunftsvorstellungen und Ordnungsideen – etwa einer zu verteidigenden oder anzustrebenden Sozialordnung – kulminieren. „Ideelle" Interessen können nicht deckungsgleiche materielle, d. h. ökonomische Interessen von bürgerlichen Gruppen überformen und bündeln.

Harkort oder Vincke.

Gleich einfach lautet die Frage: „Haben die Wahlen noch einen Zweck, wenn es nur darum geht, die Männer der Regierung zu wählen?"

Möchten doch die geistlich und weltlich Beamteten zu ihrem Volke stehen mit **dem Eifer**, den sie entwickeln: um uns zum Abgeordneten einen Regierungs = Candidaten zu setzen!

Aber trotz ihrer gewaltigen Thätigkeit hat die Wahl am 31. August gezeigt durch:

4467 liberale Stimmen gegen 3653 für von Vincke,

daß unser Kreis einen liberalen Abgeordneten will.

Nur Einigkeit gibt jetzt den Ausschlag:

Wer seither mit Ueberzeugung für Reincke eintrat, dem wird diese Ueberzeugung es jetzt zur Pflicht machen: für Harkort zu stimmen.

Mitbürger! den damaligen langjährigen Conflict zwischen Landesvertretung und Regierung verdanken wir ganz besonders dem **Freiherrn von Vincke**; und deshalb erhielt er hier bei der damaligen Wahl nur sechs Stimmen. Soll das vergessen sein?

Unsere reactionären Gegner thun Alles Mögliche, um **unselbstständige** Wähler zu gewinnen; **das** legt der selbstständigen, freisinnigen Bevölkerung die Pflicht auf: am Wahltage durch Nichts sich abhalten zu lassen, und sich an der Wahl zu betheiligen. Ja, welch schönes Bewußtsein ist es: **als freier selbst= denkender Mann** an die Wahlurne zu treten und einen bewährten Mann des Volkes als Abgeordneten zu wählen!

Mögen Jene den „Freiherrn" wählen, für uns kann kein Zweifel sein: unsere Stimme gilt dem langjährigen Volksmanne

Friedrich Harkort.

Hagen, im September 1867.

Druck u. Verlag von G. Butz in Hagen.

Handzettel zur Wahl des Reichstags des Norddeutschen Bundes („Harkort oder Vincke")
1867
WWA N 18 Nr. 514

Hartmut Zwahr

ANPASSUNG DURCH IMITATION UND INNOVATION ALS STÄNDIGES UNTERNEHMERISCHES WAGNIS

Carl und Gustav Harkort in Leipzig in Briefen an ihren Vater Johann Caspar Harkort IV. und ihren Bruder Johann Caspar Harkort V., 1815–1865

Die Leipziger Unternehmer Carl und Gustav Harkort haben in ihren Privatbriefen Lebenszeugnisse von seltener Offenheit hinterlassen. Sie sind Bruchstücke eines durch mehr als vier Jahrzehnte geführten Briefdialogs[1], zunächst mit dem Vater und mit dem ältesten Bruder, der 1820 die Firma und Haus Harkorten übernahm und seinerseits in den Mittelpunkt des Familienverbandes trat. Der Briefwechsel wurde 1815 durch Carl sowie 1820 durch Gustav begonnen und bis 1856 bzw. 1865 fortgesetzt. Die Briefe aus Harkorten an die Leipziger Harkorts sind verschollen. Aus gegebenem Anlaß, dem Gedenken an den 200. Geburtstag des Industriepioniers Friedrich Harkort in Hagen und Wetter, dem einer breiteren Öffentlichkeit vielleicht bekanntesten der Harkort-Brüder[2], werden die Briefe unter einer lebensgeschichtlichen Fragestellung untersucht; sie lautet: Wie haben Unternehmerkaufleute, die ganz der Gewinnsuche lebten, menschliches Dasein erlebt und bewältigt? Als These sei eine erste Antwort formuliert: Menschen wie sie haben in ständiger Anpassung an den Markt gelebt, sie waren Getriebene, angetrieben durch Verhältnisse, in die sie wirtschaftlicher Erfolg immer fester verstrickte. Gleichzeitig blieben sie ein Leben lang in den Familienverband, dem sie entstammten, eingebunden. Ob dies für die folgende Generation noch gilt, ist fraglich.

1.

Die persönliche Begegnung gehörte in der Spätzeit der Postkutsche und des Postkutschentempos[3] bei der Beförderung von Personen und Waren zu den Ausnahmen im Umgang miteinander, war man durch größere Entfernungen getrennt. Um so mehr waren die Briefe das Gespräch. Die meisten Briefe, die Carl und Gustav Harkort dem Bruder gesandt haben, sind am Ende eines langen Arbeitstages im Kontor geschrieben worden. In ständiger Zeitnot zu leben, gehörte zu den existentiellen Erfahrungen.[4] Aber was hat diese mit einem Jahrhunderttrend exportgewerblicher Wirtschaft und kaufmännischer Verwertung von Warenproduktion verbundenen Unternehmer, die an der Schwelle zur Industrialisierung standen[5], so nachhaltig angetrieben? Die engere wirtschafts- und sozialgeschichtliche Forschung hat Fragen in dieser Denkrichtung auch deshalb kaum beantworten können, weil lebensgeschichtliche Zeugnisse dazu selten genauere Auskunft geben, und wenn sie es tun, findet sich in ihnen nicht gerade oft eine solche Offenheit des Bekenntnisses, wie sie die im Westfälischen Wirtschaftsarchiv aufbewahrten Harkort-Briefe auszeichnet.

„Ich habe das alte Jahr", schrieb Gustav am 1. Januar 1849 an (Johann) Caspar, „nicht ohne schmerzlichen Rückblick beschlossen, nicht ohne manche schwere Sorge das neue begonnen, aber doch mit dem festen Entschlusse, zu versuchen, was Tätigkeit und Ausdauer vermag und ob es ihnen nicht gelingen werde, mehr als einen Leck zu stopfen, den mein Schifflein in den letzten Stürmen erhalten hat. Jedenfalls aber will ich meine Schuldigkeit tun, solang ich irgend kann. Ruhe oder auch nur eine ruhige Tätigkeit scheint mir übrigens fürs erste noch nicht beschieden zu sein, und auch Du wirst es schwer finden, Dich aus dem Gewebe der Fäden, die wir zwar selbst gesponnen haben, herauszufinden."[6] Die Triebfeder persönlichen Handelns ist nicht zu erkennen, wohl aber, in welchem Ausmaß Tätigsein, Kommerz, Gewinnsuche Verhältnisse begründet hatten, die den Menschen banden, mehr noch, fesselten, in ständiger Anspannung hielten. Im September 1852 kommt ihm zum Bewußtsein: „Wie schnell läuft jetzt die Welt gegen sonst."[7] Im Oktober 1860 erschüttert ihn der Tod der Schwägerin, und er bekennt, „der bitteren Früchte, die das Leben trägt, sind fast mehr als der süßen," und „unabwendbar" rücke „auch die Zeit *unseres* Scheidens (er unterstreicht das Pronomen) näher und näher, und nach wenigen Jahren" werde „die Spanne Raum zwischen dem ‚Früher oder Später' so nötig verschwinden, daß sie einer zu tiefen Trauer kaum mehr Wert scheine".

Es folgt ein Bekenntnis, das der Schlüssel zur Biographie sein könnte: „Das Bewußtsein, den Platz, der uns angewiesen war, nach besten Kräften gefüllt zu haben, ist die beste Beruhigung für uns selbst, wenn wir am Zenite stehen, und ebenso, wenn wir dies Zeugnis dem Scheidenden in das Jenseits nachrufen können."[8] Zu wirken, tätig zu sein, so ließe sich folgern, heißt in dieser Erfahrung, einen angestammten Platz auszufüllen. Es ist dies die Einsicht eines geborenen Unternehmers, der den Rang einer Familie, eines Hauses, eines Namens mitträgt. Auf seinen Platz wird man im Verständnis dieser Familie und Gruppe gestellt, hat ihn würdig auszufüllen. Auf diesen Platz stellten einen die Eltern nach einem bestimmten Herkommen sowie nach Anforderungen, die im gegebenen Lebenszusammenhang begründet waren, und dahinein stellte man die eigenen Söhne und erlebte, oft gerührt, wie diese die Enkel wieder in diesen Zusammenhang einbanden. Aus dem Herkunfts- und Lebenszusammenhang ergab sich die Verantwortung für andere, zuerst für die Angehörigen der Familie, für Söhne[9] und Töchter, die Enkel, in hohem Maße auch für die Brüder, weniger für die Schwestern, soweit sie verheiratet waren, letztlich aber für alle, die den Lebenszusammenhang der Familie bildeten und fortsetzten.

Carl Harkort, geboren 1788, war der ältere der Leipziger Harkorts, Gustav Harkort, geboren 1795, der jüngere, erfolgreichere. Solange zwischen Leipzig und Dresden Eisenbahnzüge verkehren werden, bewegen sie sich auf den Fundamenten einer wesentlich von Gustav Harkort durchgesetzten Innovation.[10]

Mit Innovation ist einer der beiden Begriffe genannt, die im Titel erscheinen. Imitation und Innovation sind Phänomene der Anpassung, in unserem Falle der wirtschaftlichen, aus deren Wechselspiel nach Schumpeter[11] Konjunkturzyklen zu einer veränderten Normalität hinführen. Innovation sei „die überragende Tatsache in der Wirtschaftsgeschichte der kapitalistischen Gesellschaft", schrieb Schumpeter, Gleichgewicht wäre ihr Untergang. Habe der Unternehmer seine neue Kombination der Faktoren des Gewinnmachens durchgesetzt, streiche er einen Monopolgewinn ein; andere würden versuchen, an seine Innovation anzuschließen und solange anschließen, bis eine neue Kombination erforderlich werde.

Gustav Harkort kann als einer dieser Erfolgreichen gelten, und er ließ Harkorten in Westfalen daran teilhaben. Im September 1852 teilte er dem Bruder mit, die Leipzig-Dresdner Eisenbahn-Compagnie habe beschlossen, sechs Personenwagen und 20 bis

25 sechsrädrige Güterwagen zu bauen, und er, Caspar, würde bald um die Lieferung der Räder angegangen werden. Die Eisenbahn expandierte. „Alle Eisenbahnen müssen ihre Wagenparks noch bedeutend verstärken, da der Betrieb in einer Weise wächst, von der niemand eine Idee gehabt hat. Heute haben wir Hannoversche Wagen, die auf dem Rückwege von Dresden hierher kamen, anhalten müssen, um sie wieder nach Dresden zu beladen, weil wir gar kein Vehiculum mehr disponibel hatten!"[12]

Der Erfolg des Innovators aber ruft Nachahmer auf den Plan, und irgendwann fällt die Gewinnspanne dem Wettbewerb zum Opfer. Genau an einem solchen Punkt der Schumpeterschen Problembeschreibung bekannte Gustav Harkort seinem Bruder Caspar, die Eisenbahninnovation erst einmal selbst nach Kräften nutzen zu wollen. Er offenbarte sich dabei in einer Weise, die unbedingtes Vertrauen voraussetzte und erneut in einen die Harkorts konstituierenden Lebenszusammenhang hineinführt. „Ich habe so oft bisher die Kastanien für andere aus dem Feuer geholt, daß ich nicht mehr dazu inclinire und nicht Lust habe, mir von irgend jemand in die Karten gucken zu lassen, der sie mir nachher aus der Hand nehmen kann, wenn er sieht, daß das Spiel gut geht."[13] Eben das war der Punkt: Der Unternehmer muß eine neue Kombination durchsetzen, oder er wird zum Imitator. Hat er die gewinnträchtige Innovation gefunden, umringen ihn die Nachahmer. Wehe nun, seine Kraft erlahmt, oder die Kraft seiner Erben reicht nicht aus, die einmal errungene Stellung zu halten.

Carl Harkort starb 1856, Gustav 1865. Die Bindung an Leipzig ist von den Söhnen schon bald aufgegeben worden. Gustav Harkort der Jüngere, der in den 50er Jahren für das väterliche Unternehmen die Vereinigten Staaten bereist hatte, lebte als Textilunternehmer in Russisch-Polen. Von dort kam er 1882, um aufzulösen und zu beenden. „Unser altes Grundstück in Neu-Schönefeld habe ich endlich verkauft, nicht gerade brillant, aber auch nicht schlecht," schrieb er aus Żyrardów bei Warschau an seinen Vetter Caspar in Harkorten, „und war ich behufs Regulierung dieser Angelegenheit eine Woche in Leipzig. Leid tut mir das alte Nest, aber da es niemand von uns Übriggebliebenen benutzt, was sollen wir damit?"[14] Soviel zur Einstimmung in den Leipziger Teil der Geschichte einer Familie.

Ich möchte die Harkort-Briefe aus Leipzig in verschiedener Richtung befragen, einmal danach, in welche Strukturen die Brüder eingebunden waren und welche Handlungsorientierungen erkennbar werden, zum anderen danach, wie die Betroffenen dabei menschliches Dasein erlebt und die Verbürgerlichung der Gesellschaft vorangetrieben haben. Schließlich suche ich herauszufinden, was im Zentrum des Weltbildes, soweit ein solches nachzuweisen ist, gestanden hat. Auch die Begrifflichkeit, in der sich eine bestimmte Zeit- und Kulturbezogenheit des Handelns der Harkorts ausdrückte, wäre einer Betrachtung wert.

Der untersuchte Lebenszeitraum gliedert sich in die Zeit der Nichtselbständigkeit (siehe 2.–4.) sowie die gemeinsamer unternehmerischer Selbständigkeit seit 1820 (siehe unter 5.). Die Phase der Nichtselbständigkeit umfaßte bei Carl Harkort Reisen für das väterliche Unternehmen und die sich anschließende Tätigkeit für ein Leipziger Handelshaus, während Gustav, der daheim vermutlich Carls Platz einnahm, für Harkorten reiste. Danach siedelte er, dem Drängen des Bruders folgend, nach Leipzig über.

Wo sind Sicherheiten für das handelnde Individuum zu finden, hat sich Carl Harkort früh gefragt. Indem es sich mit seinesgleichen verbindet, lautete die Antwort. Sie wurde unter dem Eindruck der antinapoleonischen Bewegung und der Einberufung der

Brüder Gustav und Fritz unter die Fahne Preußens gegeben. „Je größer die Zahl derer ist, welche die Gefahr teilen, desto geringer wird sie für den einzelnen."[15]

Die Brüder eröffneten im deutschen wie europäischen Binnenhandelszentrum Leipzig, eingebunden in ältere Geschäftsbeziehungen, ein Handelsgeschäft. Ihr Wirken fällt in eine Zeit, wo Leipzig zu einem Knotenpunkt neuer weltweiter Handelsverbindungen wurde. Die beiden Harkorts haben zu dieser Entwicklung beigetragen, einmal mit ihrem Nordlandhandel, den Gustav noch in seiner Bindung an Harkorten in erweiterter Form in Gang gesetzt hatte, zum anderen mit dem Nordamerikahandel und schließlich dem Ostasienhandel. Die Unternehmungen des Stammhauses waren in die der Leipziger eingebunden, doch der Briefwechsel läßt kaum mehr als die Konturen davon erkennen.

Carl und Gustav Harkort wurden zu Kaufleuten, indem sie den väterlichen Handlungsorientierungen folgten. Der Wechsel der Standorte und der Tätigkeitsfelder veränderte die Erfahrungs- und Erkenntnisgrundlagen. Sie sahen sich „auf der großen Straße des Lebens".[16] In dem Maße, wie sie an Selbständigkeit gewannen, traten sie aus den Bahnen herkömmlicher Harkortscher Wirtschaftstätigkeit und Lebensweise heraus. Sie waren dazu gezwungen, zuerst Carl, um sich an einem Standort wie Leipzig zu behaupten. Er schrieb dem Bruder, er hoffe, daß „das Garngeschäft nun aber bald regelmäßiger werde"; er glaube deshalb, „seinem Hause" künftig in seinem Wirkungskreis, „den ich Böhmen, Sachsen und Preußen nenne, von einiger Wichtigkeit zu sein."[17] Gustav gewann an Freiraum, als er die Bindung an den Vater im März 1820 löste. Beide Brüder erlebten den Wechsel nach Leipzig als Erweiterung ihrer Möglichkeiten, denn sie traten in ein kommerzielles Umfeld ein, das sie zur Übernahme eines existentiellen Risikos zwang, wie es Gustav Harkort auf der Höhe seines Lebens ansprach, als er dem Bruder verdeutlichte, daß man sich ja in auch selbstgeschaffenen Verstrickungen bewege. Ein Schritt zog den anderen nach sich. Nun hätte man diesen nicht gehen müssen, doch man ging ihn, die Gelegenheit beim Schopfe fassend. Gerade dieses Gehenmüssen belegt der Briefwechsel auf seltene Weise, weil in Gestalt der Harkorts zu Harkorten ein Partner für den Briefdialog und für das interne kommerzielle Bekenntnis vorhanden war. Carl Harkort sprach es mehrmals aus, bildhaft, daß in ihm die Flamme der Spekulation lodere. Einer Gewinnchance nicht nachzugehen, schien ihm geradezu verwerflich.

An diesem Punkt gerät eine Sozialisation ins Blickfeld, die zur Inkaufnahme von Risiko erzog. Sich dem Risiko von Gewinn oder Verlust durch ständiges unternehmerisches Wagnis auszusetzen, muß eine Erziehungsmaxime gewesen sein. Oder diese Haltung erwuchs im unternehmerischen Lebenszusammenhang selbst, in den die Kinder eingebunden waren, seit sie das Zählen und das Rechnen erlernten. Mit der Praxis veränderte sich ihre Weltsicht. Sie lassen dies Caspar V., den Bruder, wissen. Die Tradition lastete aber in Gestalt der Familie und ihrer Unternehmungen, des Haupterben und seiner Kinder, aller am Erbe beteiligten Brüder weiterhin auf ihnen. Sie blieben in gewisser Weise in das Wirtschaftsprofil der preußischen Mark, das sich viel langsamer umzustellen vermochte, als sie selbst es getan hatten, eingebunden. Von den Leipziger Harkorts wurde die Last der Tradition im Bewußtsein einer unabweisbaren Mitverantwortung für die zentrale Verankerung der Familie auf Harkorten und in der märkischen Geschichte mitgetragen. Das geschah durch Beratung wie durch Krisenmanagement einschließlich Kredit, durch Auftragsvermittlung und schließlich, nachdem die Leipziger Harkorts auch zu Eisenbahnunternehmern geworden waren, durch Aufträge.

2.

Carl Harkorts Anfänge in Leipzig, 1815–1817: Die Briefe zeigen ihn in einer starken Bindung an die Herkunftsfamilie. Es stehen Johann Caspar, der Bruder, als Vertrauensperson, und der Vater als unternehmerische wie patriarchalische Führungsfigur im Zentrum. „Papa" und „Mama" werden artig mit „Sie" angeredet. Grüße werden in folgender Reihung aufgetragen: Papa, Mama, Jettchen (die Schwester), Caspars Braut, die Brüder Fritz, Gustav, Eduard und Christian, die Verwandten in Aachen.[18]

Leipzig, das ist „die Fremde", in die Carl Harkort geschickt wurde, und vermutlich nicht ganz ohne Druck. „Lebe wohl, lieber Bruder! Behalte mich in gutem Andenken", schreibt er am 8. Februar 1815. Er bewegt sich auf der Straße des Lebens, er weiß um die Verluste, die Herauslösung aus dem schützenden Eingebundensein, die Trennung vom Vaterhaus und Vaterland. Die Bindung an das „Vaterhaus" ist eine feste Größe: „Dem ganzen Vaterhause die herzlichsten Grüße"[19]. Sie zeigt sich in mehrfacher Hinsicht. Der Vater möchte, daß der Sohn in Leipzig eine gute Figur macht. Carls Mitteilung, daß er, vermutlich nach dem Vorbild der Studenten, Fechtstunden zu nehmen beabsichtige, mißfiel ihm. Carl beruhigt ihn. Er spiele die Flöte und widme sich statt des Fechtens dem Tanz. Leistung schließt eine gewisse körperliche Ertüchtigung ein. „Fechtstunden zu nehmen, war ein augenblicklicher Entschluß, welchen ich bis jetzt nicht ausführte. Die Kosten abgerechnet, wäre die Übung aber meiner Meinung nach als gymnasiastische dem Tanzen nicht weit nachzustellen."[20]. An anderer Stelle klagte Carl, daß er zur Korpulenz neige. Der Vater wiederum versorgte Carl mit „vaterländischen Nachrichten" aus der Region, dem „Vaterland", mit dem „Hermann" und dem „Westphälischen Anzeiger"; er empfängt von Carl politische Schriften und Zeitschriften, zum Beispiel das „Deutsche Pantheon". Carl versichert: „Die Vaterlandsliebe ist doch keine bloße Einbildung. Nichts wird mehr verkannt und von Schwächlingen absichtlich bezweifelt, aber nichts ist wahrhaft größer als die freie Aufopferung des einzelnen für das Wohl des Ganzen." Und: „Das Vaterland wird man uns nicht nehmen."[21]

Eine gewisse Distanz zwischen Vater und Sohn kennzeichnet die Briefe, die Carl sehr förmlich unterzeichnet: „Ihr gehorsamer Sohn." Es gehört zu dieser Distanz, daß der 27jährige dem Vater das starke Heimweh nur andeutet: „Was man auch von der Annehmlichkeit des Reisens sagt, so bleibt dennoch die Zeit, welche man heimatlos verlebt, in mancher Hinsicht ein unersetzlicher Verlust."[22] Der Mutter sagt er es deutlicher: „Bei einem mäßigen Auskommen am Vaterherde vereint, werden wir hoffentlich noch beweisen, daß manches Schöne und Gute im Leben mehr als Träumerei ist."[23] Die Handlungsorientierung ist deutlich in den Familienzusammenhang eingefügt. Vermutlich sollte Carl sich bewähren, denn er beteuert der Mutter: „Das Arbeiten ist mir nicht zuwider, und ich würde es leidenschaftlich lieben, wenn einer meiner Brüder es und das einsame Zimmer mit mir teilte."[24] Caspar, dem Bruder, klagt er, daß er unter Einsamkeit und schlimmem Heimweh leide: „Nie war mein Verlangen stärker als eben jetzt, nicht ganz in Eurer Nähe zu leben."[25] Er ist entschlossen zurückzukehren. „In einem regelmäßigen nicht ganz vergeblichen Geschäfte auf Harkorten" erblicke er „das non plus ultra" seiner Wünsche. „Zeige mir hierzu einst den Weg," schrieb er dem Bruder am 8. März 1815, „und Du solltest mir, wäre es möglich, noch lieber werden, als Du es längst bist. Willig werde ich dagegen noch eine Zeitlang zu dem Gebäude meines heimatlichen Glückes die Materialien in der Fremde suchen. Bei dir würde mir der ersten Jugend Frohsinn wieder erwachen, doch wollte ich auch des Tages Arbeit nicht fliehn."[26] Hier kommt Antriebsenergie zum Vorschein. Carl hat sich „draußen" zu beweisen. Drückende patriarchalische Strukturen geraten in den Blick, wenn Carl dem Bruder schreibt: „Übrigens hat aber wohl nie ein Mensch ein stärkeres Bedürfnis nach Unabhängigkeit gefühlt, als gerade ich"[27].

Der Vater schickte den Sohn in die „Fremde", nicht die Mutter. „... ich gestehe Dir, daß selbst meine Stimmung sich weniger als früher dazu eignet, einen beträchtlichen Teil des ungemessenen Lebens ohne festere Aussicht in der Fremde zuzubringen. Alle meine Hoffnungen sind so fest als je auf die Heimat berechnet..." Der Weg führt, so die gedachte Linie, in der „Fremde" zur Selbständigkeit und über diese ins Vaterland zurück. Der Bruder müsse sich an den Gedanken gewöhnen, über kurz oder lang in Carl einen „Nachbarn" zu erhalten. Diese Worte sind an den Haupterben gerichtet, der die Stelle des Vaters im Stammhaus einzunehmen bereit steht. Carl teilt mit, er spare, was ihn „in den Besitz von soviel Vermögen setzen sollte, im Schoße der Heimat bescheidenen Wünschen Gewährung zu versprechen."[28] Am 8. Februar 1817, also zwei Jahre später, teilt er dem Bruder mit, er wisse noch nicht, wann er zum Hafen lenken werde. Noch 1819 hofft er, „über einige Jahre" als ein „gemachterer Mann" zurückzukehren, Carls „Nachbar" zu werden.[29]

Leipzig gefiele ihm jetzt besser, schrieb er am 22. März 1815. Der Mutter teilt er mit, daß unter seinen „Erholungen" die Muse „fortwährend oben an" stehe. Er reitet, unterhält ein Pferd, geht auf die Jagd; man erfährt es am Rande. „Jetzt kann ich Ihnen von meinem Persönlichen beinahe nichts sagen, als daß ich meinen Fuchs gegen einen hübschen muntern Schimmel vertauscht habe und der Bewegung halber verschiedentlich auf die Jagd gehen werde. Das mir ehemals ungewohnte Stillsitzen hat bei mir eine Anlage zur Korpulenz gemacht, welche ich ernsthaft bekämpfen muß. Nicht bloß zum Scherz versichere ich Ihnen, daß ich aus Grundsätzen nicht mehr regelmäßig zu Nacht essen werde." Auf Harkorten würde das gar nicht erforderlich sein, „da die dortigen Arbeiten zum Teil mit Bewegung verknüpft" sind. Die folgende Anspielung ist nur zu erahnen: „Stark bin ich trotz Peter Caspar und auch noch nicht ganz schwerfällig."[30] Er sah sich vermutlich in Frage gestellt und stichelte zurück. Viel später, vermögend, hat Carl Harkort in Leipzig auch Landwirtschaft betrieben. Glücklich zu sein, begriff er als einen existentiellen Wert. „Wenn mich meine Wünsche weniger zu Ihnen und einer bestimmteren Lebensweise zögen," schrieb er der Mutter, „könnte ich in meinen jetzigen Verhältnissen wirklich leidentlich glücklich sein."[31]

Zur familiären Einbindung gehörte, daß Carl Besorgungen erledigte: Für Jettchen besorgte er im Februar 1815 über seine Erfurter Bekanntschaften „Blumensaat" aus Erfurt und den „übersetzten Ariost".[32] „Das Feld der Blumen ist sehr groß und ziemlich fremd für mich."[33] Er macht auf Wunsch kleine Einkäufe für die Familie: ein Umschlagtuch für Caspars Frau, modische Shawls und Taschentücher für die Mutter.

Bruder Caspar an erster und der Vater an zweiter Stelle sind die Briefpartner. Über sie laufen die Informationen an die anderen und umgekehrt. Aber Familiäres muß im Entscheidungsfall hinter dem Geschäftlichen zurückstehen. Carl an den Vater am 11. März 1815: Er käme gern zu Caspars Hochzeit, aber der Weg sei ein wenig weit „und sich noch kein Geschäftszweck damit vereinigen läßt."[34] Eine zweite Kommunikationsebene ist die geschäftliche. Gegenüber dem Vater spricht Carl ausdrücklich von seinem „Geschäftsbriefwechsel" mit Caspar.[35]

3.

Gustav Harkort als Reisender. Die Nordlandreise 1817: Der damals 22jährige erlebte auf dieser Reise den Markt und die Marktabhängigkeit, zuerst in Brüssel im März 1817. Der Gewinnsuche ist nahezu alles untergeordnet. Was sie beeinträchtigt, was das Geschäftsleben stört, ist zu unterbinden, auch Krieg und Revolution. (Den Krieg erlebte er als Teilnehmer der antinapoleonischen Bewegung, die Revolution und deren Auswirkungen auf die Wirtschaft 1830 und 1848/49 als Unternehmer in Leipzig).

Gustav Harkort reiste von Brüssel über Zwischenaufenthalte in Minden, Herford, Bremen, Lübeck, Rostock, Schwerin, Lübz und Flensburg nach Kopenhagen, kehrte von da nach Hamburg und im Dezember 1817 nach Kiel zurück. Man muß sich anpassen, lautet die unausgesprochene Erfahrung aller seiner Nordlandbriefe. Er schrieb sie in der permanenten Spannung von Gewinnen und Verlieren. „Kutschfedernstahl soll hier in ungeheurer Menge gebraucht werden, anderer Stahl wenig, Sensen fast gar nicht. Um hineinzukommen, werde ich mich in die Preise drücken müssen", schreibt er im März 1817 aus Brüssel, und aus Lüttich im April, rückblickend: „Um mich einzudrängen, habe ich in Brüssel ganz schmähliche Preise gegeben, aber es hat alles nichts gefruchtet. Nichts außer lauen Versprechungen." Er versucht es mit den Farben, aber: „Die Blaufarben sind in Brüssel nicht unterzubringen." Er versucht es mit Wolle, berichtet: „Die Eisenhändler habe ich schon abgeklopft, jetzt muß ich nur noch versuchen, ob ich etwas durch einen casus fortuitus an der Wolle, die Reisespesen, die mir gewaltig in die Kleider gehen, verdienen könnte."[36]

Die heimischen Eisenwaren, Sensen, Stielpfannen und anderes, gehen schlecht. „Mit den kleinen Artikeln, Messern, Draht etc., ist es vom Lager gar nichts. Durch den Rost, das lange Liegen etc. verliert man immer mehr, als man dabei verdient. Dabei macht man sich bei den hiesigen Eisenhändlern", schreibt er im November 1817 aus Lübeck, „dadurch verhaßt, und am Ende ist es doch nur Lumperei, die der Mühe nicht lohnt. Meiner Ansicht nach wäre es also am besten, diese Sache ganz ausgehen zu lassen und sich bloß auf die gröbern Artikel mit desto größerem Eifer zu legen."[37] In einem Brief aus Lübeck schreibt er erleichtert, aber nicht ohne Ironie: „Daß die Feilen in Genua verkauft sind, ist wundergut. Bei den nach Rostock gesandten ist der Profit noch viel kleiner."[38]

Die Gründe für den schlechten Absatz: „Wohlfeilheit ist fraglich die erste Bedingung, wenn man einen günstigen Erfolg erwarten soll." Die Hauptursache für geringe Wohlfeilheit aber läge im Transport hierher, gemeint ist Lübeck. Er empfiehlt bei den Stielpfannen, „so scharf wie möglich mit den Fabrikanten (zu) akkomodieren."[39] Mit anderen Worten: Sind die Transportkosten unveränderlich, müssen die Lohnkosten nach Möglichkeit gedrückt werden. Die Nachteile des Marktzugangs werden auf den Produzenten umgelegt.

Der Verkauf ist auch von der Qualität der Produkte abhängig: „Daß Dickermann die Sensen so weich gemacht hat, tut uns viel Schaden, indem es der Renommée, die wir zu erwarten anfingen, mit einemmal den Hals bricht", klagt er in einem Brief an den Vater aus Lübz in Mecklenburg im Dezember 1817. Das Schicksal des einzelnen, des Unternehmers wie des Lohnabhängigen, hängt vom Verkauf ab: „Stahlbestellungen denke ich noch wohl so viel anzuschaffen, daß der Prasel im Werke bleiben kann", berichtet er im selben Brief.[40] Er hat Bestellungen in Prenzlau und Güstrow untergebracht.

Die Verbindung mit der Welt verläuft über den Markt. Auch die Begegnung mit Modernisierung, dem Neuen, findet nicht in der Provinz, sondern in den großen Städten statt. Man besucht sie, um Waren zu kaufen und zu verkaufen, Bildung zu erwerben, Sehenswürdigkeiten zu betrachten, dort lebende Angehörige und Freunde zu besuchen, Denkwürdiges zu erleben. „Zuvor werde ich aber noch der Aufführung des Messias von Händel beiwohnen, welche diesen Abend in der Marienkirche stattfinden wird. Es sind hier an 250 Musici und Sänger dazu versammelt, und eine unzählige Menge Fremder strömt noch immer herbei, so daß gar kein Quartier mehr zu finden ist. Die Kirche soll sehr brillant erleuchtet werden... Ich möchte Eduard gönnen, dabei zu sein."[41]

Das Gaslicht, eine technische Innovation, erblickte Gustav Harkort gleichfalls in Lübeck: „Auch habe ich hier in dem Hause eines Apothekers die Gasbeleuchtung gesehen, und ich muß gestehen, daß dies wirklich einen interessanten Anblick gewährt: Das Licht ist das hellste, was ich noch je gesehen habe, und von einem einzigen, das im Zimmer brannte, konnte man in allen Ecken die feinste Schrift lesen: Eine Beschreibung davon würde etwas weitläufig werden, deshalb spare ich das lieber."[42] Die Nutzanwendung für den Kaufmann, im Kaufmannskontor, wo oft bis tief in die Nacht schriftliche Arbeiten erledigt worden sind, liegt auf der Hand.

4.

Ebenen wirtschaftlichen Handelns von Carl Harkort in Leipzig: Auf ihnen und in Verbindung zu ihnen entstanden wesentliche Fundamente des späteren Leipziger Unternehmens der Brüder Harkort, einer englischen Garnhandlung.[43] Sechs Handlungsebenen sind zu erkennen, von denen nur eine, die erste, umgewandelt wurde, und zwar aus einer solchen für Dritte zu einer für Carl und Gustav Harkort selbst. Alle übrigen Handlungsebenen bestanden weiter. Was sich veränderte, war, was sich darauf ereignete. Die Handelstätigkeit mit bestimmten Waren konnte abbrechen, also enden, oder nur zeitweilig unterbrochen werden, sie konnte mit anderen Inhalten gefüllt werden und sich enorm erweitern, wie später etwa die Kooperation mit dem Stammunternehmen in Harkorten und dessen Einbeziehung in das Eisenbahngeschäft.

Ebene 1: Die Tätigkeit für das Leipziger „Stammhaus", den „Chef", in dessen Firma Carl Harkort 1815 eingetreten war.

Ebene 2: Geschäfte auf eigene Rechnung.

Ebene 3: Der Aufbau von Geschäftspartnerschaften und Teilhaberschaften.

Ebene 4: Dienste für die „Companie" der Harkort-Brüder.

Ebene 5: Geschäfte im Auftrage des Harkortener Stammhauses (für Johann Caspar V.)

Ebene 6: Unterstützung der Brüder (Eduard, Friedrich, Christian).

Zu 1.: Tätigkeit für das „Stammhaus", den „Chef"

Die Firma von Friedrich Wilhelm Simon Seiff war „sein", Carls, Haus. „Empfindliche Verluste" nehme es „mit dem Selbstgefühl eines großen Hauses" auf.[44] Carl Harkort nennt den Geschäftsinhaber Herrn Seiff[45], an anderer Stelle seinen „Chef".[46] Die Betriebsbindung ist eng, „da wir ein eigenes Etablissement in Manchester haben."[47]

Die Wir-Beziehung spricht für sich selbst. Carl nennt das Verhältnis zu seinem Chef „freundschaftlich".[48] Carls Stellung läßt sich genau beschreiben. Er verantwortet in unselbständiger Stellung, aber mit zunehmendem Spielraum für Eigenverantwortung, den er seine „persönliche Freiheit" nennt, einen „Bezirk", einen Teilbereich.

„Meine Geschäfte, obgleich dem Wechsel unterworfen, sind im Ganzen nicht kleinlich und lassen mir hier eine persönliche Zwanglosigkeit, zu welcher ich mir von ganzem Herzen Glück wünsche. Ich benutze diese wirklich, um hier ganz auf meine eigene Hand, das heißt, zurückgezogen von Bällen, Caffepartien und großen Mittagessen zu leben, was manche nicht begreifen, da ich appartemenzfähig bin, ich aber um so besser."[49]

Aus dem Umfang und dem Tempo des Vertriebs eines bestimmten Warenkontingents, aber auch dem Erfolg des Disponenten ergaben sich diese Freiräume. Wenn aber das Garngeschäft regelmäßiger werde, glaube er, Carl, in seinem Wirkungskreise (Böhmen, Sachsen, Preußen) seinem Hause künftig von einiger Wichtigkeit zu sein, „alsdann, wenn nicht früher, muß sich der Anteil bestimmen, welchen ich außer meinem Salair, vielleicht an den Geschäften meines Bezirks, zu erwarten habe."[50] Er agierte angesichts der „Lage des Continentalhandels", die seinem Haus größere Besorgnisse einflöße, selbständig und offensichtlich erfolgreicher als sein Chef. „Gerade zur Unzeit entschloß sich mein Haus zu bedeutenden Sendungen, und alle Verkäufe sind daher doppelt erwünscht, während es hier schlecht, in Österreich und der Schweiz aber noch schlechter geht." Er säße auf seinen Waren, und deshalb könne er den fest versprochenen Besuch bei der Mutter nicht machen. Er wäre lieber mit zwei Landsleuten, die ihre Pferde der Heimat zulenkten, „durch Wind und Wetter" geritten, als hier im Warmen geblieben.

„Wiewohl ich nichts vernachlässigt habe, durch Befreiung von einem Teil meiner Waren meine persönliche Freiheit zu erlangen, so sind doch diesmal die Verhältnisse so schlecht, daß meine besten Kunden mich im Stiche lassen."[51] Dem Bruder schrieb er am 6. Januar 1817: Mit dem Winter sei es kläglich bestellt, und „die gelinde Witterung äußert auf den Garnhandel einen sehr fatalen Einfluß. Der Ärmste geht in der Tat so schlecht, als ich ihn noch nie kannte, und die feste Überzeugung, daß alle Preise bis zum Frühjahr noch niedriger gehen werden, hilft mir zu nichts, da ich die Ware immer schlimmen Forderungen vorziehe. Mich trifft bei der Sache kein Vorwurf, da das Haus die meiste jetzt auf uns lastende Ware gerade vor Schluß der Schiffahrt und in einem Augenblick herauswarf, wo man das Sinken der Preise schon vorhersah."[52] Dem Vater bekannte er am 4. März 1817, er wisse nicht ganz gewiß, ob er, „wo alles verliert, rein ungeschlagen durchkommen werde", er habe aber aus dem vorjährigen Geschäft einen nicht ganz unbedeutenden del credere fond, weshalb er „einiges Unglück" haben könnte, ohne daß sein „freundschaftliches Verhältnis" mit dem Chef darunter litte.[53]

Wie ein geübter Schwimmer bei hohem Wellengang bewegte sich dieser Carl Harkort in den Wassern des Marktes. „Meinen Garnen könnte es sehr gut gefallen, wenn die Elbe auf drei bis vier Wochen zufröre", teilte er am 13. Dezember 1817 Caspar mit, er wisse aber auch, daß er, Caspar, entgegengesetzte Wünsche habe. Er, Carl, sei Garnverkäufer und würde gewinnen, Caspar als Käufer in einer entfernten Region würde verlieren oder bei gestiegenen Preisen weniger absetzen können. Wenn Carl von seinen Garnen spricht, meint er die von ihm eigenverantwortlich dirigierten Waren und nicht Waren seines Eigentums. Am 8. Juli 1815: Zum Glück besitze er in seinem „Stammgeschäfte" nur wenige Waren.[54] Er hat also zum richtigen Zeitpunkt verkauft. Gewachsenes Selbstvertrauen spricht aus einer Briefstelle vom 13. Dezember 1817: „Wenn Du bedenkst, daß ich hier, also in meinem täglichen Wirkungskreise, keinen Pfennig für eigne Rechnung verkehre, so mußt Du mir diesen Tätigkeitstrieb zugute halten. Meine Verhältnisse räumen mir einen unendlich größeren persönlichen Credit ein, als ich benutzen darf..."[55] Also sind ihm, Carl, die Hände gebunden. Er darf die Geschäftsverbindungen des Hauses nicht für eigene Geschäfte nutzen. Aber ganz offensichtlich sind die Grenzen fließend, vor allem dann, wenn er als Weiterverkäufer englischer Tuche auftritt. Mit einer eigenen englischen Garn- und Tuchhandlung bekäme er die Hände frei. Doch dazu benötigt er seinen Bruder Gustav, dessen kaufmännisches Talent in der Familie wohl unbestritten war.

Zu 2.: Geschäfte auf eigene Rechnung

Carl Harkort handelte mit allem, was Gewinn versprach, auch mit Hasenbälgen (so mit 1000 Hasenbälgen, die er von Böhmen bezog); „Bettfedern dagegen (wie Du sagst)", entgegnete er dem Bruder, „versprechen keine brillante Marge."[56] Er hat Gewinnideen, optimiert, erkennt seine Chance, beispielsweise in einer Produktionsverbesserung, indem er zwei Qualitätsfaktoren mit unterschiedlichen Kosten verknüpft und Gewinn erhofft: Die Reichenberger und Böhmen seien in der Appretur ihrer Tuche äußerst ungeschickt, hier in Sachsen dagegen seien die Tuchscherer sehr geschickt; die Tücher gewännen wenigstens 25 Prozent. Auch die polnischen Tuchmacher hätten die Wohlfeilheit des Materials und des Arbeitslohnes. Er kaufte also polnische Tuche und ließ sie veredeln, um den Tuchen durch bessere Farbe und Appretur einen „ungleich höheren Wert" zu geben, „als die Polen es verstehen", ihnen beizubringen.[57] Er ermuntert den Bruder, diesem Beispiel zu folgen: „In Herdecke und Hagen hat es Färber und Scherer genug, also mußt auch Du Dein Glück versuchen." Schon am 30. April 1815 berichtete er über eine Sendung roher Tuche auf die Chemnitzer Bleiche. Es überrascht nicht, wenn er versichert: „Mein spekulativer Geist glimmt noch unter der Asche, und ein einziger Hauch reicht hin, ihn wieder in lichte Flammen zu setzen."[58] Er, Carl, habe noch eine „andere Spekulation gewagt", berichtete er im Januar 1815 dem Bruder, „vielleicht nicht billigst"; er behalte sich deshalb vor, sie auf seine „alleinige Rechnung" zu nehmen. „Du findest es vielleicht nicht schön, daß ich mit Deinem Fonds spekuliere, dagegen werde ich die nächste Auslage in Prag und hier aus dem meinigen machen."[59]

Es ist nicht eindeutig, ob es sich dabei um einen Teilfonds der Companie der Harkort-Brüder handelte oder um einen gemeinsamen Fonds von Carl und Caspar. Der familiäre Zusammenhalt war auch durch solche im einzelnen schwer rekonstruierbare Verknüpfungen, aus denen sich gemeinsame Interessen ergaben, hergestellt.

Zu 3.: Versuche, Geschäftspartnerschaften sowie Teilhaberschaften aufzubauen

Den ersten nachweisbaren Versuch zum Aufbau einer solchen Geschäftspartnerschaft, die den Handlungsraum für die eigene Gewinnsuche erweiterte, unternahm Carl Harkort, als er Caspar zu einem Tuchgeschäft animierte: „Sollte es convenieren, in Zukunft Manchester etc. aus England direkt zu beziehen, so kann ich für einen gewissen Betrag, da wir ein eignes Etablissement in Manchester haben, dieses so gut wie irgend jemand ausführen. Nur für einen geschwinden Umsatz gesorgt und Muster nebst ungefähren Preisen von dem geschickt, was Du brauchst." Er hatte zur Michaelismesse 10 Kisten Manchester in seinem Leipziger Lager und verkaufte davon fünf. „Hast Du Mut, gemeinschaftlich mit mir auf eine ganze Kiste, so stehe ich für einige Monate Zeit und fühle mich stark genug, zwischen meines Hauses und unserem Interesse unparteiisch zu entscheiden... Herrn Seiff habe ich auf alle Fälle zum unparteiischen Schiedsrichter, und so kannst Du Dich von seiten meines Hauses beruhigen."[60] Beide träten gegenüber dem Geschäftshaus Seiff mit Filiale in Manchester als Käufer und Weiterverkäufer auf. Vermutlich kam es nicht zu dieser Partnerschaft mit Caspar. Aber der Handel mit England wurde zu einer strategischen Linie; die Geschäftsverbindung leitete zu der späteren Englischen Garnhandlung der Brüder Carl und Gustav Harkort in Leipzig, für die Carl das Fundament legte, über. „Mein Trost ist, daß in England wieder ein bedeutender Manufaktur-Waren-Zug nach Amerika zu sein scheint, und die lieben Leute daher nicht den armen Kontinent ausschließlich zu überschwemmen brauchen."[61] Im April 1817 trat Carl Harkort mit 12.000 Talern als Teilhaber in das Elberfelder Handlungshaus von J. H. Brink ein; diese Teilhaberschaft bestand auch noch 1835. Er hatte einen ersten Geldfonds angelegt und triumphierte: „Bis jetzt bin ich aus allen Reibungen in der merkantilischen Welt für mein Haus unverletzt herausgegangen und hoffe es zu bleiben, was viel wäre."[62] In noch nicht einmal zweieinhalb Jahren hatte er eine solche Summe verdient.

In den englisch-kontinentalen Manufakturwarenzug klinkten sich die Leipziger Harkorts ein. Es waren durchaus noch kleinere Fische, die dieser nicht mehr ganz junge Mann fing, aber hin und wieder dürften auch einige große darunter gewesen sein. Etwa seit 1817 steuerte Carl Harkort auf eine Geschäftspartnerschaft mit seinem Bruder Gustav zu. Aus allem, was darüber in den Briefen an Caspar zur Sprache kam, sah er in Gustav die eigentliche kommerzielle Führungsfigur. Die Nachricht, daß Gustav aus Paris „gesund" geschrieben habe, bejubelte er im Juli 1815, also nach Waterloo, mit den Worten: „Welch ein Brief!" „Nun soll es wieder leichten Herzens an den Handel gehn!"[63] Er sieht den Bruder noch immer in der traditionellen Beziehung zu Harkorten. „Ist Gustav erst wieder bei Dir, dann sollen alle Minen der Spekulation springen. Laßt ihn dann nie mehr weg; der Himmel wird ja alle unsere Mühe nicht umsonst sein lassen."[64] Im Jahre darauf an die Mutter: „Nähme wenigstens Gustav einmal seinen Weg über hier."[65]

Zu 4.: Dienste für die „Companie" der Harkort-Brüder

Die Brüder sind einander in Treue verbunden. Die Grußformel, noch 1849, drückte es aus: „Mit unveränderlicher Anhänglichkeit Dein treuer Bruder Carl", was gegenseitigen Beistand einschloß. Ihre Strategien waren auf gegenseitigen Beistand gerichtet. Am 24. Juni 1817 weiß Carl sein ganzes Vermögen in Caspars Händen, um die industriellen Unternehmungen von „Fritz" (Friedrich Harkort) zu unterstützen. Er hat außerdem Fonds in dem gemeinsam betriebenen Kupferhammer stehen, dessen Produkte sich schwer absetzen lassen. Im Oktober 1819 zeigte Fritz die beschlossene Liquidation des Kupferhammers an und versicherte, daß er Carls „darin steckende Fonds sukzessive rückstellen werde"; wodurch er, so Carl an Caspar, „also für neue Unternehmungen Lust bekäme."[66]

Zu 5.: Unterstützung für die Brüder Fritz und Christian Harkort

Carl Harkort unterstützte die kostspieligen technischen Neuerungen seines Bruders Friedrich: „Auf den Stand meiner Rechnung mit Fritz zu kommen, macht mir derselbe keine Sorge, und zu diesem Ende bedurfte es Gustavs Versicherung nicht, daß sich die Dampfmaschinerie versprechend anlasse", meinte er im Oktober 1819 voller Zuversicht.[67] Der Dienst an den Brüdern Friedrich und Christian führte verschiedentlich in schwere Zerwürfnisse und beim Bankrott des Gärtnereiunternehmens von Christian Harkort so gut wie zum Bruch. „Mit Christian schlägt der Himmel uns wirklich hart, man muß sich aber auch hier bestmöglich zu fassen suchen. Ein reines Selbstbewußtsein ist, sage ich, wenn auch nicht hinlänglich zu positivem Glücke – doch der beste Trost, übrigens finde auch ich, daß das fortschreitende Leben, was es an Blüten verliert, nur zu sehr an Dornen zu gewinnen pflegt."[68] Diese Spannungsfelder bleiben außerhalb der weiteren Betrachtung. In einigen Situationen sind Carl und seit seiner Übersiedlung nach Leipzig vor allem Gustav Harkort bei der finanziellen Deckung hoher und riskanter Industrie-Investitionen ihres Bruders Friedrich nach eigenen vertraulichen Briefaussagen bis an die Grenze des für die eigene Existenz vertretbaren Risikos gegangen.[69]

Zu 6.: Kontakte und Geschäfte im Auftrage des Bruders: Marktbeobachtung, Geschäftsvermittlung, Anregung, Multiplikatorentätigkeit

Daß es solche Aktivitäten im Auftrage des Bruders, Johann Caspar Harkort, gab, beweist schon ein Brief Carls vom März 1815: „Mit welcher Lust wollte ich für Dich arbeiten, wenn nur Ruhe und Friede wäre."[70] Der Krieg störte die Geschäfte. Die Carl Harkort von zu Hause aus anvertrauten „Commissionen" umfaßten Pianoforte, Bettdecken, Stoffe verschiedenster Art, dazu Anis und Kümmel in Zentnermengen.[71]

Ob andere Artikel, die Carl als die seinen bezeichnete, gleichfalls zum Manufakturwarenhandel auf Harkorten gehörten, bleibt fraglich. Aber des Bruders Meßbestellungen liefen über ihn; dieser bestellte Manufakturwaren aus den Fabrikgegenden Nordböhmens, Reichenberger rohe Tücher (also hatte er das Appreturgeschäft in der Mark in Gang gesetzt), Königsberger Wachs, Hasenbälge aus Böhmen, Schwefel aus Triest, Salzburg, Prag, Leinen aus Rumburg, Petersburger Waren, Bettfedern, Hopfen, Danziger Pottasche, rohe Kiele zu Schreibfedern, Barchent aus Langensalza in Thüringen, Bettzieche, wollene Strümpfe und Handschuhe aus Naumburg, grauen Wollkord aus Crimmitschau und aus Ronneburg in Sachsen. Carl Harkort empfahl preiswerte und ansprechende Waren. Von allen Chemnitzer Waren seien die von Becker und Schraps die schönsten.[72] Leinen- und andere Proben gehen an den Bruder. Zur Guten Nacht noch einmal meinen Refrain: „Schick Muster, schick Muster!" Waren in Tuch, sonstige Wollen- und Leinenartikel kaufte er gegen Ende der Messe wohlfeil ein. „Auch in sächsischen Spitzen sollst Du bestens bedient werden... Ich hoffe, Du sollst daran nichts verlieren." Und wieder die Aufforderung: „Schicke mir Muster!"[73]

Für den Bruder lief er die regennassen Straßen auf und ab, ließ er seine Beziehungen spielen, um Geschäfte unterzubringen. Ohne derartige Beziehungen zu Geschäftsfreunden hätten die weitreichenden Handelsketten auch in der Spätzeit der Postkutsche nicht funktioniert. Über solche „Freunde" liefen Waren und kommerzielle Informationen aller Art, auch Meldungen über den Preisverfall, im Postkutschentempo in Leipzig zusammen und von hier in alle Himmelsrichtungen wieder hinaus:[74] zu Carl Harkorts

Baseler Freund, dem Königsberger Freund, dem „christlichen und zuverlässigen Prager Freund", seinen Prager Freunden, seinen böhmischen Freunden, seinem Rumburger und seinem Reichenberger Freund, seinem Frankfurter Freund. Der ständig drohende Verlust zwang zur Anpassung an die Preisbewegungen. Sein Prager Freund, so meldete er dem Bruder, mahne, sie sollten „alle Käufe, selbst die von rohen Federkielen", einstellen.[75] Oder eine charakteristische Wendung in einem Brief an Caspar vom 28. März 1815: „Die Frankfurter Post bringt uns die schlimme Nachricht..." Mitunter bewahrte die rasche Information vor Verlust. Am 8. Februar 1815: „Allen falschen Ehrgeiz zwischen uns beseitigend, gestehe ich Dir, daß hier für den Augenblick nicht gut Kupfer verkaufen ist." – „Es wäre schade um das schöne Kupfer, es um den Preis der schlechten russischen Zeuge wegzugeben." Dann, im Brief vom 28. März, ein Aufatmen: „Daß Du Plattenkupfer so glimpflich verkaufen konntest, freut mich ungemein."[76] Bestellungen am Ort wickelte Carl über seinen „treuen Hausjuden" ab. Daß er „klug und in allen Arten von Schacher aber bewandert ist, wisse er zuverlässig."[77]

Der Leipziger verfügt über die nötige Distanz, um die Anpassung an den Markt in größerer Dimension zu bedenken. „Vielleicht, liebes Brüderchen, wären wir aller Plackereien mit dem niedrigen Wasser und dem ebenso schwachen Associationsgeiste der Herren Associe überhoben, wenn wir Platten, Töpfe, Mäßel etc. fix und fertig von Wien oder Prag kommen ließen. Soll ich nicht zum Versuche einige wenige Kannen etc. auf Geradewohl kommen lassen? Oder willst Du mir vorher nähere Vorschrift geben?"[78]

Caspar Harkort betrieb einen Manufakturwarenhandel und die zum Stammhaus gehörende Landwirtschaft. Sein Bruder Carl, den Wechsellagen des Marktes am Messeplatz Leipzig ausgesetzt, hat die in der Verknüpfung beider Tätigkeitsfelder gegebene größere ökonomische Sicherheit geschätzt. „Am besten mag sein, wenn man Landwirtschaft und Handel so weit vereinigen kann, daß einen die erste nährt, wenn der andere schlecht geht, ungefähr wie auf Harkorten."[79] Er mag denen in Harkorten oft wie ein Signalgeber erschienen sein, der vor Verlusten bewahrte, deshalb hatte ihn der Vater vermutlich auch in Leipzig postiert, der aber auch zum Risiko ermunterte, wenn das stabile Gewinne versprach.

Carl Harkort befand sich in der Rolle des herausgehobenen Beobachters für das Stammhaus wie für die preußische Mark (seit 1820 gemeinsam mit Gustav Harkort). Er hat auch innovatorisch in Richtung Harkorten und darüber hinaus gewirkt. Anstöße, die er gab, trugen zur Modernisierung der Region bei, zumindest weisen die Briefe in eine solche Richtung.

Am Anfang stand der Versuch, den Bruder durch Appretur und Färberei von Tuchen für eine Wertsteigerung zu gewinnen („In Herdecke und Hagen hat es Färber genug, folglich muß Du nur Dein Glück versuchen"). Er sprach sich für den Direktbezug von Kupferartikeln aus. Er vermittelte Kontakte nach Nordhausen, wo es nach seiner Kenntnis „die geschicktesten deutschen Brauer und Brenner" gab,[80] um die Brennerei in Harkorten zu unterstützen, und verwies auf seinen Rumburger Freund, der ein „wichtiges Interesse" (!) an „genannten Künsten" nähme. Er meinte, im ungünstigsten Falle könne sich Caspar durch die Brennerei „zum Teil aus der Schlinge ziehen".[81] Eine der vielleicht folgenreichsten Innovationen war die Aufforstung „aller holzleeren Flecken" mit Tannen. Caspar hat eine Tannenhalle angelegt, um Pflänzlinge heranzuziehen. Die Anregung dazu vermittelte Carl Harkort unter dem Eindruck der Nadel-holz-Anpflanzungen in Tharandt bei Dresden, die ihn so beeindruckten, daß er forst-wirtschaftlichen Unterricht zu nehmen beabsichtigte.[82]

5.

Carl und Gustav Harkort: Anpassung durch Imitation und Innovation. Unter Anpassung durch Imitation verstehe ich, Schumpeter folgend, die Gewinnsuche durch Nachahmung, bis die Gewinnspanne an einem bestimmten Punkt der Marktbewegung dem Wettbewerb zum Opfer fällt.[83] Diese Situation war gegeben, als sich Gustav Harkort auf seiner Nordlandreise vergeblich bzw. nur unter Verlust in die Preise für Eisenwaren „drückte". Auch Carl Harkort in Leipzig war den gängigen Standards im messestädtischen Warenhandel mit einem auffälligen Gespür für den gewinnträchtigen Zeitpunkt gefolgt und hatte sich im rechten Moment angepaßt, um wirtschaftlich zu überleben.

Innovatorische Energien dagegen wurden in der Verfolgung bestimmter Handelsrich-tungen erkennbar: bei Carl Harkort im Tuch- und Garnhandel von der britischen Insel nach dem Kontinent und seit 1817, anknüpfend an „Gustavs Nordische Reise", in Richtung Norwegen und Schweden. „Ich habe Gustav ausführlich geschrieben, daß ich Lust zu einer jeden ihm einleuchtenden gemeinschaftlichen Unternehmung ab Norwe-gen oder Schweden, sei es in Tran etc., bis zum Belauf von 1.500 Reichstalern habe."[84] Projekte wurden geschmiedet: Zur ferneren Benutzung der „kaufmännischen Hilfs-quellen, welche uns Norwegen gemeinsam verspräche, ohne jedoch die kostspielige und mühsame Reise dorthin regelmäßig machen zu müssen, projektieren Gustav und ich... ein eigenes Etablissement in Bergen." Gustav glaube ernsthaft „an die Ausführ-barkeit des Planes, bei dem ich, sobald es soweit kommt, herzlich gerne sein werde."[85]

Am 15. April 1820 schließlich eröffneten Carl und Gustav Harkort in Leipzig ein gemeinsames Kommissions- und Speditionsgeschäft, dessen Hauptzweig die „Engli-sche Garnhandlung" war.[86] Diese baute auf dem erwähnten Beziehungsnetz und den Erfahrungen beider auf; sie verknüpfte zunächst den Englandhandel (Carl) und den Nordlandhandel (Gustav) sowie die osteuropäische Handelslinie (Carl). Später traten die Amerikalinie und die südostasiatische der Väter und der in Leipzig geborenen Harkort-Söhne hinzu. Aus einem Brief Gustav Harkorts vom März 1821 erfahren wir, daß Caspar sich mit einem „ersten Tuch-Einkauf in vergrößertem Maßstabe" einver-standen erklärt habe. Die Unternehmensstrategie bezog also den Bruder auf Harkorten von vornherein ein; sie wurde zur Dreierbeziehung und durch die Eisenbahninnovation Gustav Harkorts außerordentlich stabilisiert.

Gustav kündigte eine Geldsendung nach Harkorten, einen Betrag von maximal 1500 Reichstalern, an. Die Leipziger hatten kürzlich mehrere „Barsendungen" nach Elber-feld, vermutlich mit Garn, gemacht. „Mehr aber mögten wir doch einer Gelegenheit nicht anvertrauen." Seine Vorsicht war sprichwörtlich. Der Berliner Cours sei in Leipzig „gewöhnlich sehr gedrückt".[87] Ein Brief vom März 1821 gibt Aufschluß über Geschäftsanbahnungen im Interesse des Bruders, in die, neben Carl, auch Gustav eingriff: Er sei stark mit der Versendung der sämtlichen Bergener Bestellungen beschäftigt, aber er wolle, Harkorten betreffend, auf die Anfrage des Bruders zu gern eingehen. Mit nächster Post solle eine ausführliche Beantwortung dessen erfolgen, „worin ich Dir meine unmaßgebliche Meinung über die Bedingungen, welche Du

Deinem Schwager machen dürftest etc., so gründlich, wie es mir möglich ist, sagen werde." Im gleichen Brief versicherte Gustav Harkort dem Bruder: „Wegen der Nähseide bin ich soeben – gestern war Bußtag, da ging es nicht – in mehreren Handlungen gewesen, aber alle wollen von Lyoner Näh-Seide nichts wissen und behaupten, daß dort nur für den inländischen Verbrauch und viel zu fein und zu teuer fürs Ausland fabriziert werde." Eine Firma habe ihm aber versprochen, nähere Erkundigungen einzuziehen. Einer behauptete, daß die Seide Turiner Seide sei, die man hier nicht führe, in den Rheingegenden sei sie aber gangbar und die Seidenhandlungen in Frankfurt am Main beschäftigten sich damit. „Das klingt glaubhaft, und es scheint also, daß Du wohl am besten tun wirst, Dich nach Herrn Aders Rat in Frankfurt zu erkundigen."[88] Die Marktkenntnis über gängige und nicht gängige Produkte schlägt hier durch, die niemand ungestraft zu übergehen imstande war.

Die Messe war der Prüfstand für Verkaufbarkeit und geschäftlichen Erfolg. Am 7. Juli 1821 übersandte Gustav das Verzeichnis „unserer gemachten Versendungen seit Schürens Directio der nordischen Geschäfte". Sie hätten neuerdings wieder für ca. 4.000 Taler Bestellungen von diesem, „darunter recht angenehme, lucrative." Sein letzter Brief sei vom 16. Juni, er gäbe genaue Nachricht über den Preis der Fische und vermute, daß der Fisch wohl noch in die Höhe gehen werde. „Das wäre für die Brüsseler neue Ladung schon recht und möchte zu unserem Vorteil sei, obschon die Verschlimmerung des Courses kein gutes Omen für unsere Affairen in Norwegen ist. Trotzdem müßten wir bei unseren dahin gemachten Versendungen dies Jahr honett verdienen, und nach einem gelegentlichen Überblick wird dies auch der Fall sein, wenn wir nicht abermals einen bedeutenden Unfall erleiden – was der Himmel verhüte. Um unsere Verbindung mit Norwegen noch mehr zu verstärken und das neue Land ganz zu umstricken, wollen wir nun auch Beziehungen von norwegischen Produkten, als Bockfelle, Heringe, Tran und Stockfisch für hiesige Gegend und Böhmen versuchen, und ich schreibe deshalb mit nächster Post an Schüren, um den Probätz im Kleinen ohne Zeitverlust zu machen."[89]

Seit etwa 1822 zog sonach auch das Haus Harkorten, also Johann Caspar Harkort V., Nutzen aus dem neu angebahnten Handel mit Norwegen und Schweden. Gustav lobte 1828 den „frischen kaufmännischen Mut" seines Harkortener Bruders, und Carl meinte zuversichtlich: „Gerne sage ich Dir, daß wir hier beides teilen und Dir treulich beistehen werden, Deine Konkurrenten im Norden mit unseren Baumwollenwaren aus dem Felde zu prügeln."[90] Die drei Brüder begannen einen neuen Absatz- und Beschaffungsmarkt zu erschließen. Im Juli 1821 bestärkte Gustav den Bruder, gegenüber Geschäften des Schwagers vorsichtig zu sein. „Deinen Ansichten über die gemeinschaftlichen Geschäfte sehe ich begierig entgegen, teile aber schon vorläufig die mit Dir, daß es geraten sein wird, Deinen Schwager unverweilt wieder aufsitzen zu lassen; denn langes Lagern der Waren und Zinsen-Verlust sind mir in der Seele zuwider." Auch die folgende Briefstelle verrät etwas von der Art der Gewinnsuche, die Gustav Harkort antrieb und umtrieb: „Deine Sendung von Indigo von Bernambuk ist heute angekommen; wir werden sie bestens zu versilbern suchen. Mit erstem Artikel hättest Du den Zeitpunkt nicht besser wählen können, mit dem andern (es wird nicht gesagt, welchem – H. Z.) wirds aber so schnell nicht gehen, wenn man den bestmöglichen Preis herausdrücken will."[91]

Am Bußtag 1821 ruhten die Geschäfte. Man teilte sich ansonsten die Course mit, „wegen gestrigen Feiertags keine Course".

Seit 1825 besaßen die Brüder Harkort eine Filiale in Zittau, sie wurde von 1825 bis 1832 durch J. Heineken und C. W. Frommelt geleitet.[92] 1828 gelang es Carl, Gustav und Johann Caspar Harkort, eine Exportlinie für Eisenwaren aus der märkischen Produktion bis zu Eisenwaren-Kommissionären nach Boston, Philadelphia und anderen nordamerikanischen Städten aufzubauen.[93] Gleichermaßen innovatorisch war die Idee, Produktionserfahrungen mit den steiermärkischen Sensenproduzenten auszutauschen. „Die große Welt hat hoffentlich Platz für Harkort und Koester... Ich sagte ihm daher, bei uns werden zum Sensenschmieden wirklich nur unpräparierte Steinkohlen benutzt... Bei dieser Äußerung schwebte mir (da ich die Steiermärkischen Sensen immer als klassische Muster erwähnt) die Idee eines wechselseitigen Unterrichts und als deren individuelles Werkzeug der junge Dickermann vor."[94] Die wirklich große Innovation, die mit Gustav Harkort aufs engste verbunden war und in großer Breite auch auf die preußische Mark zurückwirkte, war das aber noch nicht.

Schließlich gehörten Carl und Gustav Harkort zu den ersten, die eine Lebensversicherung abschlossen und damit ein Beispiel gaben, dem zu folgen sie ihrem Bruder in Harkorten zuredeten.[95] Daß Lebensversicherungen Sicherheit gaben und auch einigermaßen sicher waren, gehörte zu diesem Zeitpunkt noch keineswegs zu den Selbstverständlichkeiten. Die Errichtung einer Sohllederfabrik und einer Gärtnerei in Harkorten mit all den unendlichen Schwierigkeiten, die beides hervorrief, sind gleichfalls als Innovationsversuche anzusehen. Die Gärtnerei müsse doch auch in Harkorten gelingen, meinte Carl, denn sie gelänge überall, nur komme eben das „Lehrgeld" hoch.

Seit 1835 verschoben sich die Schwerpunkte des Leipziger Unternehmens allmählich vom Manufakturwarenhandel zum Eisenbahnbau und -betrieb, was die Belieferung mit Eisenteilen für Wagen, Lokomotiven, Bahnhöfe, Brücken einschloß.[96] Die Harkorts beteiligten sich an der Erschließung der Zwickauer Steinkohlenvorkommen und trugen dazu bei, der neuen Kohle den Weg auf den sächsischen Markt zu bahnen. Schließlich führte das Eisenbahnprojekt für das Bergische Land auch zum Anschluß der Grafschaft Mark an das entstehende Eisenbahnnetz. Die industrielle Kerninnovation für den industriekapitalistischen Aufschwung begann auch hier zu wirken.[97] Kohle und Eisen, die für den Betrieb der Eisenbahn benötigt wurden, eröffneten neue Möglichkeiten zur wirtschaftlichen Expansion, an der außer Christian und Eduard alle Harkort-Brüder teilnahmen. Indem Gustav führend am Zustandekommen der Leipzig-Dresdner Eisenbahn beteiligt war, gelang es ihm, verschiedene Harkortsche Unternehmungen einzubinden, die längerfristige Produktion zu stabilisieren und einen dauerhafteren Absatz zu schaffen.[98]

6.

Zu Lebensweise und Weltbild: Die Briefe, die Carl und Gustav Harkort ihrem Bruder schrieben, zeigen den auf Profitmaximierung bedachten Unternehmer, der sein „Glück versucht", in Aktion: „.... folglich mußt auch Du Dein Glück versuchen"[99]; der seine Chance erkannte und durch Spekulation, also Gewinnsuche mittels einer Prognose und nicht zum Zwecke direkter Bedarfsbefriedigung, zur Selbständigkeit gelangte, der auf diese Weise Selbstverwirklichung suchte und durchsetzte. Im Zeit- und Weltverständnis blieben diese Unternehmer Empiriker, sie vertrauten ihrem Wissen und, wenn auch nicht ausschließlich, der Erfahrung. Eine göttliche Weltordnung weist in ihrem Verständnis dem einzelnen seinen Platz zu, und diesen hat er, so sehen sie sich selbst, in

Bindung an seine Herkunfts- und die eigene Familie auszufüllen. „Der liebe Himmel wird ja alle unsere Mühe nicht umsonst sein lassen."[100] Das sind Calvinische Gedankengänge. Wer den Erfolg mit aller Kraft sucht, der werde sich am Ende belohnt sehen.

Diese Unternehmer erlebten und erfuhren den Markt in unendlicher Bewegung und versuchten sich ihm anzupassen. Deshalb nehmen die Begriffe „Glück" und „Schicksal" einen zentralen Platz im Denken ein, ausgedrückt etwa in der Grußformel: „Durch alle Launen des Schicksals mit unveränderlicher und inniger Liebe! Dein treuer Bruder Carl".[101] Carl unterschied „unglückliche Entscheidungen" – wie die Rückkehr Napoleons – und „glückliche" – wie die Rückkehr der Brüder Gustav und Friedrich vom Schlachtfeld.[102] Die Verhältnisse erschienen oft wie ein Lotteriespiel.[103] Die Preisbildung war nicht zu beeinflussen; sie war plötzlich da wie ein Unwetter oder der Sonnenschein. Die Preisbeobachtung wurde deshalb zur Überlebensmaxime. Carl an den Vater über die Ostermesse des Jahres 1815: „Sie war im Ganzen und auch für mich, was Preis betrifft, außerordentlich schlecht."[104] Im Mai 1815: Die amerikanische Pottasche sei hier in Leipzig schon billiger anzuschaffen als die russische und polnische aus Danzig.[105] Also Geschäftspartnerwechsel. Als der Frost die Kirschblüte zerstört hat, wurde ihm dies zum Gleichnis: „Wieviel glückliche Umstände gehören zu dem erwünschten Gedeihen einer einzigen Frucht, und wie mannigfach sind die Gegenstände unserer Hoffnungen."[106] Die Nähe der Betrachtung zum erfolgreichen Abschluß oder Mißerfolg eines Geschäfts auf dem Markt drängt sich auf. Gustav Harkort im Januar 1865: Es gehe, „solange es der Parze gefällt". Vom Glück hängt es ab, welche Schiffe ihr Ziel erreichen, während andere untergehen. So ist das barocke Bild des Schiffes, zunächst des Segelschiffes, als beliebte Metapher für das persönliche Schicksal allgegenwärtig: Gustav im Januar 1858, von den Folgen der Wirtschaftskrise getroffen, sieht sich „mit schwerer Havarie an Schiff und Segeln"[107] als leckgeschlagenes Schiff, dessen Mast gebrochen ist, dessen Segel zerfetzt sind, das von den Wellen hin und hergeschleudert wird. Carl Harkort verglich seinen Bruder Friedrich, der ganz im Aufbau eines eigenen Walzwerkes aufging, mit einem Schiffer, der „die hohe See in offenem Boote befährt",[108] und von sich selbst schrieb er, nach dem Eingeständnis, daß ihn „eine Last von Waren" drücke, „mit denen es diesmal schlechterdings nicht vom Fleck" wolle: Dies werde ihn „nötigen, alle Segel aufzusetzen, wenn sie (die Waren – H. Z.) nicht ganz wie Blei liegen sollen".[109]

Diese Unternehmer sahen ihre Berufung im Handelsgeschäft, und zweifellos hat die Praxis, Gebrauchs- und Warenwerte auch weltweit zu vermitteln, sie fasziniert. Sie haben wirtschaftlichen Erfolg genossen und auch wirtschaftliche Macht eingesetzt, und das alles in familiären Banden und sich stützend, ohne welche diese Gründergeneration nicht so erfolgreich hätte sein können. Aber sie wußte wohl auch, wie brüchig die Erfolge und wie wenig von Dauer, gesehen in der Zeit, sie waren.

Sorge und Schwermut mischten sich in die Briefe, die Gustav Harkort seit 1850 an den Bruder in Harkorten schrieb. Da sind die schlaflosen Nächte, die Todesfälle, das Älterwerden. Er versuchte, die trüben Gedanken durch Arbeit zu bannen. Ein gewisser Fatalismus ist unverkennbar. In immerwährender Zeitnot arbeitend und sich aufreibend, verging das Leben. Dem Drange zu erwerben und zu gewinnen folgend, sahen Männer wie sie ihren Auftrag darin, sich diesem Geschäft zu widmen, solange die Lebenskraft ausreichte. Sie waren eingeschlossen in die Realität des Marktes, dessen Gefangene. Der Markt hat sie, waren sie einmal etabliert und ein Bestandteil des Marktes, in unaufhörlicher Bewegung, in der die Nacht zum Tage gemacht wurde, gehalten. Fast alle Briefe, auf denen dieser Beitrag fußt, sind in den Nachtstunden oder den frühen Morgenstunden geschrieben worden. Wirtschafts- und lebensgeschichtliche Sachverhalte bilden Drehpunkte dieser Texte, die auch, wie Gustav Harkort es nannte, von der „freundlichen Gewohnheit des Lebens und Wirkens",[110] dem Alltag also, Zeugnis ablegen.

Von welchem Blickpunkt sich der Betrachter und Leser solchen Lebenszeugnissen auch nähert, sie zeigen ihm den Markt in seiner unendlichen, scheinbar zufälligen Bewegung und die mit ihm verketteten Kaufleute wie die von ihnen abhängigen Handelsagenten in einem ständigen Prozeß der Anpassung durch Imitation und Innovation. Sie wurden dabei zu wendigen Schwimmern. Die zunehmende Vertrautheit mit dem Markt, das Eingebundensein in ein Netz von Austauschbeziehungen und der Fundus verfügbarer Erfahrungen läßt sie Wagnisse eingehen. An diesem Punkt wurde Gustav Harkort zur zentralen Bezugsfigur für seine Brüder Carl und Johann Caspar. Der Jüngere wurde zur treibenden Kraft, zum Innovator. Ihm gelang es im Schumpeterschen Sinne, Kapital, Bedürfnisse, Ideen in „eine neue Kombination" des Gewinnmachens umzusetzen. Denn er stand an einer Durchbruchstelle in der frühen deutschen Eisenbahngeschichte. Was dies für Harkorten bis 1865 bedeutete, läßt sich aus Leipziger Sicht nur ahnen.

Anmerkungen

1   Westfälisches Wirtschaftsarchiv Dortmund (=WWA): N 18 Nr. 238/1-102: Gustav Harkort (d.Ä.): Briefe von Gustav Harkort an Johann Caspar Harkort (Bruder), Bd. 1: 1820–1849, N 18 Nr. 239/1–96: Briefe Bd. 2: 1850–1857; N 18 Nr. 258/1–101: Carl Harkort (1788–1856): Briefe an Caspar Harkort (Bruder); Bd. 1: 1819–1835, ferner: N 18 Nr. 259/1–117; Bd. 2: 1836–1850; N 18 Nr. 260/1–130: Bd. 3: 1851–1852; N 18 Nr. 261/1–141: Bd. 4: 1853–1854; N 18 Nr. 262/1–58: Bd. 5: 1855–1856.

2   Vgl. Wolfgang Köllmann, Friedrich Harkort, Bd. 1: 1793–1838, Düsseldorf 1964.

3   Dazu Hartmut Zwahr, Junge Gelehrte und ihre Sorgen. Sozialhistorisches aus Briefen von Carl Friedrich Gauß, 1802–1812, und Moritz Wilhelm Drobisch, 1827–1837. In: Georg G. Iggers (Hrsg.), Ein anderer Blick auf die Geschichte. Sozialgeschichtliche Studien aus der ehemaligen DDR, Frankfurt/Main 1991, S. 155–168.

Man rechnete in „Posttagen" (Carl am 18. 10. 1816 an die Mutter): – „Alle Briefe von Harkorten laufen in der Regel 7 bis 8 Tage, jene von Frankfurt nur vier." (Am 7. 3. 1815 aus Leipzig an Johann Caspar V., den Bruder). „Ein lebhafter Posttag nötigt mich schneller zu schließen, als ich gedacht." (Am 29. 10. 1819 an den Bruder). – „Obgleich mir die Post noch einige Augenblicke Zeit läßt ..." (Am 22. Oktober 1816 an den Bruder). – Er habe den Brief „um einen Posttag zurückgehalten." (Am 15. Januar 1828 an den Bruder). – Er beantwortete Caspars Brief, um „möglichen Abhaltungen vorzubeugen, drei Tage vor Abgang der Post." (Am 3. 2. 1819 an den Bruder). – Bücher sind „mit Postwagen an Fritz beigepackt worden." (Am 18. 12. 1819 an den Bruder). – Carl ist unterwegs „zu einer schnellen Fahrt nach Manchester, auf welcher ich übermorgen in Halle die direkte Schnell-Post nach Hagen zu besteigen gedenke." Die Begegnung werde „in fliegender Eile" stattfinden. (Am 30. 10. 1827 aus Leipzig an den Bruder). – Gustav sage ihm eben, daß er die 20 Stück Lenneper Tuche gar nicht wolle, „wenn diese nicht beizeiten für die per 1. März „angesetzte Expedition" (ab Bremen) kommen." (Am 11. 2. 1828 aus Leipzig an den Bruder). – Gustav Harkort teilt mit, er reise am Donnerstag früh in Leipzig mit Eilpost nach Harkorten ab und werde, „wenn es dem Himmel gefällt, am Sonntag Abend bei Euch sein." (Am 2. 9. 1833 an den Bruder). – Gustav Harkort sei mit seiner Frau nach Dresden gereist, „d. h. die Nacht hingefahren, zwei Tage dort geblieben und heute Nacht wieder hierher, so daß ich nur zwei Tage an der Arbeit verloren habe. Du siehst, wir sputen uns noch." (Am 18. 9. 1835 an den Bruder). Der Brief ist das Gespräch: „...und heute, wo ich mich recht ausführlich mit Ihnen unterhalten wollte." (Am 22. 4. 1815 aus Leipzig an Johann Caspar IV., den Vater). – „Den unfreundlichen weißen ersten Ostertag benutze ich, statt ihn auf dem Lande zuzubringen, zur Unterhaltung mit Dir." (Am 19. 4. 1835 aus Leipzig an den Bruder).

4   Carl Harkort 1817: „Abends spät gönne ich meinem stumpf gejagten Gänsekiel die Erholung Deines lieben Briefes vom 4./5..." (Aus Leipzig am 13. 12. 1817 an Johann Caspar V.); Gustav Harkort 1833: „Meinen ungewöhnlichen Lakonismus entschuldige mit dem Drange der Zeit. Zum Beweise, daß ich vorgestern Abend noch nach dem 8 Meilen von hier entfernten Gera gefahren bin und gestern Abend schon wieder da war, nachdem ich einige erkleckliche Geschäfte abgemacht hatte. Mit den besten Grüßen an Euch alle – alle." (Aus Leipzig am 13. 11. 1833 an den Bruder); Gustav Harkort 1834: „Es geht bei uns alles im gewohnten Gleise und ich bin, wie immer, in der Arbeit wie vergraben." (Aus Leipzig am 8. 3. 1834 an den Bruder); Gustav Harkort 1835: „Unser hiesiges Geschäft geht jetzt wirklich recht gut, doch werden wir Last haben, im laufenden Jahre so viel umzusetzen als 1832, in welchem wir, alles in allem genommen, gewiß eine Million Taler in Waren umgeschlagen haben. Da ist es denn freilich auch kein Wunder, daß man arbeiten muß." (Aus Leipzig am 13. 3. 1835 an den Bruder); Gustav Harkort 1835: Er wünsche sich zum Briefschreiben eine „stille Stunde der Nacht". (Aus Leipzig am 20. 7. 1835 an den Bruder).

5   Vgl. Köllmann, Friedrich Harkort; Hartmut Zwahr, Zur Klassenkonstituierung der deutschen Bourgeoisie. In: Jahrbuch für Geschichte 18 (1978), S. 21–83; Hans-Ulrich Wehler, Deutsche Gesellschaftsgeschichte, Bd. 2: Von der Reformära bis zur industriellen und politischen „Deutschen Doppelrevolution": 1845–49, München 1987.

6   Aus Leipzig am 1. 1. 1849 an Johann Caspar V.; vgl. dazu auch den Brief Gustav Harkorts vom 28. 7. 1852 aus Leipzig: „Wir sind schon in zu viele Angelegenheiten verwickelt, die Zahl der Jahre, die noch vor uns liegen, nimmt ab, und ich möchte nicht meinen Kindern ein solches mixtum compositum hinterlassen, als das ist, worin ich mich, selbst töricht genug, verwickelt habe."

7   Aus Leipzig am 23. 9. 1852 an Johann Caspar V.

8   Aus Leipzig am 11. 10. 1860 an Johann Caspar V. Im Brief vom 19. 10. 1860 legt er dem verwitweten Bruder zum Trost ein Gedicht aus Schefers „Laienbrevier", „in dem ich jetzt täglich einen Abschnitt lese," bei.

9   Vgl. Gustav Harkort aus Leipzig am 4. 10. 1832 an Caspar über den Neffen, Johann Caspar VI., den die Harkorts aufgenommen hatten, um ihm in Leipzig einen guten Schulbesuch zu ermöglichen. Ostern 1833 begänne der englische Sprachunterricht. Am 11. April 1835 teilte er dem Bruder mit, daß Johann Caspar die öffentliche Prüfung an der Handelslehranstalt glänzend bestanden habe. „Er stehe als ein Vorbild und Muster da für alle Zöglinge der Anstalt." Dann: „Wie mein Herz schwoll bei dieser rühmlichen Erwähnung des Harkortschen Namens, darf ich Dir nicht erst sagen – aber ich glaube, es ist das erste Mal, daß ich vor Leuten geweint habe." Caspar werde am Montag früh mit dem Eilwagen abreisen. „Du bekommst ihn nicht allein mit Kenntnissen bereichert, sondern auch rein und unverdorben zurück und hast einen Schatz an ihm, der viele Erdengüter aufwiegt. Er ist ein wackerer Junge, und der Himmel erhalte ihn uns allen." Am 11. 4. 1835 aus Leipzig an Johann Caspar V.

10   Vgl. Rudolf Weinmeister, Gustav Harkort als Wirtschaftsführer im Lichte zeitgenössischen Urteils, Leipzig 1942, S. 6–9; Peter Beyer, Leipzig und die Anfänge des deutschen Eisenbahnbaus. Die Strecke nach Magdeburg als zweitälteste deutsche Fernverbindung und das Ringen der Kaufleute um ihr Entstehen 1829–1840, Weimar 1978.

11 Joseph Schumpeter, Theorie der wirtschaftlichen Entwicklung, Leipzig 1912, S. 158–170. Siehe auch: Richard Swedberg, Joseph A. Schumpeter. His Life and Work, Cambridge 1991.

12 Aus Leipzig am 30. 9. 1852 an Johann Caspar V.

13 Ebenda.

14 Gustav Harkort (Sohn), Briefe: WWA N 18 Nr. 236: am 6. 11. 1882 an seinen Vetter Johann Caspar VI. auf Harkorten.

15 Aus Leipzig am 30. 4. 1815 an Johann Caspar IV.

16 Carl aus Leipzig am 23. 7. 1815 an Johann Caspar V.

17 Ebenda.

18 Aus Leipzig am 8. 2. 1815 an den Bruder.

19 Aus Leipzig am 22. 4. 1817 an Johann Caspar V.

20 Aus Leipzig am 22. 2. 1815 an den Vater.

21 Aus Leipzig am 30. 4. 1815 an den Vater.

22 Aus Leipzig am 8. 7. 1815 an den Vater.

23 Aus Leipzig am 18. 10. 1816.

24 Ebenda.

25 Aus Leipzig am 14. 1. 1815.

26 „Das Ziel meiner Wünsche bleibt eine nicht ganz mittellose Rückkehr ins Vaterland." – „Bessere Zeiten müßten endlich zurückkehren und vielleicht mit ihnen die beschleunigte Erfüllung meines Wunsches, ganz wieder bei Euch zu sein." Aus Leipzig am 30. 4. 1815 an den Bruder.

27 Ebenda.

28 Aus Leipzig am 23. 7. 1815 an den Bruder. Am 6. Januar 1817 schrieb er Johann Caspar: „Die kleinlichsten Arbeiten, welche zu einer unabhängigen Existenz führten, sollten mir ebenso interessant und willkommen sein als jetzt Geschäfte in Summen."

29 Aus Leipzig am 29. 10. 1819 an den Bruder.

30 Aus Leipzig am 18. 10. 1816 an die Mutter.

31 Ebenda.

32 Aus Leipzig am 22. 2. 1815.

33 Aus Leipzig am 8. 7. 1815.

34 Brief aus Leipzig.

35 Am 8. 7. 1815 aus Naumburg.

36 Siehe die Briefe vom 7. 3. 1817 aus Brüssel und vom 13. 4. 1817 aus Lüttich an den Vater.

37 Brief vom 9. 11. 1817 aus Lübeck an den Vater.

38 Ebenda.

39 Ebenda.

40 Brief vom 10. Dezember 1817 aus Lübz an den Vater.

41 Aus Lübeck am 11. November 1817 an den Vater.

42 Ebenda.

43 Vgl. Leipziger Adreßbuch auf das Jahr 1839, S. 132: „Harkort, Carl und Gustav. Brühl 476. Englische Garnhandlung. Wohnung: Vor dem Barfußpförtchen 981."

44 Am 4. 3. 1817 aus Leipzig an den Vater.

45 Am 7. Mai 1815 an Caspar V.

46   An den Vater am 4. 3. 1817.

47   Am 7. Mai 1815 an Caspar.

48   An den Vater am 4. März 1817.

49   Am 18. Oktober 1816 an die Mutter.

50   An Caspar am 23. Juli 1815.

51   An die Mutter am 18. Oktober 1816.

52   An Johann Caspar V.

53   An Johann Caspar IV.

54   Aus Naumburg an den Vater.

55   An Johann Caspar V.

56   Am 14. 1. 1815 aus Leipzig an Johann Caspar V.

57   Vgl. die Briefe an den Bruder aus Leipzig vom 14. 1. und 28. 1. 1815.

58   Am 9. 5. 1815 aus Leipzig an den Bruder. In diesem Sinne schon am 28. Januar 1815: „So rasch ich im Unternehmen bin, ebenso schnell sähe ich gerne meine Spekulationen realisiert."

59   Am 14. 1. 1815 aus Leipzig.

60   Am 7. 5. 1815 aus Leipzig.

61   Am 8. 2. 1817 aus Leipzig.

62   Am 14. 4. 1817 aus Leipzig an den Bruder.

63   Am 23. 7. 1815 aus Leipzig an den Bruder.

64   Am 1. 8. 1815 aus Leipzig.

65   Am 18. 10. 1816 aus Leipzig an die Mutter.

66   Am 29. 10. 1819 aus Leipzig an Carl Harkort. 1821 begann der Streit mit den „vor die Tür gesetzten Herren Confratres", Christian, Eduard und Friedrich Harkort, um die Beendigung der Kupferhammer-Angelegenheit. Carl am 31. 7. 1821 an Johann Caspar V.

67   Am 29. 10. 1819 aus Leipzig an Johann Caspar V.

68   Am 1. 12. 1835 aus Elberfeld an den Bruder.

69   Carl Harkort am 1. 12. 1835 aus Elberfeld.

70   Am 8. 3. 1815 aus Leipzig an den Bruder.

71   Am 3. 5. 1817 aus Leipzig an den Bruder.

72   Am 7. 5. 1815 aus Leipzig an den Bruder.

73   Am 8. 3. 1815 an den Bruder. Die Aufforderung, Muster zu senden, findet sich im Brief vom 7. 5. 1815.

74   Vgl. die Carl-Harkort-Briefe aus Leipzig vom 28. 1. 1815; 9. 5. 1815; 30. 4. 1815; 8. 7. 1815; 6. 1. 1817; 23. 1. 1817.

75   Am 8. 3. 1815 aus Leipzig.

76   Aus Leipzig.

77   Am 8. 3. 1815 aus Leipzig.

78   Am 14. 1. 1815 aus Leipzig.

79   Am 4. 3. 1817 aus Leipzig an den Vater.

80   Am 6. 1. 1817 aus Leipzig.

81   Am 24. 6. 1817 aus Leipzig.

82   Am 27. 2. 1819, am 29. 10. 1819 und am 18. 12. 1819 an den Bruder.

83 Siehe Anm. 11.

84 Am 20. 9. 1817 aus Leipzig an den Bruder, am 7. 11. 1817 an den Vater. Siehe auch den Brief vom 18. 12. 1819 über Gustavs „glänzenden" Feldzug im „Nordgeschäft".

85 Am 29. 10. 1819 aus Leipzig an den Bruder.

86 Vgl. dazu und im folgenden Weinmeister, Gustav Harkort; Leipziger Adreßbuch auf das Jahr 1839: Handelsstand, S. 132: Harkort, Carl und Gustav, Brühl 476, Engl. Garnhandl., Wohnung: Vor dem Barfußpförtchen 981 – Handlung und Wohnung waren demzufolge schon getrennt. Gustav beendete die geschäftliche Bindung an das „Vaterhaus" mit einem förmlichen Schreiben an den Vater, in dem er den Nachfolger vorstellte, die diesem zugesicherten Konditionen benannte und den Nachfolger der freundschaftlichen Aufnahme empfahl. Am 1. März 1820 teilte er seinem Vater mit, daß Wilhelm Schüren „die in Ihrem Hause erledigte Stelle eines Reisenden und Contoristen vertreten" werde. „Ich bin mit dem Herrn Schüren dahin übereingekommen, daß derselbe fünf aufeinanderfolgende Jahre diesen Posten zu bekleiden sich verpflichtet und nicht vor Verlauf fünf anderer Jahre nach dieser Frist in ein anderes Haus, was dieselben Geschäfte in dieselben Gegenden macht, eintreten will, und habe dagegen demselben außer freiem Logis, freiem Tisch und Wäsche ein Salair von dreihundert Reichstaler Bergisch kourant für das erste Jahr, mit einer Erhöhung von 25 für jedes der folgenden Jahre in Ihrem Namen garantiert." Die Entscheidung über die „förmliche Feststellung dieser Punkte, soweit Sie selbige für nötig erachten, stelle ich Ihnen bis dahin, wo Herr Schüren bei Ihnen eintreffen wird, selbst anheim." Damit schied Gustav Harkort im Alter von 25 Jahren aus dem Unternehmen seines Vaters aus. Vgl. Gustav Harkort am 1. März 1820 aus Hamburg an den Vater.

87 Am 13. 1. 1820 aus Leipzig an Johann Caspar V.

88 Am 24. 3. 1821 aus Leipzig.

89 Am 7. 7. 1821 aus Leipzig an den Bruder. Gustav beriet diesen auch taktisch; er kritisierte bestimmte Zahlungsbedingungen usw. („...da der Schuft Dich hinlänglich betrogen hat..."), bewertete die sächsische Konkurrenz: „Daß so viel Sachsen in den Rheingegenden reisen, ist fraglich nicht ersprießlich für uns; in den Franzen wird aber doch für uns immer noch etwas zu machen sein, da mein jetziger Lieferant viel wohlfeiler ist als Eisenstuck & Co..." Er bedenkt den Zeitfaktor: „Ich wünschte von Herzen, daß Dir diese Sendung noch früh genug zukommen möge." Geldgeschäfte müssen schnell gehen; das Tempo entschied oft über den Gewinn. Gustav wird vom Bruder über Gebühr in Anspruch genommen; er rät ihm, Barschaften von Berlin direkt zu beziehen. Mitunter, ja oft, gerät er in Zeitnot: „....muß Dich aber bitten, mir alle übrigen Gegenstände bis künftige Woche zu erlassen, wo ich einmal wieder etwas Luft haben werde" (am 13. Februar 1820 aus Leipzig an Johann Caspar V.).

90 Carl Harkort am 21. 6. 1822 aus Leipzig an den Bruder. Vgl. auch seinen Brief vom 11. 2. 1828.

91 Gustav Harkort am 7. Juli 1821 aus Leipzig an den Bruder. Das Wir-Bewußtsein bezieht sich auf die Leipziger Harkorts.

92 Dazu Weinmeister, Gustav Harkort, S.1, mit Hinweis auf ein Schreiben an die Geschäftspartner vom 27. Oktober 1832.

93 Carl Harkort am 22. 1. 1828 aus Leipzig an den Bruder.

94 Carl Harkort am 19. 12. 1827 aus Leipzig.

95 Carl Harkort am 22. 2. 1835 aus Elberfeld. Gustav glaube, „auch Du solltest Dein Leben versichern lassen, so wie er selbst und Christian dies bekanntlich getan haben". Carl werde den Versuch bei der Versicherung in Gotha machen. „Die Versicherung des Lebens vergrößert zum Glück die in demselben drohenden Gefahren ebensowenig als ein Testament."

96   Carl Harkort am 13. 5. 1835 aus Leipzig an den Bruder zu Gustavs Engagement „in Eisenbahnangelegenheiten" (Brief Carls vom 20. 4. 1835): „Er hat das mühsame Werk in Wahrheit rühmlich bis zur Eröffnung wenigstens der Subskriptionen geführt, die morgen offiziell beginnen sollen und hoffentlich vor Monatsende 600.000 Reichstaler aufweisen werden. Das Feuer für die Sache scheint hier nun zu allen Dächern herauszulodern und sollte eigentlich bis nach Preußen und Westphalen zu Gunsten der Bahn, wenigstens von Ruhr bis Rhein, herüberflackern." – Gustav Harkort am 15. 6. 1835 aus Leipzig an den Bruder: „Da in der heutigen Sitzung des Ausschusses der Eisenbahn die Wahl zum Mitgliede des Direktoriums – neben vier meiner bisherigen Collegen vom Comité – auch auf mich gefallen ist, und ich nicht weiß, wie ich dem Vorsitze ausweichen soll, so gern ich es auch mögte, und mir dann ein bedeutendes Pack Arbeit zufällt. Wer A gesagt hat, muß auch B sagen; wenn man aber freilich wüßte, wie weit dies führt, so würde man öfter etwas nicht anfangen. So geht es auch mir mit der Eisenbahn, trotz den Sukzessen und dem Ruhm, die wir bis jetzt erlangt haben."

97   Carl am 29. 10. 1835 aus Elberfeld an Johann Caspar V.: „Gustav ist zwar stets überbeschäftigt (zum Teil in Eisenbahnangelegenheiten), doch sonst sehr wohl...".

98   Dazu die Briefe von Gustav Harkort an Johann Caspar V. aus Leipzig vom 20. 7. 1835 (Aktienzeichnung für die Eisenbahn von Elberfeld nach Witten); vom 22. 7. 1835 und 23. 7. 1835 (Aktienzeichnung für weitere Leipziger Kaufleute); vom 6. 8. 1836: „Eisen regiert aber jetzt die Welt"; vom 23. 8. 1838 (Bestellung von Eisenwaren für die Leipzig-Dresdner Eisenbahn); vom 6. 9. 1842 (ebenso); vom 30. 9. 1852 (Bestellung für Räder von Eisenbahnwagen).

99   Carl Harkort am 14. 1. 1815 aus Leipzig an den Bruder.

100   Carl Harkort am 1. 8. 1815 aus Leipzig an den Bruder.

101   Am 22. 3. 1815 aus Leipzig an den Bruder; am 6. 1. 1817 aus Leipzig: „Wenn mir die Glückssonne einen milden Blick schenken wollte, so brauchte sie sich just nicht über den Chimborasso emporzuarbeiten; mit Gewalt läßt sie sich dagegen auch nicht um einen Zoll in die Höhe treiben." – Am 28. 6. 1817 aus Leipzig: „Auch kann man noch nicht wissen, was das Glück in meiner jetzigen Carrière mit mir vorhat."

102   Am 23. 7. 1815 aus Leipzig an den Bruder.

103   Am 30. 4. 1815 aus Leipzig an den Bruder.

104   Aus Leipzig am 22. 4. 1815 an den Vater.

105   Am 9. 5. 1815 aus Leipzig an den Bruder.

106   Am 30. 4. 1815 an den Vater.

107   Am 8. 1. 1858 aus Leipzig an den Bruder.

108   Am 1. 12. 1835 aus Bielefeld an den Bruder.

109   Am 18. 10. 1816 aus Leipzig an die Mutter.

110   Am 2. 4. 1850 aus Leipzig an den Bruder. „Solange wir da sind, solange die ‚freundliche Gewohnheit des Lebens und Wirkens' sich halten will, müssen wir das unsrige tun." – „Schlimm ist es, daß man das ohnehin kurze Leben nicht einmal ungestört genießen kann." (Aus Leipzig am 24. 12. 1860 an den Bruder.) Sonntags sei er abends allein gewesen und, Caspar werde es nicht erraten: „Ich lese und schreibe abwechselnd und brate dabei Kartoffeln mit der Schale in der Asche des Ofens – und denke längst vergangener Zeiten." Ebenda.

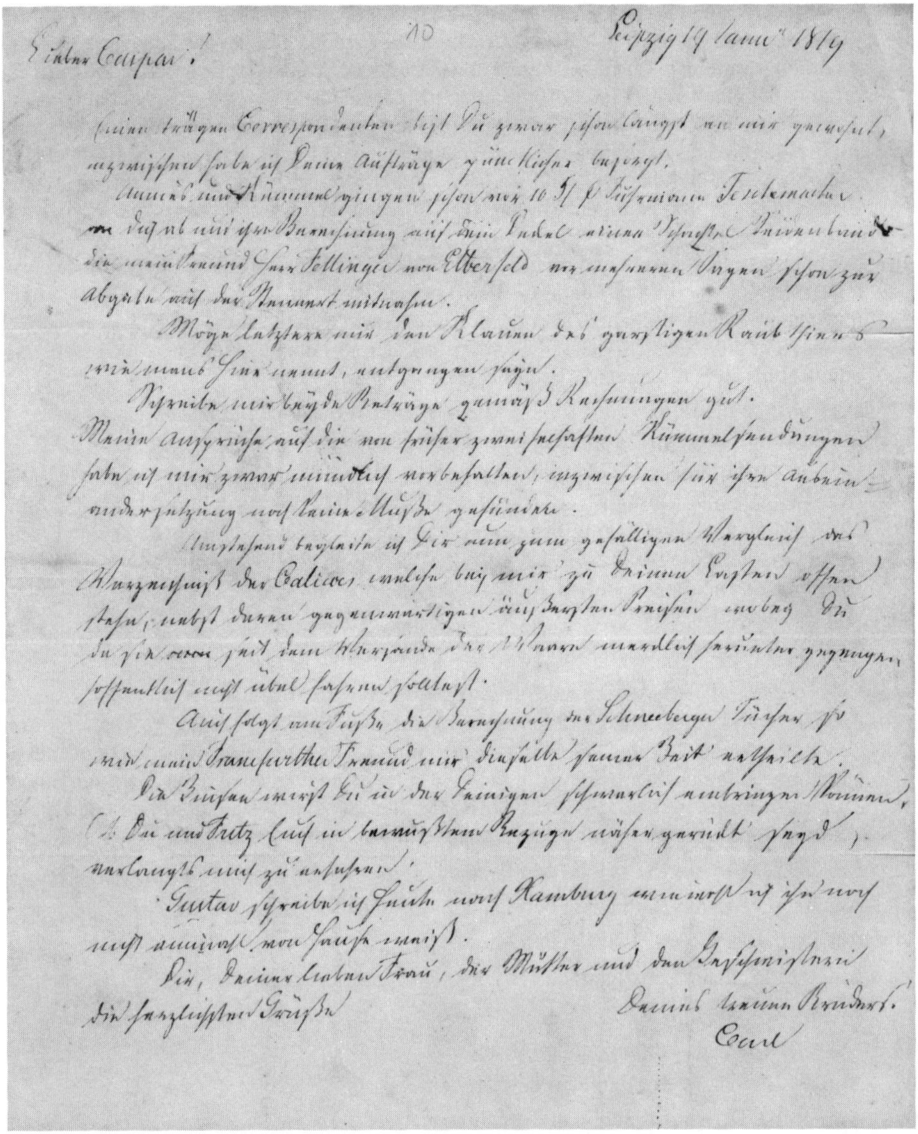
Lieber Caspar!

10

Leipzig 19 Janu. 1819

Deines treuen Bruders.

Carl

Carl Harkort an Johann Caspar Harkort V, 19. Januar 1819
WWA N 18 Nr. 258/10

Stefan Gorißen

VOM KAUFMANN ZUM UNTERNEHMER

Betriebsformen und Unternehmensstrategien der Firma Johann Caspar Harkort 1720–1820

Hinsichtlich der Frage nach den Voraussetzungen der Industrialisierung in Mitteleuropa hat die historische Forschung in den letzten Jahren einige wesentliche neue Akzente gesetzt. Zunächst wird in der neueren Literatur Industrialisierung durchweg als regionales Phänomen begriffen und damit der Tatsache Rechnung getragen, daß wirtschaftliche Wachstumsprozesse bis weit ins 19. Jahrhundert hinein meist auf kleine räumliche Einheiten beschränkt blieben.[1]

Daneben hat sich die sog. „Leitsektorentheorie"[2] als fruchtbarer Ansatz erwiesen, der geeignet ist, die Entstehung des „sich selbst tragenden ökonomischen Wachstums", also eines wesentlichen Merkmals der Industrialisierung, zu erklären. Während in Großbritannien die zentralen Impulse für das Wachstum auch in anderen Branchen von der Textilindustrie ausgingen, kamen in Deutschland der Eisen- und Stahlindustrie und insbesondere dem Eisenbahnbau entscheidende strategische Bedeutung für die nachhaltigen Produktivitätssteigerungen im gesamten sekundären Sektor zu.[3]

Die Debatten um „Protoindustrialisierung" haben darüber hinaus den Blick auf die lange Vorbereitungsphase der Fabrikindustrialisierung im 17. und 18. Jahrhundert gelenkt.[4] Mit Bezug vornehmlich auf die vorindustriellen Textilgewerbe wurde in diesem Kontext nach Zusammenhängen zwischen demographischer Entwicklung, regionalem gewerblichen Wachstum und landwirtschaftlicher Produktion bei wachsenden nationalen und internationalen Absatzmärkten gefragt.[5] Wenn auch der Begriff nie unumstritten blieb und viele der ursprünglich formulierten Modellannahmen zwischenzeitlich durch regionalgeschichtliche Fallstudien als widerlegt gelten müssen, so wurde doch die Bedeutung der zugrundeliegenden Perspektive auf vorindustrielle Gewerbelandschaften nicht grundsätzlich angezweifelt.

Allen diesen neueren Forschungsansätzen ist das Bestreben gemeinsam, Industrialisierung, die lange in erster Linie als volkswirtschaftlicher Gesamtprozeß verstanden wurde, in kleinere räumliche, nämlich regionale, und sachliche, nämlich branchenspezifische, Einheiten aufzulösen. Für alle genannten Modelle bleibt jedoch nach wie vor eine makroökonomische Perspektive verbindlich. Als innerbetrieblicher Prozeß ist Industrialisierung bislang nur in wenigen Firmengeschichten beschrieben worden.[6]

Die moderne Unternehmensgeschichte[7] beschäftigt sich überwiegend mit den Unternehmern als einer abzugrenzenden sozialen Gruppe[8] und fragt häufig mit einem kollektivbiographischen Ansatz nach Herkunft, sozialer Mobilität, Ausbildung sowie politischem und ökonomischem Verhalten.[9] Daneben erschien gerade in den letzten Jahren eine Reihe von Studien zur Entwicklung einzelner Unternehmen, überwiegend jedoch für das ausgehende 19. und frühe 20. Jahrhundert.[10] Die Entstehung einer Fabrik in frühindustrieller Zeit, das Problem betrieblicher Kontinuität zwischen vorindustrieller Gewerbewirtschaft und industrieller Fabrikproduktion, ist bislang – soweit ich sehe – noch nicht in Fallstudien untersucht worden.[11]

Dies ist vor allem der Tatsache geschuldet, daß geeignetes Material, etwa ergiebige Firmenarchive, für die Phase der Vor- und Frühindustrialisierung nur noch in wenigen Einzelfällen erhalten sind. Darüber hinaus existieren aber auch grundsätzliche Schwierigkeiten bei dem Versuch, mikro- und makroökonomische Perspektiven miteinander zu verbinden.[12] Dabei verspricht gerade eine mikroökonomische Perspektive das Bild der Industrialisierung um wichtige Facetten zu bereichern.[13] Was – so ist zu fragen – veranlaßte einen Unternehmer des späten 18. bzw. frühen 19. Jahrhunderts, sich in der gewerblichen Güterproduktion zu engagieren, was bewog ihn, die gewohnten Unternehmenspfade zu verlassen und sich auf ein Experiment einzulassen, für das es nur wenige Vorbilder gab und dessen Ausgang als äußerst zweifelhaft erscheinen mußte? Welche betriebswirtschaftliche Logik verbarg sich hinter der Entscheidung, eine zentralisierte Werkstätte zu errichten und hier durch Lohnarbeiter Güter für entfernte Märkte zu produzieren? Wie bereitete sich der Übergang in die Fabrik auf betrieblicher Ebene vor? Inwieweit war das, was wir rückschauend als „Industrialisierung" zu bezeichnen gewohnt sind, als Entwicklungsperspektive für ein Unternehmen überhaupt verfügbar? Auf der Basis des weitgehend erhaltenen Firmenarchivs Johann Caspar Harkort in Hagen-Westerbauer[14] möchte ich im folgenden versuchen, einige der aufgeworfenen Fragen zu beantworten.

Das älteste erhaltene Geschäftsbuch[15] datiert aus dem letzten Viertel des 17. Jahrhunderts. Der Firmeninhaber, Johann Caspar Harkort I, tritt uns hier als Kaufmann entgegen, der mit den regional hergestellten Eisenwaren einen ausgedehnten Handel vor allem in den Ostseeraum betrieb und zugleich Eigentümer eines mittelgroßen landwirtschaftlichen Guts war. Die Firma blieb bis weit ins 19. Jahrhundert hinein im Familienbesitz. 1732 stiftete die Familie zur Wahrung der betrieblichen Einheit ein „Fideikommiß"[16]: Das landwirtschaftliche Gut als Stammsitz der Familie mit allen zugehörigen Gebäuden und die Handlung sollten von nun an im Erbgang unteilbar jeweils an den ältesten Sohn übergehen. Die jüngeren Geschwister wurden aus der übrigen Vermögensmasse mit Immobilien und Geldzahlungen abgefunden.

Die Person des Unternehmers als ökonomischer Entscheidungsträger ist somit im Fallbeispiel jeweils eindeutig identifizierbar: Der Eigentümer der Firma leitete jeweils die Geschäfte und führte lange Zeit auch alle anfallenden Verwaltungsaufgaben von eigener Hand durch. Der „Unternehmer"-Begriff soll im folgenden an die gewerbliche Warenproduktion unter fabrikindustriellen Bedingungen in kapitalistischem Rahmen gebunden bleiben.[17] Als Gegenbegriff dient hier der Begriff des „Kaufmanns", welcher sich durch die Beschränkung auf die Distributionssphäre, also die bloße Verteilung von Gütern und nicht deren Produktion, beschränkt. Das Ausmaß des Engagements des Firmeninhabers in der Produktionssphäre ist somit die Nagelprobe für die Zuschreibung des Begriffs „Unternehmer".

Mit „Kaufmann" und „Unternehmer" sollen hier zwei Pole eines Kontinuums begrifflich gefaßt werden, die sich in der historischen Realität vielfältig überlagerten. Zu keinem Zeitpunkt der untersuchten Periode beschränkte sich die Firma Harkort ausschließlich auf die Distributions- oder auf die Produktionssphäre. Hier soll vor allem beschrieben werden, wie sich die Gewichte allmählich „vom Kaufmann zum Unternehmer" verlagerten, und es soll gefragt werden, welche Strategien diesem Wandel zugrunde lagen.

Mit „Unternehmensstrategien" wird schließlich in Anlehnung an Wengenroth[18] nicht auf die Intentionen einer konkreten Unternehmerfigur abgehoben – die der Untersuchung zugrundeliegenden Geschäftsbücher erlauben m. E. keine Spekulationen über Handlungsmotive –, vielmehr sollen solche „Strategien" auf das Unternehmen als Funktionszusammenhang bezogen bleiben. Gefragt werden soll nach einer betrieblichen Logik, nach „objektiven" betriebswirtschaftlichen Lagen, die wesentliche Entscheidungen über die Entwicklung der Firma unabhängig von der Person des Entscheidungsträgers präjudizierten.

Die Wahl des Untersuchungszeitraums zwischen 1720 und 1820 ist vor allem durch den Quellenbestand begründet: Nach dem ersten schon erwähnten Geschäftsbuch der Jahre 1673–1691 klafft ebenso eine Überlieferungslücke wie für die Zeit 1820–1840. Der Zeitraum 1720–1820 fügt sich aber insofern recht gut in die Firmengeschichte, als diese Eckdaten zugleich durch Generationswechsel in der Firmenleitung markiert werden. 1714 starb Johann Caspar Harkort I, und die Firma wurde zunächst von der Witwe weitergeführt. 1722 – also zu Beginn der hier betrachteten Periode – wurde das Firmenvermögen unter der Witwe und 10 Geschwistern aufgeteilt. Die Handlung und das landwirtschaftliche Gut fielen an den ältesten Sohn, Johann Caspar II, der 1724 das Geschäft von seiner Mutter übernahm. Nach dessen Tod im Jahr 1742 führten seine Söhne Johann Caspar III und Peter Nikolaus das Geschäft gemeinschaftlich weiter. 1746 starb Peter Nikolaus, Johann Caspar III leitete die Firma jetzt allein. Als letzterer im Jahr 1761 starb, übernahm die Witwe, Louise Catharina Harkort, geb. Märcker, die Geschäftsleitung. Im Jahr 1780 nahm „die Märckerin" dann ihre beiden ältesten Söhne, Johann Caspar IV und Peter Nikolaus, als Teilhaber in das Geschäft auf, das jetzt als „Compagnie-Handlung" firmierte. Nach dem Tod der Witwe Harkort 1795 führten die beiden Brüder das Geschäft zunächst gemeinsam weiter, bis 1810 Peter Nikolaus mit seinem Teil des Firmenvermögens nach Wetter übersiedelte und eine eigene Firma gründete. Im Jahr 1818 schließlich – gegen Ende des Untersuchungszeitraums – starb Johann Caspar Harkort IV, der Vater Friedrich Harkorts. Friedrichs Bruder, Johann Caspar Harkort V, übernahm jetzt die Leitung der Firma.[19]

Während des gesamten 18. Jahrhunderts bestand die Firma im wesentlichen aus drei Geschäftsbereichen: dem Handelsgeschäft, den verlegerischen Betätigungen in der Region sowie dem Betrieb eigener Hammerwerke. Die Gewichte zwischen diesen drei Geschäftsbereichen verschoben sich während des Untersuchungszeitraums, und jeder einzelne Geschäftsbereich war zahlreichen Wandlungsprozessen unterworfen. In den späten 1830er Jahren vollzog die Firma dann den Übergang zur Fabrikindustrialisierung: 1837 wurde ein Puddelwerk gegründet und wenig später eine Gießerei. Die Firma spezialisierte sich auf die Herstellung von Eisenbahnzubehörteilen und seit Mitte der 1840er Jahre auf Eisenkonstruktionen und Stahlbrückenbau. Wichtigste Kunden wurden die expandierenden Eisenbahngesellschaften. Bereits vor 1842 kam im Unternehmen auch eine Dampfmaschine zum Einsatz. Der Kern des Unternehmens bestand jetzt aus einer zentralen Werkstätte, in der auf der Basis von abhängiger Lohnarbeit und unter Einsatz von Kraftmaschinen produziert wurde;[20] der Übergang in die Fabrikindustrialisierung war damit auf betrieblicher Ebene vollzogen.

Im folgenden soll die Vorbereitungsphase für die Fabrikindustrialisierung im 18. Jahrhundert untersucht werden. Die auf Harkorten praktizierte Buchhaltungstechnik einer einfachen Buchhaltung bestand im wesentlichen aus einem System von Conti Correnti, also laufenden Rechnungen für die entfernten wie regionalen Geschäftspartner. Erfaßt und verrechnet wurden hier lediglich Forderungen und Verbindlichkeiten. Sachkonten, Gewinn-und-Verlust-Rechnungen sowie Bilanzen und Inventuren fehlen weitgehend.[21] Die Bedeutung einzelner Warengruppen und Geschäftsbereiche kann somit nicht mehr exakt bestimmt werden. Das erhaltene Geschäftsarchiv bietet jedoch hinreichendes Material, um die Entwicklung der Firma insgesamt und der genannten Unternehmensbereiche nachzeichnen zu können.

Als bedeutendes Handelshaus, das mit märkischen Eisenwaren handelte, war die Firma J. C. Harkort bereits Ende des 17. Jahrhunderts präsent. Ende der 1720er Jahre lieferte die Firma vor allem Stahl, Draht, Sensen und Messer zum weitaus größten Teil nach Lübeck. Im ersten Geschäftsbuch des 18. Jahrhunderts für das Handelsgeschäft[22] waren 46% aller Geschäftspartner Lübecker Firmen. Die überragende Bedeutung Lübecks für den Handel der Harkorts hielt während der ersten Hälfte des 18. Jahrhunderts unvermindert an. Die Gesamtzahl der Handelspartner wuchs während dieser Zeit kontinuierlich an, in gleichem Tempo nahm die Zahl der Lübecker Geschäftsfreunde zu. Noch in den 1750er Jahren kamen mehr als 45% aller Handelspartner aus Lübeck.[23] Erst in den 1770er Jahren und vollends in den beiden letzten Jahrzehnten nahm die Bedeutung Lübecks als Handelsplatz für die Firma Harkort ab.[24]

In der ersten Hälfte des 18. Jahrhunderts kaufte Harkort alle Sorten von in der Grafschaft Mark erhältlichen Eisen- und Stahlwaren und schickte sie zum größten Teil auf dem Landweg durch Fuhrleute nach Lübeck. Schwere Güter wurden auch an den Rhein gebracht und von dort durch Speditionskaufleute in die Ostsee verschifft.[25] Von Lübeck wurden die Waren im gesamten Ostseeraum weiter gehandelt, ein bedeutender Teil ging nach Mecklenburg, Pommern, Skandinavien, ins Baltikum und nach Rußland. In geringerem Umfang unterhielt Harkort vor allem in den 1720er und 1730er Jahren auch direkte Handelsbeziehungen nach Riga und in den 1770er und 1780er Jahren auch nach St. Petersburg.[26] Als Rückfracht brachten die Fuhrleute aus Lübeck vor allem Leinsaat, Federn und Kolonialwaren mit, darüber hinaus aber eine breite Palette von Produkten, die in der Region nachgefragt wurden.

Das Handelsgeschäft war in der ersten Hälfte des 18. Jahrhunderts relativ wenig spezialisiert. Noch in den 1760er Jahren bildete etwa das Pulvergeschäft eine wichtige Handelssparte.[27] Die Sphäre der Produktion blieb dem Kaufmann für die gehandelten Güter relativ fremd. Die Warengruppen konnten rasch wechseln, und gekauft wurde, wofür sich gerade günstige Gewinnchancen eröffneten. Auch wenn Harkort in erster Linie die regionalen Metallwaren exportierte, so war in der ersten Hälfte des 18. Jahrhunderts eine Spezialisierung auf bestimmte Produktgruppen nur schwach ausgebildet.

Die zunehmende Ausdifferenzierung der Nachfrage in den Ostseeländern nach landwirtschaftlichem Gerät, insbesondere nach Sensen und Messern, hat seit der Mitte des 18. Jahrhunderts dann eine derartige Spezialisierung im Handelsgeschäft motiviert. Die überragende Bedeutung Lübecks als Handelsplatz für die Firma Harkort trat seit den 1760er Jahren, beschleunigt aber in den 1770er Jahren, zugunsten einer wachsenden Zahl von mecklenburgischen, brandenburgischen und schleswig-holsteinischen Kleinstädten zurück. In der zweiten Hälfte der 1770er Jahre machten die Kaufleute jener Städte bereits 39% aller auswärtigen Handelspartner der Harkorts aus, Ende der 1790er dann schließlich sogar 63%.[28] Das Handelshaus Harkort traf hier auf eine differenzierte Nachfrage vor allem nach Sensen, „Schneidemessern" und Sägen in immer neuen Sorten und Qualitäten,[29] die jetzt zu den bevorzugten Handelsgütern der Harkorts wurden. Nur noch gelegentlich wurde auch mit Breitewaren – vor allem

Pfannen und Ambossen – sowie mit Nadeln aus Iserlohner Provenienz gehandelt. Seit den 1740er, vor allem aber in den 1790er Jahren, wurde auch Rostock zu einem wichtigen Handelsplatz für die Firma Harkort.[30]

Die Spezialisierung auf einige wenige Produkte – mit Sombart kann man beim Blick auf Harkort von einer Entwicklung vom Distrikt- zum Branchenkaufmann sprechen[31] – ging einher mit einer erheblichen Ausweitung des Handelsgeschäfts insgesamt. Nicht nur die Zahl der belieferten Orte, auch die Zahl der Geschäftsfreunde nahm in der zweiten Hälfte des 18. Jahrhunderts rasch zu.[32]

In der Organisation des Handels gewannen Warenlager und Kommissionshandel zunehmend an Bedeutung. Unterhielt Harkort vor 1743 lediglich beim Kaufmann Hornemann in Lübeck ein Warenlager,[33] so kamen jetzt zwei weitere in Lübeck sowie eines in Rostock hinzu.[34] Seit den 1770er Jahren wurden dann auch Warenlager bei den wichtigsten Speditionskaufleuten in Altona, Amsterdam und Hannover unterhalten.[35] Die Lagerhaltung in den Absatzgebieten ermöglichte eine zügige Belieferung der Endabnehmer, die Betreiber der Warenlager handelten oft darüber hinaus die vorrätigen Waren in Kommission. Über Briefe verständigte sich Harkort mit den entfernten Handelspartnern und sorgte für eine ständige Komplettierung des Lagers. Die langen Umschlagzeiten, die durch die Unterhaltung der Warenlager noch zusätzlich verlängert wurden, banden eine hohe Kapitalsumme in der Zirkulationssphäre.

Während der napoleonischen Kriege und in der Zeit des Großherzogtums Berg brachen die im 18. Jahrhundert ausgebildeten Absatzstrategien zu einem großen Teil zusammen, und das Handelsgeschäft büßte besonders nach 1806 erheblich an Umfang ein.[36] Blieben auch weiterhin die Partner im Ostseeraum von großer Bedeutung für das Harkortsche Handelshaus, so kamen nach 1806 erstmals auch in bedeutenderem Umfang Geschäftsbeziehungen nach Frankreich zustande. Geliefert wurden ausschließlich Feilen und Stahl, der als wichtiger Rohstoff die französischen Importverbote passieren konnte,[37] mittels mehrerer Spediteure, entweder über Mülheim/Rhein und Brüssel oder via Koblenz.[38] Die französischen Empfänger betätigten sich als Kommissionäre und saßen in Paris, St. Malo, St. Brieux, Poitiers, Bordeaux, Orleans und Limoges.[39] Rückfrachten aus Frankreich hat es für die Harkorts nicht gegeben.[40] Erstmals kamen in dieser Zeit – wenn auch nur in geringem Umfang – Handelskontakte nach Italien zustande.[41]

Dem Export vor allem märkischer Eisen- und Stahlwaren auf entfernte europäische Märkte stand als zweiter Unternehmensbereich der Firma Harkort während des gesamten Untersuchungszeitraums das kaufmännische Engagement in der Region gegenüber. Die skizzierte Handelstätigkeit der Firma J. C. Harkort war einerseits von der Entwicklung der regionalen eisenverarbeitenden Gewerbe, deren Produkte sie vertrieb, abhängig, andererseits war gerade diese Vermarktung ein wichtiger Faktor für eine kontinuierliche gewerbliche Entwicklung in der Region.[42] Zu Beginn des 18. Jahrhunderts war das Engagement Harkorts in der Region noch relativ unspezifisch. Als typischer Exportkaufmann war er vor allem an guten Einkaufsmöglichkeiten für viele verschiedene Produkte der Region interessiert. So bemühte er sich 1725, zum Iserlohner Drahtstapel zugelassen zu werden, um an der Monopolpolitik im Iserlohner Drahtgewerbe zu partizipieren.[43] Nachdem ihm die Zulassung zum Stapel verweigert worden war, handelte er in den folgenden Jahrzehnten zum Ärger seiner Iserlohner Konkurrenten zu günstigeren Preisen mit Drahtwaren aus der benachbarten Grafschaft Limburg, die nicht den Stapelgesetzen unterlagen.

Bereits in der ersten Hälfte des 18. Jahrhunderts zeichnete sich darüber hinaus eine Intensivierung der Handelskontakte zu zwei spezialisierten Gewerbebereichen ab, nämlich zu den Messerschmieden in Wetter und den Sensenschmieden an der Enneperstraße. Messer- wie Sensenschmiedehandwerk waren erst in der zweiten Hälfte des 17. Jahrhunderts in der Grafschaft Mark durch bergische Emigranten etabliert worden.[44] Vor allem die Sensen aus dem Ennepetal machten im ersten Geschäftsbuch der Firma Harkort bereits ein wichtiges Exportgut aus.[45] In den folgenden Jahrzehnten partizipierte die Firma Harkort Schritt für Schritt am Wachstum dieses Gewerbezweiges. Auch wenn die Zahl der Sensenhämmer und damit auch die Zahl der dort tätigen Schmiede in der zweiten Hälfte des 18. Jahrhunderts in etwa konstant blieb,[46] wuchs die Zahl der Sensenschmiede in den Harkorter Hauptbüchern noch bis zur Wende zum 19. Jahrhundert.[47] Es handelte sich überwiegend um selbständige Kleinmeister, die auf den wasserradgetriebenen Hammerwerken in den westlich von Hagen gelegenen Bauerschaften ihr Sensenfeuer gepachtet hatten und hier – in der Regel unter Mitarbeit eines Gesellen und eines Gehilfen oder Lehrlings – Sensen und Sicheln in vielen verschiedenen Maßen und Qualitäten produzierten.[48] Auf einem Hammerwerk, dessen Größe sehr unterschiedlich sein konnte, arbeiteten so meist mehrere Schmiedemeister nebeneinander. Die Eigentumsverhältnisse an diesen Hammerwerken waren oft sehr vielschichtig, und meist gab es für einen Hammer mehrere Eigentümer. Zum Teil waren die Sensenschmiede selbst Eigner, oft waren es aber auch regionale Kaufleute oder Grundbesitzer, welche die einzelnen Betriebsstätten auf dem Hammer verpachteten. Die Sensenschmiede, die zum überwiegenden Teil auch eine kleine Landwirtschaft betrieben, waren untereinander vor allem durch ihren Besitz an den Hämmern sozial geschieden.[49]

Die Firma Harkort lieferte zum einen einem Teil dieser Sensenschmiede an der Enneperstraße die benötigten Rohstoffe, zum anderen nahm sie die gefertigten Waren ab, um sie dann dem Export zuzuführen, übernahm also Verlegerfunktionen. Die ökonomischen Beziehungen zwischen J. C. Harkort als Verleger und den Sensenschmieden folgten dabei dem Muster des Kaufsystems: Die Schmiede blieben formal überwiegend selbständige Handwerker, welche die Rohstoffe einkauften und die gefertigten Waren an unterschiedliche Verleger verkauften. Sie wurden – zumindest was das Verhältnis zu Harkort anbelangt – nur in Ausnahmefällen als heimarbeitende Lohnarbeiter beschäftigt.[50] Innerhalb des Kaufsystems verstetigten sich jedoch die Beziehungen zwischen der Firma Harkort und den verlegten Schmieden. Insbesondere solchen Schmieden, mit denen Harkort schon mehrere Jahre zusammengearbeitet hatte, gewährte er regelmäßig lange Kreditfristen.[51]

Von seinen Reisen zu den Abnehmern im Ostseegebiet brachte Harkort stets neue Anforderungen hinsichtlich der Gestaltung der Produkte mit, wie sie sich aus geänderten Nachfragestrukturen und sich wandelnden Konkurrenzverhältnissen mit anderen Gewerberegionen ergaben.[52] Diese vermittelte er als konkrete Aufträge an die regionalen Sensenschmiede. Insgesamt läßt sich für den Untersuchungszeitraum ein Trend zu einer Ausdifferenzierung der Produktpalette in eine Vielzahl von Spezialsorten und zu qualitativ höherwertigen Produkten feststellen. So wurden in den 1770er Jahren die sog. blauen „steiermärkischen" Sensen eingeführt,[53] deren Schneiden aus hochwertigem Stahl geschmiedet und nicht mehr scharf geschliffen, sondern scharf gehämmert wurden. Mit den wachsenden Anforderungen an die Qualität der Produkte gewann das Rohmaterial zunehmend an Bedeutung. Die Bereitstellung vorgefertigter Stahlrohlinge in gleichbleibend guter Qualität wurde in der zweiten Hälfte des 18. Jahrhunderts eine zentrale Aufgabe für die Firma Harkort.[54] Die Anforderungen des Marktes an die Qualität der Waren verwiesen den Kaufmann auf das Rohmaterial und damit unweigerlich auf Probleme des Produktionsprozesses; hierauf wird zurückzukommen sein.

Die Sensengewerbe der Enneperstraße durchliefen während des 18. Jahrhundert einen langfristigen Wachstumsprozeß, der jedoch durch den Siebenjährigen Krieg und die nachfolgenden Handelskrisen einen kräftigen Rückschlag erlitt. Die Jahre vor den napoleonischen Kriegen erwiesen sich dann nochmals als eine konjunkturell ausgesprochen gute Zeit.[55] Die Handelsspanne der Firma Harkort im Sensenhandel, verstanden als Differenz zwischen Einkaufs- und Verkaufspreis, betrug in dieser Zeit 300-400%,[56] wobei jedoch Transportausgaben, Spesen und andere Kosten in erheblichem Umfang bei langen Umlaufzeiten berechnet werden mußten. Rückläufige Produktionszahlen in den 1790er Jahren motivierten dann mit der Gründung der sog. „Sensenfabrique" die Etablierung einer korporativen Gewerbeverfassung mit Preis- und Lohnfestsetzungen.[57] In eine schwere Krise gerieten die Sensengewerbe durch die napoleonischen Kriege und die Kontinentalsperre. Im frühen 19. Jahrhundert verhinderte die starke englische Konkurrenz lange eine Erholung der Gewerbe.[58]

Während die Sensengewerbe an der Enneperstraße im 18. Jahrhundert als Beispiel für eine erfolgreiche vorindustrielle gewerbliche Entwicklung gelten dürfen, war das Messerschmiedehandwerk in Wetter von Beginn an mit wesentlich größeren Problemen behaftet. Wie im Sensengewerbe war auch hier die Firma Harkort verlegerisch tätig, und auch hier fast ausschließlich in Form des Kaufsystems. Die meisten der in Wetter angesiedelten Messerschmiedefamilien finden sich in den Geschäftsbüchern der Firma Harkort.[59] Während sich die Sensenschmiede jedoch den Marktanforderungen durch Spezialisierung auf qualitativ hochwertige Produkte erfolgreich zu stellen vermochten, gehörten die Produkte der Messerschmiede immer zu den billigen, qualitativ schlechteren Sorten. Gegen die Konkurrenz der Solinger Qualitätsmesser kam das Gewerbe in Wetter nicht an, zumal es unter einem permanenten Mangel an qualifizierten Schleifern, deren Arbeit für die Güte der Produkte entscheidend war, zu leiden hatte.[60] Von der Krise des frühen 19. Jahrhunderts haben sich die Messerschmiede in Wetter nicht erholt, das Gewerbe hat im 19. Jahrhundert keine nennenswerte Bedeutung mehr gehabt.[61]

Den dritten Geschäftsbereich bildete schließlich der Betrieb von im Firmenbesitz befindlichen Hammerwerken, wie sie in den eisenverarbeitenden Gewerben auf drei Stufen des Produktionsprozesses zum Einsatz kamen: Auf den sogenannten Rohstahl- oder Eisenhämmern wurden die von den Hüttenwerken des Siegerlands und Oberbergischen bezogenen „Stahlkuchen" und Roheisenluppen mittels Holzkohle „gefrischt", also von Fremdstoffen befreit und im Kohlenstoffgehalt reduziert, um ein geeignetes Ausgangsprodukt für die Schmiedearbeit zu erhalten. Der gefrischte „Rohstahl" bzw. das „Schmiedeeisen" kam in einem zweiten Arbeitsschritt auf die sog. „Reckhämmer", auf denen unter Einsatz von Steinkohle ein Vorprodukt geschmiedet wurde („Stangeneisen" bzw. „Stangenstahl"), das dann schließlich auf den Fertigungshämmern ebenfalls mittels Steinkohle zum Endprodukt, z. B. einer Sense, ausgeschmiedet wurde.[62] Die Hämmer wurden mit jeder Bearbeitungsstufe immer leichter und die Hammerwerke immer kleiner; entsprechend war auch das Anlagekapital bei den Rohstahlhämmern am größten und bei den Sensenhämmern am geringsten.[63]

Den Hammerbesitz der Firma J. C. Harkort genau zu bestimmen, ist angesichts des praktizierten Buchführungssystems und der komplizierten Eigentumsverhältnisse nicht immer möglich. Für einzelne Stichjahre kann das Anlagevermögen der Firma jedoch über Testamente und Erbverträge sowie über Hämmerverzeichnisse aus staatlicher Überlieferung bestimmt werden. Demnach besaß die Familie Harkort zum Zeitpunkt der Teilung des Erbes von Johann Caspar I im Jahr 1722 einen Eisenhammer am Hasperbach, einen Sensenhammer in Wehringhausen am „Dieker Gut", zwei kleinere Schmiedekotten und die Hälfte des Hammers an der Rödinghauser Hütte in Menden, wo Eisenerze gefördert und verhüttet wurden.[64] In den 1730er und 1740er Jahren wurde das Anlagevermögen dann durch den Erwerb weiterer Hämmer vermehrt: In einer Vermögenszusammenstellung aus dem Jahr 1748[65] werden insgesamt fünf Hammerwerke im Besitz der Firma aufgeführt: zwei Rohstahlhämmer, ein Eisenhammer, ein Reckhammer und ein Sensenhammer. 1760/61 wurde ein Rohstahlhammer[66] aufgegeben oder verkauft. 1765[67] wird erstmals als neuer Hammer der „Stennert"-Sensenhammer aufgeführt. Der „Diecker Hammer" wurde zwischenzeitlich um ein Rohstahlfeuer erweitert.[68] Seit 1771 betrieben die Harkorts zusätzlich den „Colver Reckhammer", der jedoch bereits 1776 seinen Betrieb wieder einstellte.[69] 1774 wurde auf Harkorten mit dem „Steiermärker Hammer" ein weiterer Sensenhammer errichtet,[70] der zur Produktion von Stahlsensen nach steiermärkischem Muster diente. Seit 1777 wurde außerdem der „Erleyer Sensenhammer" in Compagnie mit dem Sensenschmiedemeister Adam Schölling betrieben.[71] 1779/80 bauten die Harkorts schließlich im Schönthal bei Wetter eine neue Hammeranlage mit drei Rohstahlfeuern, die den jetzt aufgegebenen „Schöpplenberger Rohstahlhammer" ablöste.[72] Seit Mitte der 1780er Jahre betrieb die Firma Harkort ein weiteres Sensenfeuer auf dem „Braucker Hammer".[73]

In den späten 1780er und frühen 1790er Jahren erreichte der Hammerbesitz der Firma Harkort seine größte Ausdehnung mit einer Rohstahlhammeranlage mit drei Feuern, einem Eisenhammer, zwei Reckhämmern und fünf Sensenfeuern. Erst 1794 verkleinerte sich der Hammerbestand wieder, als der Sensenhammer auf Harkorten in eine Tabaksmühle umgewandelt wurde.[74]

Bis 1810 betrieben die Brüder Johann Caspar IV und Peter Nikolaus die Firma gemeinsam. Die Teilung des Vermögens und die Gründung einer eigenständigen Firma durch Peter Nikolaus in Wetter[75] führten dann zu einer Reduzierung des Hammerbestandes in der Stammfirma. Peter Nikolaus fiel vor allem das große Schönthaler Hammerwerk zu. Zwischen 1811 und 1818, dem Todesjahr von Johann Caspar IV, betrieb die Firma den Hasper Eisenhammer, den Diecker Reckhammer mit zugehörigem Rohstahlfeuer und Schleifkotten, den Reckhammer in Presel und den Sensenhammer in Haspe. Zusätzlich beteiligte sie sich 1811 und 1812 am „Vosswinckel Rohstahlhammer".[76]

Insgesamt hatte die Firma somit besonders in der zweiten Hälfte des 18. Jahrhunderts Anlagekapital in beträchtlicher Höhe akkumuliert. Insbesondere die großen Raffinierhämmer stellten eine hohe Kapitalanlage dar und konzentrierten sich im Gericht Hagen überwiegend in den Händen einiger bedeutender Kaufmannsfamilien.[77] Die Familie Harkort und die mit ihr verwandte Familie Elbers in Hagen waren hier jedoch die einzigen, die sämtliche Verarbeitungsschritte direkt kontrollierten.[78]

Die Besitzverhältnisse an den einzelnen Hämmern sind nicht immer abschließend zu klären. Besitzer und Betreiber einer Hammeranlage waren oft unterschiedliche Personen, und auf vielen Hämmern wurden einzelne Feuer gesondert verpachtet.[79] Die Sensenhämmer betrieb die Firma Harkort oft „in Compagnie" mit einem Schmied, dem neben seinem Schmiedelohn die Hälfte des Gewinns zustand und der weitere Schmiedemeister, Gesellen und Gehilfen beschäftigte.[80]

Der ausgezahlte Schmiedelohn richtete sich immer ausschließlich nach der produzierten Warenmenge, die Bezahlung geschah im Stücklohn. Bestimmte Betriebsrisiken, wie witterungs- oder kriegsbedingte Ausfallzeiten, wurden so von Harkort wie bei der Betriebsform des Verlags auf die Produzenten abgewälzt. Eine Verschlechterung der „terms of trade", etwa durch steigende Rohstoffpreise oder wachsende Transportkosten, trafen dagegen allein den Gewinn.

Waren die Betriebsergebnisse der einzelnen Hämmer auch großen Schwankungen unterworfen und sind für einzelne Jahre an einzelnen Hämmern auch Verluste oder Stillstandzeiten zu Reparaturzwecken (z. B. am Hasper Eisenhammer, der von 1800–1802 stillstand) zu verzeichnen,[81] so bot sich doch insgesamt für das späte 18. Jahrhundert das Bild einer kontinuierlich guten Ertragslage. Wie aus der Graphik ersichtlich, kam es erst im Zuge der napoleonischen Kriege zu größeren Gewinneinbußen, ohne daß jedoch die Gesamtbilanz in die Verlustzone gerutscht wäre.

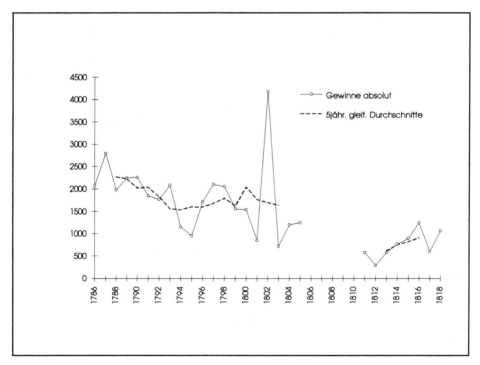

Jährliche Gewinne in Reichstalern an den Hämmern der Fa. J. C. Harkort 1786–1818[82]

Die Gewinne, die an den Rohstahlhämmern, insbesondere im neu erbauten Hammerwerk in Schönthal gemacht wurden, trugen den weitaus größten Anteil zum Gesamtge-
winn bei. In der Zeit zwischen 1786 und 1804, für die durchlaufende Konten für alle
Hämmer existieren, erwirtschaftete der Schönthaler Rohstahlhammer jährlich im
Durchschnitt fast 1080 Rt Gewinn, der Diecker Reckhammer immerhin noch ca. 230
Rt, während die Sensenhämmer im Durchschnitt lediglich 130–150 Rt Gewinn abwar-
fen.[83] Der Wert des neu erbauten Schönthaler Rohstahlhammers wird 1780 mit 2970 Rt
angegeben, die Rendite belief sich demnach jährlich im Durchschnitt auf über 36%!
Für den Hasper Sensenhammer, dessen Wert 1780 auf 1667 Rt taxiert wurde, ergibt
sich immer noch eine Rendite von 8,8%.[84]

Die Vorprodukte herstellenden Rohstahl- und Eisenhämmer hatten während des gesamten Untersuchungszeitraums zu keiner Zeit unter Absatzproblemen zu leiden: Der
raffinierte Stahl wurde sofort an die Fertigungshämmer der Region ausgeliefert, so daß
in keinem Jahr nennenswerte Warenvorräte auf den Hämmern liegen blieben.[85] Harkort
belieferte mit den Produkten seiner Raffinierhämmer zunächst die eigenen Sensenhämmer und darüber hinaus zahlreiche Schmiede in der Region. Die Sensenhämmer
waren dagegen in ihrer Ertragslage weit stärker von den überregionalen Konjunkturen
im Sensenhandel abhängig. Deutlich lassen sich in den Konten etwa des Hasper
Sensenhammers die Handelskrisen im Gefolge des Siebenjährigen Krieges und der
Kontinentalsperre als Einbrüche in der Gewinnentwicklung wiederfinden.[86]

Befragt man die skizzierte Entwicklung der Firma J. C. Harkort während des 18.
Jahrhunderts nach Unternehmensstrategien, die eine Fabrikindustrialisierung vorbe-
reiteten, so lassen sich derartige Entwicklungen in allen drei Geschäftsbereichen –
Handel, Verlag und Hammerwerken – sowie im Hinblick auf Wechselbeziehungen
zwischen diesen drei Bereichen ausmachen. Wie ausgeführt, war das Handelsgeschäft
bis zum Beginn des 19. Jahrhunderts vor allem durch den Export regional produzierter
Eisen- und Stahlwaren gekennzeichnet. Bevor durch die napoleonischen Kriege die
alten Handelsbeziehungen zu einem großen Teil gekappt wurden, hatte sich Harkort
zum Branchenkaufmann vor allem für Messer, Sensen und einige wenige Breitewaren
entwickelt. In den Abnehmerregionen traf er auf sich ausdifferenzierende Nachfragestrukturen nach immer spezielleren Sorten. Diese veränderten Nachfragemuster gab er
in Form von Aufträgen an die regionalen Gewerbe weiter und trug so zu deren
Entwicklung in Richtung auf Qualitätsgewerbe bei. Gleichzeitig wurde der Kaufmann
Harkort damit immer stärker auf die Produktionssphäre verwiesen: Harkort mußte
sich, wollte er den heimischen Schmieden die neuen Produktanforderungen erklären,
notgedrungen mit den Herstellungsprozessen befassen. Die Ausdifferenzierung einer
räumlich entfernten Nachfrage veranlaßte so die heimischen Schmiede zur Spezialisierung auf die Herstellung von Qualitätsprodukten in einer Vielzahl von Sorten, ein
Prozeß, den die Sensenschmiede des Ennepetals mit Erfolg durchliefen, während die
Messerschmiede in Wetter mangels Qualifikation daran scheiterten.

Die Firma Harkort reagierte auf die Herausforderungen durch die sich wandelnde
Nachfragestruktur mit einer engeren Bindung der Schmiede an die Firma einerseits,
andererseits durch den Kauf neuer Sensenhämmer, also durch direktes Engagement in
der Produktionssphäre. In den 1780er Jahren auf den Hammerkonten auftauchende
Kontrollrechnungen über das Verhältnis von Rohmaterialeinsatz und Brennstoffver-
brauch zum Produktionsergebnis zeigen in diesem Zusammenhang, daß hinter diesem
Engagement die Absicht stand, den Herstellungsprozeß selbst zu kontrollieren. Neue

Produkte ließen sich am einfachsten einführen, wenn mit dem Besitz eines Hammerwerks der Produktionsprozeß direkt kontrolliert bzw. beeinflußt werden konnte. Der 1774 auf Harkorten, also in unmittelbarer Nähe des Kaufmannskontors errichtete „Steiermärker Hammer", auf dem die an der Enneperstraße neu eingeführten „blauen Sensen" produziert wurden, ist deutlicher Ausdruck der zugrundeliegenden Unternehmensstrategie.

Die Produktion aller im Handel nachgefragten Sensen gänzlich in einer zentralisierten Werkstätte zusammenzufassen, hätte die technischen und organisatorischen Möglichkeiten der Firma bei weitem überstiegen, ganz zu schweigen von dem zu mobilisierenden Kapital, das zu einem großen Teil als zirkulierendes im Handelsgeschäft gebunden war. Zur Strategie einer Verfestigung der Verlagsbeziehungen zu den formal selbständigen Schmieden in der Region gab es somit keine Alternative.

Die wachsende Zahl der durch die Firma Harkort betriebenen Sensenhämmer führte den Kaufmann jedoch direkt in die technischen Probleme des Herstellungsprozesses und ließ ihn zugleich neue gewinnbringende Betätigungsfelder entdecken. Als das entscheidende Problem bei der Herstellung hochwertiger Stahlwaren erwies sich im 18. Jahrhundert die Bereitstellung eines gleichförmigen, qualitativ hochwertigen Rohmaterials, aus dem das Endprodukt ausgeschmiedet werden konnte. Die aus den Eisenrevieren des Siegerlands, Bergischen Lands und vom Mittelrhein gelieferten Roheisenkuchen schwankten hinsichtlich ihrer Zusammensetzung erheblich[87] und bedurften einer Aufbereitung im „Rohstahlfeuer", ein Arbeitsschritt, der – solange die chemischen Grundlagen der Stahlerzeugung noch unbekannt waren – besondere Sorgfalt und erfahrene Schmiede erforderte. Dieser Bedeutung im Herstellungsprozeß entsprechend ergaben sich für die Rohstahlhämmer in der Region außerordentlich gute Absatzmöglichkeiten und Ertragslagen. Angesichts der steigenden Anforderung der überregionalen Märkte an die Qualität der Produkte investierte auch die Firma Harkort während der zweiten Hälfte des 18. Jahrhunderts in wachsendem Umfang in diesen Produktionsschritt mit dem Kauf und der Errichtung neuer Rohstahlfeuer. Spätestens im letzten Drittel des 18. Jahrhunderts war klar erkennbar, daß die hier zu erzielenden Gewinne bei relativ krisenfesten Absatzbedingungen in der Region die Möglichkeiten aller anderen Unternehmensbereiche weit überstiegen. Ein Ausbau der Kapazitäten im Bereich der Stahlerzeugung war somit geeignet, die Rentabilität der Firma nachhaltig zu erhöhen.

Die Krise, in die der Handel während der napoleonischen Zeit geriet, verstärkte dann die Orientierung auf die Rohstahlerzeugung. Während das Handelsgeschäft und die Sensenproduktion von den abgeschnittenen traditionellen Absatzwegen stark betroffen waren, florierte die Stahlerzeugung ungebrochen und eröffneten sich neue Märkte. Der in dieser Zeit aufgenommene Handel mit Frankreich galt gerade dem berühmten märkischen Raffinierstahl, der als Rohmaterial auch westlich des Rheins noch so begehrt war, daß er das napoleonische Kontinentalsystem, das die Einfuhr von Fertigwaren nach Frankreich verbot, passieren konnte. Von entscheidender Bedeutung für die Stahlproduktion blieb aber während des späten 18. und frühen 19. Jahrhunderts die regionale Nachfrage der stahlverarbeitenden Gewerbe. Entsprechend dieser Marktlage baute die Firma Harkort zwischen 1795 und 1820 ihren Besitz an Sensenhämmern ab und investierte verstärkt in Rohstahlfeuer.

Der Übergang zur Fabrikproduktion bei der Firma Harkort seit den 1830er Jahren vollzog sich dann mit der Errichtung eines Puddelwerks folgerichtig in diesem Bereich der Produktion von Qualitätsstahl und der sich hieran anschließenden Herstellung von Zubehörteilen für den Eisenbahnbau. Im Fallbeispiel der Firma Harkort erweist sich Industrialisierung auf betrieblicher Ebene damit als Prozeß mit langer Vorbereitungsphase, während der sich die Gewichte zwischen verschiedenen Unternehmensbereichen mehrfach verschoben. Auch wenn der Übergang zum Fabrikunternehmen sich schließlich in einem Bereich vollzog, dessen Entwicklung Anfang des 18. Jahrhunderts noch nicht abzusehen war, war dieser Vorgang doch kein zufälliger oder willkürlicher. Hinter ihm verbargen sich konkrete Unternehmensstrategien und eine benennbare betriebswirtschaftliche Logik.

Anmerkungen

1 Sidney Pollard, Peaceful Conquest. The Industrialization of Europe 1760–1970, Oxford 1981; ders. (Hrsg.), Region und Industrialisierung. Studien zur Rolle der Region in der Wirtschaftsgeschichte der letzten 2 Jahrhunderte (Kritische Studien zur Geschichtswissenschaft 42), Göttingen 1980; Rainer Fremdling / Richard Tilly, Industrialisierung und Raum. Studien zur regionalen Differenzierung im Deutschland des 19. Jahrhunderts, Stuttgart 1979; ein Überblick über die „Führungsregionen" der deutschen Industrialisierung bei Hans-Ulrich Wehler, Deutsche Gesellschaftsgeschichte, Bd. 2: Von der Reformära bis zur industriellen und politischen „Deutschen Doppelrevolution" 1815–1848/49, München 1987, S. 632ff.

2 Vgl. hierzu Rainer Fremdling, Eisenbahnen und deutsches Wirtschaftswachstum 1840–1879. Ein Beitrag zur Entwicklungstheorie und zur Theorie der Infrastruktur (Untersuchungen zur Wirtschafts-, Sozial- und Technikgeschichte 2), Dortmund ²1985; Überblicke bei Wehler, Gesellschaftsgeschichte Bd. 2, S. 614ff. sowie bei Richard Tilly, Vom Zollverein zum Industriestaat. Die wirtschaftliche Entwicklung Deutschlands 1834–1914, München 1990, S. 29ff.

3 Vgl. Fremdling, Eisenbahnbau, passim.

4 Für den deutschen Diskussionszusammenhang vgl. vor allem Peter Kriedte/Hans Medick/Jürgen Schlumbohm, Industrialisierung vor der Industrialisierung. Gewerbliche Warenproduktion auf dem Land in der Formationsperiode des Kapitalismus, Göttingen 1978 sowie jüngst die kritische Bilanzierung der dieses Konzept aufgreifenden Forschung durch dies., Sozialgeschichte in der Erweiterung – Proto-Industrialisierung in der Verengung? Demographie, Sozialstruktur, moderne Hausindustrie: eine Zwischenbilanz der Proto-Industrialisierungs-Forschung, in: Geschichte und Gesellschaft 18 (1992), S. 70–87, 231–255; weiterführende konzeptionelle Überlegungen bei Wolfgang Mager, Protoindustrialisierung und Protoindustrie. Vom Nutzen und Nachteil zweier Konzepte, in: Geschichte und Gesellschaft 14 (1988), S. 275–303; mit Blick auf die Grafschaft Mark vgl. auch Stefan Gorißen/Georg Wagner, Protoindustrialisierung in Berg und Mark? Ein interregionaler Vergleich am Beispiel des neuzeitlichen Eisengewerbes, in: Zeitschrift des Bergischen Geschichtsvereins 92 (1986), S. 163–171.

5 Zahlreiche Hinweise auf entsprechende neuere Studien bei Kriedte/Medick/Schlumbohm, Sozialgeschichte, passim.

6 Derartige Studien konzentrieren sich meistens auf die Person eines – oft als geradezu genialisch angesehenen – „Industriepioniers" und „Fabrikgründers"; sie fokussieren entsprechend meist auf den schwierigen Prozeß der Einführung einer technologischen Neuerung und vernachlässigen die unspektakulären Anfänge von Fabriken, die sich allmählich aus älteren Organisationsformen entwickelten. Im Unterschied zu dieser Tradition der Technikgeschichte und Frühindustrialisierungsforschung soll hier auf betrieblicher – nicht

auf biographischer – Ebene nach den Voraussetzungen für den Übergang zur zentralisierten Produktion gefragt werden. Vgl. zur Kritik an manchen Traditionen der Technikgeschichte Joachim Radkau, Technik in Deutschland. Vom 18. Jahrhundert bis zur Gegenwart, Frankfurt 1989, S. 11ff.

7 Vgl. jüngst die Forschungsüberblicke bei Hans Jaeger, Unternehmensgeschichte in Deutschland seit 1945. Schwerpunkte – Tendenzen – Ergebnisse, in: Geschichte und Gesellschaft 18 (1992), S. 107–132; ders., Business History in Germany since 1945. Focal points – Tendencies – Results, in: German Yearbook on Business History 1993, S. 147–169.

8 Zum Unternehmerbegriff nach wie vor maßgeblich: Fritz Redlich, Der Unternehmer. Wirtschafts- und sozialgeschichtliche Studien, Göttingen 1964, bes. S. 95ff., 153ff. sowie Jürgen Kocka, Unternehmer in der deutschen Industrialisierung, Göttingen 1975.

9 Zwei neuere Beispiele für diesen Ansatz: Hartmut Berghoff, Englische Unternehmer 1870–1914. Eine Kollektivbiographie führender Wirtschaftsbürger in Birmingham, Bristol und Manchester (Bürgertum. Beiträge zur europäischen Gesellschaftsgeschichte 2), Göttingen 1991; Dirk Schumann, Bayerns Unternehmer in Gesellschaft und Staat, 1834–1914. Fallstudien zu Herkunft und Familie, politischer Partizipation und staatlichen Auszeichnungen (Kritische Studien zur Geschichtswissenschaft 98), Göttingen 1992.

10 Vgl. etwa Peter Blum, Neuere Studien zur Unternehmensgeschichte, in: Archiv für Sozialgeschichte 32 (1992), S. 534–540.

11 Das alte Handelshaus Krupp in Essen unter Leitung der Witwe Helene Amalie Krupp behandelt in firmengeschichtlicher Perspektive Anke Probst, Helene Amalie Krupp. Eine Essener Unternehmerin um 1800 (Zeitschrift für Unternehmensgeschichte, Beiheft 33), Stuttgart 1985. Diese Studie, die auf den überlieferten Geschäftspapieren des 18. Jahrhunderts basiert, rekonstruiert das Geschäftsgebaren des Handelshauses Krupp vor der Errichtung des Gußstahlwerkes und damit der Aufnahme fabrikindustrieller Produktion. Das Problem der Kontinuität zwischen vorindustrieller Handelstätigkeit und zentralisierter Produktion wird nicht explizit thematisiert. Auch Bodo Herzog, Franz Haniel. Kaufmann – Unternehmer – Industriepionier, in: ders. / Klaus J. Mattheier, Franz Haniel 1779–1868. Materialien, Dokumente und Untersuchungen zu Leben und Werk des Industriepioniers Franz Haniel, Bonn 1979, S. 133–157, erwähnt zwar die kaufmännischen familiären Traditionen, ohne jedoch die Frage nach betriebswirtschaftlichen Kontinuitäten systematisch auszuloten.

12 Vgl. Wolfram Fischer, Unternehmensgeschichte und Wirtschaftsgeschichte. Über die Schwierigkeiten, mikro- und makroökonomische Ansätze zu vereinen, in: Hermann Kellenbenz / Hans Pohl (Hrsg.), Historia socialis et oeconomica. Festschrift für Wolfgang Zorn zum 65. Geburtstag, Stuttgart 1987, S. 61–71; Hans Pohl, Reflections on the Scientific Position of Economic and Business History, in: German Yearbook on Business History 1993, S. 171–186.

13 Vgl. auch Richard Tilly, Einleitung: Unternehmenshistorische Aspekte der Industrialisierung, in: Geschichte und Gesellschaft 19 (1993), S. 425–426.

14 Zum zentralen Quellenbestand, der dieser Studie zugrundeliegt, vgl. das Inventar: Das Archiv der Familie und Firma Johann Caspar Harkort zu Hagen-Harkorten im Westfälischen Wirtschaftsarchiv Dortmund, Bearb. v. Wilfried Reininghaus (Inventare nichtstaatlicher Archive Westfalens 11), Münster 1991.

15 Westfälisches Wirtschaftsarchiv (WWA), Firmenarchiv J.C. Harkort (F 39), Nr. 161.

16 WWA, Familienarchiv Harkort (N 18), Nr. 361 (Testamente des 18. Jahrhunderts im Druck zwecks Verhandlungen zum Fideikommiß 1861–63) sowie die Testamente und Eheverträge ebd., Nr. 403, 404, 405, 407, 412.

17 Vgl. auch Kocka, Unternehmer, S. 13.

18 Vgl. Ulrich Wengenroth, Unternehmensstrategien und technischer Fortschritt. Die deutsche und britische Stahlindustrie 1865–1895 (Veröff. des Deutschen Historischen Instituts London 17), Göttingen 1986, bes. S. 18f.

19 Zur Familiengeschichte vgl. Louis Berger, Der alte Harkort. Ein Westfälisches Lebens- und Zeitbild, Leipzig 1891, bes. S. 3–21; Ellen Soeding, Die Harkorts. 2 Bde., Münster 1957; Wolfgang Köllmann, Friedrich Harkort, Bd.1: 1793–1838, Düsseldorf 1964, S. 11ff. sowie Wilfried Reininghaus, Einleitung, Die Familie Harkort, ihre Unternehmungen und ihr Archiv, in: ders. (Bearb.), Archiv Harkort, S. 13–48.

20 Bei Ludwig Hermann Wilhelm Jacobi, Das Berg-, Hütten- und Gewerbewesen des Regierungsbezirks Arnsberg in statistischer Darstellung, Iserlohn 1857, S. 383, wird das Unternehmen Johann Caspar Harkorts wie folgt beschrieben: „Die Fabrik von Joh. Casp. Harkort auf Harkorten (...) wurde im Jahre 1832 durch Umänderung verschiedener alter Werke errichtet, und hat schon in jenem Jahre, als die ersten Eisenbahnen in Deutschland gebaut wurden, verschiedene Artikel für dieselbe hergestellt. Die Fabrik besteht aus den mechanischen Werkstätten auf Harkorten (mit einer Dampfmaschine von 30 Pferdekraft, zwei Kupolöfen etc.), einem Hammerwerke auf der Hasperbach, einem Hammerwerke nebst Schleiferei auf dem Dieck (...), beschäftigt 200 Arbeiter (150 Fabrikarbeiter und 50 selbständige Schmiede), und verarbeitet jährlich $1\frac{1}{2}$ Million Pfd. Schmiedeeisen und $\frac{1}{2}$ Million Pfd. Gußeisen zu obengenannten Gegenständen (im Werte von 150 000 Thlr)." Vgl. auch Ernst Voye, Geschichte der Industrie im Märkischen Sauerlande. Bd. 1: Kreis Hagen, Hagen 1908, S. 207f.; [Caspar Friedrich Willibald Liebe-Harkort,] Festschrift zum 250jährigen Geschäfts-Jubiläum der Firma Johann Caspar Harkort GmbH, Harkorten bei Haspe i. Westfalen, o.O., o.J. [1924], S. 20f. sowie Reininghaus, Einleitung, S. 27f.

21 Zwischen 1720 und 1820 sind lediglich vier Rechnungen entstanden, die als „Bilanzen" bezeichnet wurden (N 18 Nr. 1: 22. 10. 1748, Nr. 2: 1. 5. 1765, Nr. 3: 1. 5. 1777 und Nr. 101: 31. 12. 1804); diese Konten entsprechen jedoch in keiner Weise den Bilanz-Grundsätzen einer doppelten Buchführung, wie sie bereits in zahlreichen Kaufmannslehrbüchern des 18. Jahrhunderts nachzulesen sind. So fußen die Harkortschen „Bilanzen" weder auf Gewinn- und Verlustrechnungen noch enthalten sie präzise Angaben über Vermögenswerte und Kapitalausstattung des Unternehmens, sondern hier wurden lediglich Außenstände aus den laufenden Personenkonten aufsummiert, ergänzt um einige unvollständige Angaben zum Immobilienbesitz. Zur zeitgenössischen Kaufmannsliteratur vgl. Wieland Sachse, Wirtschaftsliteratur und Kommunikation bis 1800. Beispiele und Tendenzen aus Mittelalter und früher Neuzeit: Kaufmannsbücher, Enzyklopädien, Kameralistische Schriften und Statistiken, in: Hans Pohl (Hrsg.), Die Bedeutung der Kommunikation für Wirtschaft und Gesellschaft, Stuttgart 1989, S. 199–215 sowie die umfangreiche kommentierte Bibliographie von Jochen Hoock / Pierre Jeannin, Ars mercatoria. Handbücher und Traktate für den Gebrauch des Kaufmanns, 1470-1820. Eine analytische Bibliographie in 6 Bänden, Bd. 2: 1600–1700, Paderborn u. a. 1993 mit zahlreichen Titeln zum 18. Jahrhundert.

22 WWA F 39 Nr. 79: Lübecker Hauptbuch 1727–1730.

23 Entsprechend hießen die Hauptbücher für das Handelsgeschäft bis in die 1760er Jahre „Lübecker Hauptbücher": ebd. Nr. 44: Lübecker Hauptbuch 1729–1731; Nr. 49: Lübecker Hauptbuch 1731–1733; Nr. 50: Lübecker Hauptbuch 1743–1750; Nr. 74: Lübecker Hauptbuch 1751–1761.

24 Ebd. Nr. 51: Auswärtiges Hauptbuch 1774–1779; Nr. 76: Auswärtiges Hauptbuch 1796–1808; Nr. 77: Auswärtiges Hauptbuch 1808–1819.

25 Vgl. hierzu die Konten der Duisburger Kaufleute Johann Georg Boenninger (ebd., Nr. 9 und Nr. 52), Johann von Carnap Witwe (Nr. 75 und Nr. 9), Jacob Wilhelm Haniel Witwe (Nr. 52), Friedrich Wilhelm Kalckhoff (Nr. 56 und Nr. 67), Friedrich Wilhelm Willms & Schoeler (Nr. 52 und Nr. 55).

26 Die wichtigsten Geschäftspartner Harkorts in Riga waren die Kaufleute Matthias Ehlers, Johann Reimers (bzw. dessen Witwe) und Joachim Niclas Schnittler (Nr. 79, 44 und 49); in St. Petersburg unterhielt Harkort Geschäftsbeziehungen vor allem zu den Kaufleuten Joachim Daniel und Joachim Friedrich Edler sowie zu den Firmen Hülsenbeck & Friederici und Lüdert & Schlick (Nr. 51).

27 Jagdpulver aus den Pulvermühlen der Grafschaft Mark wurde selbst während des Siebenjährigen Krieges durch die „Märckerin" nach Lübeck vor allem an Arnold Hornemann gesandt: ebd., Nr. 74; vgl. auch Soeding, S. 118ff.; während der napoleonischen Kriege blühte der Pulverhandel der Harkorts nochmals wieder auf: WWA F 39 Nr. 76 und Nr. 77.

28 Auszählungen aus ebd. Nr. 51 (1774–79) und Nr. 76 (1796–1808).

29 Eine wachsende Sortenvielfalt findet sich auf den Konten der Harkorter Warenlager und Kommissionäre in Lübeck, Altona, Rostock und Amsterdam in ebd., Nr. 74, 51 und 76; Eversmann, Eisen- und Stahlerzeugung (wie Anm. 48), S. 255, berichtet 1804: „Der Sensen und Sichten gibt es sehr verschiedene Arten, je nachdem das Land ist, das sie gebrauchen soll."

30 Rostocker Kaufleute tauchen zuerst im „Lübecker Hauptbuch" 1743–51 (WWA F 39 Nr. 50) auf, die meisten Handelspartner besaßen die Harkorts jedoch in Rostock im „Auswärtigen Hauptbuch" für die Zeit 1796 bis 1808 (Nr. 76).

31 Werner Sombart, Der moderne Kapitalismus, 3 Bde, München, Leipzig [2]1916, hier Bd. 2/2: Das europäische Wirtschaftsleben im Zeitalter des Frühkapitalismus, S. 539.

32 Zwischen den 1720er und 1790er Jahren verdoppelte sich die Zahl der auswärtigen Geschäftspartner: WWA F 39 Nr. 79, 44 und 76.

33 Ebd Nr. 49: Lübecker Hauptbuch 1731–33, fol. 280–302; 333–338; 344f.; 351f.

34 In Lübeck bei Meinhard Johann Scholvien und Witwe Wessels & Küsel, in Rostock bei Friedrich Hülsenbeck: ebd. Nr. 50, fol. 87–92; 101–160; 335f.; 351; 364–370; 409–418; 428f.; 458–460; 489f.; 493–498.

35 Ebd. Nr. 51, fol. 19; 100–102; 128f.

36 Die Zahl der Handelspartner in den Harkortschen Geschäftsbüchern ging für die Zeit des Großherzogtums Berg um 36% gegenüber der Vorzeit zurück (vgl. F 39 Nr. 76 und 77), offensichtlich eine Folge der napoleonischen Kontinentalsperre, deren Bedeutung für die mitteleuropäische Wirtschaft in der Forschung nach wie vor umstritten ist. Auch wenn mit Martin Kutz (Deutschlands Außenhandel 1789–1834, Wiesbaden 1974; ders., Die Entwicklung des Außenhandels Mitteleuropas 1789–1834, in: Geschichte und Gesellschaft 6 (1980), S. 538–558) festzuhalten ist, daß – sieht man von kurzfristigen Schwankungen ab – der Warenexport aus Deutschland insgesamt zwischen 1789 und 1815 weitgehend stabil blieb und der Warenimport nach Deutschland sogar erhebliche Steigerungsraten zu verzeichnen hatte, Deutschland mithin insgesamt „keinen bleibenden Schaden gelitten, sondern insgesamt eher profitiert hat" (ders., Entwicklung, S. 558), bedarf dieses Ergebnis doch einer regional- und branchenspezifischen Differenzierung: vgl. auch Hans-Ulrich Wehler, Wirtschaftlicher Wandel in Deutschland 1789–1815, in: Helmut Berding / Etienne Francois/Hans-Peter Ullmann (Hrsg.), Deutschland und Frankreich im Zeitalter der Französischen Revolution, Frankfurt 1989, S. 100–120; während für die westdeutschen Textilgewerbe die Folgen der napoleonischen Wirtschaftspolitik bereits eingehend erörtert wurden, vgl. vor allem Herbert Kisch, Die Auswirkungen der Französischen Revolution auf die niederrheinischen Textilgebiete: einige Bemerkungen über wirtschaftliche Entwicklung und sozialen Wandel, in: ders., Die hausindustriellen Textilgewerbe am Niederrhein vor der industriellen Revolution (Veröffentlichungen des Max-Planck-Instituts für Geschichte 65), Göttingen 1981, S. 317–360, fehlen vergleichbare Untersuchungen für die exportorientierten bergischen und märkischen Metallgewerbe; Ansätze bei Max Wirth, Die Industrie der Grafschaft Mark und die französische Schutzzollgesetzgebung 1791–1813, Münster 1913;

die diesem Beitrag zugrundeliegenden Geschäftsbücher der Fa. Harkort zeigen deutliche Exportprobleme als Folge der Sperrung von Nord- und Ostseehäfen nach 1806.

37 Vgl. Roger Dufraisse, Französische Zollpolitik, Kontinentalsperre und Kontinentalsystem im Deutschland der napoleonischen Zeit, in: Helmut Berding/Hans-Peter Ullmann (Hrsg.), Deutschland zwischen Revolution und Restauration, Düsseldorf 1981, S. 328–352, hier S. 330; die Ziele der französischen Wirtschaftspolitik analysiert ders., Die „hegemoniale" Integration Europas unter Napoleon I, in: Helmut Berding (Hrsg.), Wirtschaftliche und politische Integration in Europa im 19. und 20. Jahrhundert (Geschichte und Gesellschaft, Sonderheft 10), Göttingen 1984, S. 34–44; Dietrich Saalfeld, Die Kontinentalsperre, in: Hans Pohl (Hrsg.), Die Auswirkungen von Zöllen und anderen Handelshemmnissen auf Wirtschaft und Gesellschaft vom Mittelalter bis zur Gegenwart, Stuttgart 1987, S. 121–139.

38 Die wichtigsten Spediteure in Mülheim/Rhein waren die Firmen Johann Matthias Aldenbrück und Johann Martin Klein, in Brüssel lief das Geschäft über die Handelshäuser Benoit, van Vreckdom und Champon; in Koblenz waren für Harkort die Firmen Bougleux & Pottgiesser, Deinhard & Tesche, Klotz & Co. und Clemens Mathieu tätig: WWA F 39 Nr. 55, 56, 77 und 67.

39 In Paris waren die Kaufleute Delaunay, Langlois, Picot, sowie Quinton & Co. Handelspartner der Harkorts, in St. Malo Marestier und Gautier, in St. Brieux die Firma Sebert & Soeurs, in Poitiers das Handelshaus Pavie jr., in Bordeaux Labat-Bechet, Sudreau & Co., in Orléans Dehais & Fils, Comperat und Vergnand und schließlich in Limoges Bardinet fils, Nicot & Co. und Mad. Talandier: ebd. Nr. 77, 67.

40 Es ist allerdings kaum vorstellbar, daß die Fuhrwerke den Rückweg leer antraten.

41 Die Handelspartner saßen in Turin (Andrioletto e Brino, Giovanni Battista Cosolo und Gallo & Figlio) und in Rom (Piedro Giovanni Battista Samonati): ebd. Nr. 76, 77.

42 Zur Gewerbegeschichte der Grafschaft Mark im 18. und frühen 19. Jahrhundert vgl. die Überblicksdarstellungen bei Ernst Voye, Die Industrie im südlichen Teil der Grafschaft Mark, in: A. Meister (Hrsg.), Die Grafschaft Mark. Festschrift zum Gedächtnis der 300jährigen Vereinigung mit Brandenburg-Preußen, Bd.1, Dortmund 1909, S. 463–534; Stephanie Reekers, Beiträge zur statistischen Darstellung der gewerblichen Wirtschaft Westfalens um 1800, Teil 5: Grafschaft Mark, in: Westfälische Forschungen 21 (1968), S. 98–161; Gisela Lange, Das ländliche Gewerbe in der Grafschaft Mark am Vorabend der Industrialisierung, Köln 1976 sowie Karl-Heinrich Kaufhold, Das Metallgewerbe der Grafschaft Mark im 18. und frühen 19. Jahrhundert, Dortmund 1976. Die konkreten Wechselbeziehungen zwischen überregionaler Vermarktung und regionaler Warenproduktion sind bislang noch nicht explizit untersucht worden.

43 Vgl. Staatsarchiv Münster (STAMS), Grafschaft Mark – Fabrikendeputierte des Amtes Wetter und Harkortsche Papiere (GMF), Nr. 3 und Nr. 5 sowie Hermann Flebbe, Der Streit um den Beitritt der Limburger Kratzendrahtzieher zum Iserlohner Stapel in den Jahren 1744–1746, in: Der Märker 6 (1957), S. 368–375.

44 Zum Messerschmiedegewerbe in Wetter vgl. Ernst Voye, Geschichte der Industrie im Märkischen Sauerlande, Bd. 1: Kreis Hagen, Hagen 1908, S. 23ff., 336ff.; Walter Kramer, Die Klingen- und Messerindustrie im vormaligen Amt Wetter, Diss. Jena (Masch.) 1922; Ernst Denzel, Wirtschafts- und Sozialgeschichte der Stadt Wetter, Wetter 1952, zur Ansiedlung der Klingenschmiede S. 46ff., 181ff.; Dietrich Thier, Die märkische Freiheit Wetter. Burgmannenhöfe, Verwaltung, Bebauung und Gewerbe vom Mittelalter bis zur Gegenwart, Hagen 1989, S. 61ff.; Wilfried Reininghaus, Zünfte, Städte und Staat in der Grafschaft Mark. Einleitung und Regesten von Texten des 14. bis 19. Jahrhunderts (Geschichtliche Arbeiten zur Westfälischen Landesforschung, Wirtschafts- und sozialgeschichtliche Gruppe, Bd. 7), Münster 1989, S. 270ff.; zur parallelen Entwicklung in Eilpe vgl. Ferdinand Schmidt, Die Ansiedlung der Klingenschmiede in Eilpe 1661/65. Aufgrund der Akten des Geh. Staatsarchives in Berlin dargestellt, in: Westfalenland. Heimatbeilage zum Westfäli-

schen Tageblatt Nr. 11 (November 1931), S. 161–176; zum Sensengewerbe der Enneperstraße vgl. Voye, Geschichte, Bd. 1, S. 56ff., 170ff. sowie Margret Asbeck, Die Sensenindu-
strie an der Enneperstraße wirtschaftsgeschichtlich dargestellt, Hamburg (Diss.) 1922;
Wilfried Reininghaus, Die Enneperstraße und Gevelsberg 1650–1850. Gewerbliche Verdichtung vor der Industriellen Revolution, in: Gevelsberg 1225 – 1886 – 1986. Untersuchungen und Quellen zur Geschichte der Stadt Gevelsberg, Gevelsberg 1988, S. 19–44;
ders., Zünfte, S. 90ff.

45 WWA F 39 Nr. 161; vgl. auch Soeding, S. 14ff.

46 Einigermaßen verläßliche Angaben über die Zahl der Produktionsstätten und der dort
tätigen Arbeitskräfte liegen erst seit der Mitte des 18. Jahrhunderts vor: nach der ältesten
Gewerbeerfassung durch Johann Rembert Roden, Beschreibung der Fabriken südwärts der
Ruhr 1754, in: A. Meister (Hrsg.), Grafschaft Mark, Bd. 2, S. 185–208 gab es im Gericht
Hagen 37 Sensenhämmer mit 84 Feuern; 1764, also unmittelbar nach Beendigung des
Siebenjährigen Krieges, existierten gemäß einer von den „Fabriquendeputierten” des
Kreises Wetter zusammengestellten Übersicht im gleichen Bezirk 39 Sensenhämmer mit 89
Feuern [Stadt- und Landesbibliothek Dortmund (= StLBDo), Handschriftenabteilung,
Harkortsche Papiere Nr. 10]; eine Übersicht aus gleicher Feder von 1796 verzeichnet für
das Gericht Hagen 41 Sensenhämmer (ohne Angaben zur Zahl der Feuer: ebd., Nr. 37);
1804 liefen nach Friedrich August Alexander Eversmann, Übersicht der Eisen- und Stahl-
Erzeugung auf Wasserwerken in den Ländern zwischen Lahn und Lippe, Dortmund 1804,
S. 253, 34 Hämmer mit 85 Feuern. Die Vergleichbarkeit derartiger Zahlen ist angesichts der
Erhebungspraxis des 18. Jahrhunderts problematisch; quellenkritische Erwägungen bei
Reekers, Beiträge, passim sowie dies., Quellen zur statistischen Erfassung der industriellen
Gewerbe Westfalens im 18. und 19. Jahrhundert, in: Westfälische Forschungen 15 (1962),
S. 172–185.

47 Die weitaus meisten Sensenschmiede finden sich im Hauptbuch für die Jahre 1769–1780
(F 39 Nr. 9) und 1786–1795 (ebd., Nr. 52); gegenüber den 1750er Jahren hatte sich ihre Zahl
verdoppelt, im Vergleich zu den 1720er Jahren sogar vervierfacht.

48 Vgl. hierzu neben der in Anm. 44 genannten Literatur Friedrich August Alexander Eversmann, Die Eisen- und Stahlerzeugung auf Wasserwerken zwischen Lahn und Lippe,
Dortmund 1804, S. 253ff.

49 Zum Hammerbesitz und zur landwirtschaftlichen Nebenbetätigung der Schmiede vgl. die
Hypothekenbücher der Bauerschaften des Gerichts Hagen: STAMS, Grafschaft Mark,
Land- und Steuerrätliche Kreise, Gerichte III, Nr. 3.1, 3.2, 3.3 sowie Wilhelm Droste, Den
Bach hinauf. Geschichte der Urhöfe und Hammerwerke „In der Haspe”, Hagen-Haspe
1986; Ders., In der Hasperbache. Die Besiedlung der Ortschaft Hasperbach im Stadtteil
Hagen-Haspe, Hagen-Haspe 1987.

50 Vgl. auch Eversmann (Anm. 48), S. 253; Asbeck, S. 28ff.

51 Harkort hielt mit den Schmieden in unregelmäßigen Abständen Abrechnung, und in den
meisten Fällen behielt er Forderungen den Schmieden gegenüber zurück. Längerfristige
Kredite wurden gerichtlich bestätigt und in zu 5% verzinsbare Obligationen umgewandelt:
Viele dieser Obligationen mußte Harkort später dann doch als Verlust abschreiben, z. B. „da
derselbe arm verstorben und seine Frau von Almosen lebt”. Vgl. die „Obligationenbücher”
im Privatarchiv der Familie Harkort: WWA N 18 Nr. 701 (1713–1743) und Nr. 526
(1743–1796), Zit. fol. 160.

52 Vgl. auch Reininghaus, Gevelsberg, S. 26; die wichtigste Konkurrenz für die märkischen
Sensen kam aus Remscheid im Bergischen Land und aus der Steiermark. Zum Bergischen
Land vgl. auch Stefan Gorißen, Vorindustrielle Gewerberegionen im Vergleich: Die eisenverarbeitenden Gewerbe des Bergischen Landes und Sheffields zwischen 1650 und 1850,
in: Zeitschrift des Bergischen Geschichtsvereins 95 (1992), 41–77; zur Steiermark Franz

Fischer, Die blauen Sensen. Sozial- und Wirtschaftsgeschichte der Sensenschmiedezunft zu Kirchdorf-Micheldorf bis zur Mitte des 18. Jahrhunderts, Graz/Köln 1966.

53 Vgl. Eversmann, Eisen- und Stahlerzeugung (wie Anm. 48), S. 259ff.; Asbeck, S. 11f.

54 Zur Technik der „Rohstahl-Fabrikation" und ihrer Bedeutung für die verschiedenen eisenverarbeitenden Gewerbe vgl. vor allem Eversmann, Eisen- und Stahlerzeugung, S. 208ff.

55 Vgl. Eversmann, S. 193; Wirth, passim; Asbeck, S. 12f.; Reininghaus, Enneperstraße, S. 31.

56 In den 1770er Jahren berechnete Harkort für ein Bund Sensen zu 13 Stück am Romberger Sensenhammer je nach Sorte zwischen 2 und 3 Reichstalern: WWA F 39 Nr. 9, fol. 318f.; in Lübeck brachten um die gleiche Zeit 10 Bund „lübsche Sensen" 95 Reichstaler: ebd., Nr. 51.

57 Zur „Sensenfabrique" an der Enneperstraße vgl. Eversmann, Stahl- und Eisenerzeugung, S. 254; Voye, Geschichte, Bd. 1, S. 173f.; Asbeck, S. 59–62; Reininghaus, Zünfte, S. 92ff. sowie Fritz Schemann, Pflichttage der Sensen-Fabrique an der Enneper Straße, in: Westfalenland. Heimatbeilage Bergisch-Märkische Zeitung, Westfälisches Tageblatt 5 (1937), S. 33–37; zur Organisation und zu den Aktivitäten der Sensenfabrique vgl. die im Stadtarchiv Hagen überlieferten „Acta betreffend die Abhaltung des Pflicht-Tags in der Sensen-Fabrick 1794–1809"; eine Abschrift des Preisreglements von 1793/94 befindet sich im Familienarchiv Harkort: WWA N 18 Nr. 87.

58 Vgl. Asbeck, S. 14ff.

59 Vgl. das „Verzeichnis der Messer- und Schlösserfabrikanten der Freiheit und des Ambtes Wetter, so zur Wetter'schen Gilde gehörig (1780)" bei Kramer, S. 55ff., wiederabgedruckt bei Denzel, S. 190f., modifiziert bei Thier, S. 65 und die in den „Dahiesigen Hauptbüchern" geführten Wetteraner Messerschmiede: WWA F 39 Nr. 62, 75, 9, 52, 55 und 56.

60 Vgl. Denzel, S. 53f.

61 Vgl. ebd. S. 129ff.; Thier, S. 69f.

62 Zum Produktionsprozeß in der Sensenschmiederei vgl. Eversmann, Eisen- und Stahlerzeugung (wie Anm. 48), S. 254f.; Asbeck, S. 23ff.; Ernst Hermann Schulz, Die Stahlqualität als Faktor in der Entwicklung der westfälischen Eisenindustrie, Dortmund 1957; zur langsamen Umstellung von Holzkohle auf Steinkohle bei der Stahlproduktion vgl. Rainer Fremdling, Technologischer Wandel und internationaler Handel im 18. und 19. Jahrhundert. Die Eisenindustrien in Großbritannien, Belgien, Frankreich und Deutschland (Schriften zur Wirtschafts- und Sozialgeschichte 35), Berlin 1986.

63 Mittlerer Wert je Feuer nach WWA F 39 Nr. 477 (1780): Rohstahlhammer: 2.887 Rtlr.; Reckstahlhammer: 1.806 Rtlr.; Sensenhammer: 795 Rtlr.; nach Eversmann, Übersicht, Beylagen, S. 24ff. betrugen die „Baumaterialien und sämmtlichen Kosten, so von N. N. im Jahr 1783 zum Bau seines Reckhammers verwendet worden sind", 1.866 Rtlr. 52 St.

64 WWA N 18 Nr. 5; zur Rödinghauser Hütte vgl. auch Eversmann, Eisen- und Stahlerzeugung (wie Anm. 48), S. 198.

65 „Special- & General Balance derer aus dahiesigen Haubt Bücheren extrahierten Activ- & Passiven Schulden item Meiner unterhabenden Erb Güther de A(nn)o 1748 d(en) 22ten Oct(o)bris": ebd. Nr. 1.

66 Der „Behlinghammer" ist im Hammerbuch Nr. 1 (1743–64) bis 1760 belegt: WWA F 39 Nr. 174.

67 „Billanz de Primo May 1765", darin: „General Inventarium": WWA N 18 Nr. 2 (ohne Paginierung); vgl. auch StLBDo, Harkortsche Papiere, Nr. 10.

68 StLBDo, Harkortsche Papiere, Nr. 10; vgl. auch das Hammerbuch 1769–79: WWA F 39 Nr. 169.

69 WWA F 39 Nr. 9, fol. 320, 393–402.

70 Ebd., fol. 617–620, 801–802.

71 Ebd., fol. 676–77.

72 Ebd., fol. 718–19; WWA N 18 Nr. 26; vgl. auch Denzel, S. 71f.

73 WWA F 39 Nr. 52, fol. 70–79.

74 Ebd. Nr. 52, fol. 81, vgl. auch Soeding, S. 244.

75 Vgl. Soeding, S. 398ff.; Denzel, S. 71f.; Reininghaus, Einleitung, S. 25.

76 WWA F 39 Nr. 56 und Nr. 68.

77 Eversmann, Eisen- und Stahlerzeugung (wie Anm. 48), S. 257, nennt fürs frühe 19. Jahrhundert die Kaufleute „Joh. Diederich Post zu Wehringhausen, Gebrüder Elbers zu Hagen, Joh. Caspar Fischer zur Stennert, Joh. Caspar Hakorts sel. Wittwe zu Harkorten, Joh. Peter et Daniel Göbel zu Vörde." Vgl. auch Voye, Geschichte, Bd. 1, S. 68ff.

78 Vgl. die zeitgenössischen Zusammenstellungen der Betriebsanlagen bei Eversmann, Übersicht, sowie StLBDo, Harkortsche Papiere, Nr. 37. Zum großen Sensenwerk des Johann Heinrich Elbers, eines Vetters von Johan Caspar Harkort, vgl. Eversmann, Eisen- und Stahlerzeugung, S. 260f. sowie Voye, Geschichte, Bd. 1, S. 44, 70ff.

79 Für einzelne Stichjahre geben hier die bereits zitierten „Designationen" der „Fabriquendeputierten" mit Übersichten über die vorhandenen Hammerwerke, Besitzer und Arbeitskräfte Auskunft: StLBDo, Harkortsche Papiere, Nr. 10 (1764) und Nr. 37 (1796); detaillierte Angaben in den Hypothekenbüchern der Bauerschaften des Gerichts Hagen: STAMS, Grafschaft Mark, Land- und Steuerrätliche Kreise, Gerichte III, Nr. 3.1, 3.2, 3.3.

80 Für das erste „Compagnie-Schmiedewerk" mit Hans Peter Velthaus sind Abrechnungen für die Jahre 1727 und 1728 erhalten: WWA F 39 Nr. 60, fol. 198–210, 217; in den folgenden Jahrzehnten zahlreiche weitere Gemeinschaftsunternehmungen. Insoweit einzelne Schmiedemeister weitere Handwerker beschäftigten, kann mit Blick auf das Sensengewerbe auch von einem Zwischenmeistersystem gesprochen werden.

81 Vgl. die Hammerbücher für den Hasper Eisenhammer ebd. Nr. 273 und Nr. 275 sowie das „Dahiesige Hauptbuch der Compagnie" 1798–1806, ebd. Nr. 55, in welchem die Konten des Hammers mit dem 31. 12. 1799 abbrechen.

82 Die der Graphik zugrundeliegenden Zahlen beruhen auf Berechnungen aus den Hammerkonten in: WWA F 39 Nr. 52, Nr. 55 und Nr. 56; die teilweise extremen Ausschläge in der Kurve (bes. zwischen 1801 und 1803) basieren im wesentlichen auf Unregelmäßigkeiten bei der Kontenführung. Die fünfjährig gleitenden Mittelwerte zeigen jedoch den zugrundeliegenden Trend deutlich.

83 Ebd., Nr. 52, fol. 1–12, 16 (Schönthaler Rohstahlhammer), fol. 30–39 (Diecker Reckhammer), fol. 50–69, 103 (Hasper Sensenhammer) und fol. 70–79 (Braucker Sensenhammer) sowie Nr. 55, fol. 1–10 (Schönthaler Rohstahlhammer), fol. 21–30 (Diecker Reckhammer), fol. 41–50 (Hasper Sensenhammer) und fol. 51–60 (Braucker Sensenhammer).

84 Wertangaben nach ebd. Nr. 477.

85 Die auf den Hammerkonten der Hauptbücher zu Beginn eines Abrechnungszeitraums jeweils inventarisierten Warenbestände waren verglichen mit dem Produktionsvolumen sehr geringfügig; auch die Rohstoffe wurden kontinuierlich angeliefert und waren lediglich in kleinen Mengen vorrätig. Vgl. ebd. Nr. 52 und 55.

86 Ebd. Nr. 56, fol. 250–257.

87 Dies belegen die Briefe Harkorts in den Briefkopierbüchern (WWA F 39 Nr. 17, 18, 19) und die zahlreichen Abzüge für minderwertiges Material auf den Konten der Roheisenlieferanten (ebd., Nr. 9, 52, 55, 56). Ganz ähnliche Probleme besaß beispielsweise auch der Remscheider Kaufmann Peter Johannes Flender, dessen Briefe ins Siegerland eine einzige Klage über die schlechte und schwankende Qualität der von dort bezogenen Rohstoffe sind: A. E. Jung (Hrsg.), Briefe zum Stand der Eisenindustrie des Siegerlands und des Bergischen Landes im 18. Jahrhundert. Siegen 1983.

Clemens Wischermann

HANDLUNGSSPIELRÄUME DER FRÜHINDUSTRIELLEN UNTERNEHMERSCHAFT ZWISCHEN PATERNALISMUS UND LIBERALISMUS

Das Leben Friedrich Harkorts (1793–1880) umschloß die Jahrzehnte der Durchsetzung der liberalen Wettbewerbswirtschaft im rheinisch-westfälischen Raum. Welch bedeutende Rolle in dieser Zeit des Umbruchs fast aller wirtschaftlichen „Spielregeln" das Gebiet der Mark und in ihr – als eine ihrer bedeutendsten Unternehmergestalten – Friedrich Harkort eingenommen hat, ist das Zentralthema des vorliegenden Bandes, der seinen unmittelbaren Anlaß aus der zweihundertjährigen Wiederkehr von Harkorts Geburtstag nimmt. Ich möchte mich im folgenden dem Rahmenthema aus einer nur mittelbar personalen Perspektive nähern. Was ich skizzieren möchte, sind Überlegungen zu den ordnungs- und gesellschaftspolitischen Rahmenbedingungen, unter denen unternehmerisches Handeln in der Zeit Friedrich Harkorts stand.

1. Handlungsspielräume in institutioneller Perspektive

Am Ende der napoleonischen Übergangszeit und dem Beginn politischer Kontinuität als preußischer Provinz präsentierten sich die westfälischen Gewerbelandschaften keineswegs im Zustand einer etablierten Wettbewerbswirtschaft. Französische, preußische und provinzielle Elemente der Wirtschaftsordnung standen oft noch unverbunden nebeneinander. In einer per Gesetz (sei es napoleonisch oder preußisch) freigesetzten Wirtschaft wurden wichtige Bereiche weiterhin von wettbewerbseinschränkenden oder handelsregulierenden Institutionen in merkantilistischer Tradition gesteuert. Vieles war unter dem neuen liberalen Dach der Wirtschaftsverfassung noch gar nicht geregelt; dies war zum Teil der Fall, weil man Einschränkungen der Wettbewerbs- und Vertragsfreiheit als Aspekte eines zu überwindenden Wirtschaftssystems prinzipiell ablehnte; dies war aber auch darauf zurückzuführen, daß erst die praktischen Erfahrungen mit der „Gewerbefreiheit" die Defizite und Risiken der Marktwirtschaft enthüllten. Das von den napoleonischen Kriegen wirtschaftlich ausgezehrte Land reagierte auf die liberale Ordnung skeptisch: Viele Wirtschaftreibende wären lieber zu den geschützten Gewerbeprivilegien der Zeit vor den Umwälzungen zurückgekehrt.

Die Konsequenz dieser Ausgangslage (um 1815) war, daß es nicht einiger weniger Gesetze und Impulse zur Errichtung einer Wettbewerbswirtschaft bedurfte, sondern daß dies zu einem jahrzehntelangen, rund ein halbes Jahrhundert dauernden Prozeß wurde. In dessen Mittelpunkt stand das Problem der Neudefinierung und gesellschaftlichen Durchsetzung von unternehmerischen Handlungs- und Verfügungsrechten. Eben diese Rechte stehen heute im Mittelpunkt des „Property-Rights-Ansatzes" oder der „Neuen Institutionenökonomik" in den Wirtschaftswissenschaften. Von da aus strahlen sie zunehmend auch in die Wirtschaftsgeschichte aus. Ihre Hauptthese ist, daß die Gestaltung der Handlungs- und Verfügungsrechte oder, anders ausgedrückt, die institutionellen Handlungsspielräume der Unternehmer entscheidend für den Erfolg einer Wirtschaft sind. Ich will dieser Theoriedebatte hier nicht folgen,[1] sondern mit meinem Hinweis nur unterstreichen, daß auch dort Handlungsspielräume primär institutionell betrachtet werden. In eine unternehmensgeschichtliche Perspektive übersetzt heißt das: Gefragt wird nach dem Unternehmer im institutionellen Sinne als

Bündelung spezifischer Handlungsrechte.[2] Diese begrenzen die wirtschaftlichen Gestaltungsräume auch in einer liberalen Wettbewerbsgesellschaft. Ihre historische Herausbildung setzt neue Rechts- und Denkfigurationen voraus.

Ich möchte diesem Problemkreis im folgenden in der Zeit des vormärzlichen wirtschaftlichen Umbruchs und im märkischen Raum nachgehen. Ich tue es am Beispiel von zwei begrenzten Episoden, die aber Grundsatzkonflikte in der Neubestimmung unternehmerischer Handlungsspielräume verdeutlichen: Im ersten Fall geht es um Wettbewerbsordnung und Arbeitsvertrag im Metallgewerbe um 1815; im zweiten Fall um die Eröffnung des öffentlich-publizistischen Kampfs für die Bergbaufreiheit.[3] Die Akteure sind im ersten Fall keine Mitglieder der Familie Harkort, aber im zweiten Fall kommt auch Friedrich Harkort selbst zu Wort.

2. Bemühungen um die Restauration von Fabrikordnungen in der Mark um 1815

Werfen wir zunächst einen Blick zurück ins späte 18. Jahrhundert. Versuche, das sich ausdehnende „Fabrik-Wesen" in der südlichen Mark zu organisieren, schlugen sich vor allem in den Fabrikordnungen des späten 18. Jahrhunderts nieder. Mehrere Faktoren fielen dabei zusammen: die Intensivierung der preußischen Gewerbepolitik im Westen, die Ausdehnung arbeitsteiliger, wenngleich nur zum Teil zentralisierter Großbetriebe gegen Ende des Jahrhunderts und die weitgehende Freigabe des ländlichen Gewerbes in der Mark, das aus staatlicher Sicht einer neuen Rahmenordnung bedurfte. Soweit bekannt, haben die wichtigsten exportorientierten Metallgewerbe in der Mark in den Jahren zwischen 1790 und 1800 eine je eigene Fabrikordnung erhalten, an deren Zustandekommen Fabrikkommissar Eversmann wesentlichen Anteil hatte.[4] Der zeitgenössische Begriff der „Fabrik" darf allerdings hier nicht mit der späteren industriellen Bedeutung des Begriffs als zentralisiertem Großbetrieb gleichgesetzt werden, so wenig wie die älteren Fabrikordnungen mit den zur innerbetrieblichen Disziplinierung und Regelung der Arbeitsverhältnisse eingesetzten modernen Fabrikordnungen der Industrialisierung identisch waren. Die Fabrik des späten 18. Jahrhunderts umfaßte bei sich schnell wandelndem Sprachgebrauch in ordnungspolitischer Verwendung alle Erwerbstätigen eines speziellen Wirtschaftszweiges in einer fest umgrenzten Region. Sie regelte auch die Arbeitsverhältnisse und die Beziehung zwischen unselbständig Beschäftigten und Unternehmern und umschloß auch letztere. Rechte und Pflichten der Reidemeister wurden von ihr daher nicht minder geregelt als Produktionsvorschriften erlassen, deren Einhaltung in der Regel durch eine „Schau" überprüft wurde. Die Fabrikordnungen führten also die auf Stadt und Land verstreuten Angehörigen einer „Fabrik" wieder als Gruppe zusammen und unterwarfen sie einem Regelwerk, das sowohl das unternehmerische Wirtschaftsverhalten als auch Arbeitsvertrags- und Arbeitsplatzverhältnisse umschloß. Erneut wurde also das Gewerbe auf eine Art korporativen Kodex verpflichtet. Seine Einhaltung überwachte der Staat.[5]

Die Fabrikordnungen waren das Abbild einer Wirtschaft im Übergang aus vorindustriellen Bindungen und sozialen Netzen zu industrieller Produktions- und Vertragsfreiheit. In einer „entfesselten" Wirtschaft war für sie kein Platz mehr. Ihr Ende war daher mit der Einführung der Gewerbe- und Handelsfreiheit in der Mark während der zeitweiligen Zugehörigkeit zum Großherzogtum Berg gekommen. Doch der in ihnen ausgedrückte Wirtschaftsgeist und die immer mitzudenkende Anerkennung des tradierten Sozialgefüges erloschen nicht mit dem formalen Ende der Ordnungen, sondern prägten weiterhin die allgemein akzeptierten Handlungsmaximen des märkischen Eisen- und Metallgewerbes. Als daher auch nach Wiederbeginn der preußischen Herrschaft die Fabrikordnungen außer Kraft blieben, treffen wir in der Mark auf Bemühungen um ihre Wiederbelebung, die von der „Nähnadel-Fabrik" ihren Ausgang nahmen.

Um 1815 arbeiteten in Altena, Iserlohn und Umgebung knapp 1500 Menschen in der Nähnadelproduktion. Die etablierten Marktführer waren Johann Caspar Rumpe und Peter Eberhard Müllensiefen.[6] Die Verteilung der Marktanteile drohte sich jedoch dramatisch zu verschieben, als 1815 Caspar Diedrich Piepenstock einen Betrieb etwa im Umfang des bisher zweitgrößten Produzenten aufzubauen begann. Piepenstock kam nicht aus dem Kreis der bekannten und eingesessenen Kaufmanns- und Reidemeisterfamilien der Mark. Er stammte aus einfachen Verhältnissen, hatte sich aber bis um 1800 in den Kreis der bedeutendsten Unternehmer emporgearbeitet. Die Stecknadeln waren bei Piepenstock nur ein Zweig eines mit ungewöhnlicher Schnelligkeit und Energie ausgebauten kleinen Imperiums von Metallwerken in und um Iserlohn. Mit Piepenstock trat 1815 eine Unternehmergestalt gegen eingesessene Konkurrenten auf, deren ökonomisches Kalkül nicht an einem tradierten Gewerbezweig hing, sondern die das Konkurrenzprinzip der Handels- und Gewerbefreiheit, das Streben nach Marktlücken aus eigener Lebenserfahrung umzusetzen verstand. Er wurde in der traditionellen Solidar- und Sittengemeinschaft der märkischen Unternehmer als Außenseiter abgestempelt, dem jeder Regelverstoß zugetraut wurde.

Ungeachtet ihrer sonstigen, in den Müllensiefenschen Erinnerungen[7] nachlesbaren Animositäten waren sich die bedeutendsten Nähnadelfabrikanten der Mark einig in dem Versuch, den störenden Eindringling auszuschalten. Mitte Februar 1815 wandten sie sich gemeinsam an den noch als Generalgouverneur amtierenden von Vincke mit der Bitte um Erlaß einer neuen Fabrikordnung. Seit der Aufhebung herrschten in der Branche nach Meinung der beschwerdeführenden Unternehmer „Brodneid", „freche Willkür", ja „völlige Anarchie". Wenn sich dies fortsetze, seien die schlimmsten Erwartungen für die Arbeiterverhältnisse wie für die Absatzentwicklung berechtigt. Früher verpönte Abwerbekampagnen mit der Zahlung überhöhter Löhne führten zur Erschütterung der „sittlichen" Ordnung. Zugleich schädige eine mindere Qualität der oft durch unqualifizierte Arbeiter hergestellten Ware auch den Ruf der alten Unternehmen.[8]

Hinter der Sorge um die Gestaltung der Arbeiterverhältnisse und Arbeitsbeziehungen stand die Vorstellung eines obrigkeitlich geordneten Wirtschaftsgefüges, in dem Abweichungen vom verbindlichen Wirtschaftsverhalten sanktioniert wurden. In einem erläuternden Schreiben an von Vincke hat Müllensiefen, späterer Landrat des Kreises Iserlohn, diesen traditionellen märkischen Wirtschaftskodex recht offen und präzise definiert: „Die Wohlfahrt und Gemeinnützlichkeit der Fabriken beruht nicht sowohl auf ihrem größeren Umfange, als vielmehr in der Selbständigkeit ihrer innern und äußern Verfassung, welche – von Ordnung ausgehend – politisch richtig auf das allgemeine Weltbedürfniß berechnet seyn muß. Jede Überspannung dieses nothwendigen Verhältnisses äußert zerstörende Rückwirkung auf das Ganze, die der Staat nur durch weise Oekonomiegesetze zu heben vermag."[9] Ein solches Spannungsverhältnis, so Müllensiefen weiter, herrsche zur Zeit in der Nähnadelproduktion und habe bereits einige Fabriken die Existenz gekostet. Der Hauptschuldige daran sei Caspar Diedrich

Piepenstock, dessen Geschäftsgebaren Müllensiefen (im Stil der biedermännischen Rechtschaffenheit seiner Erinnerungen) als Ausfluß persönlicher Charakterlosigkeit und Unlauterkeit schildert. So bleibt Müllensiefen nicht beim Vorwurf der „Liebe zum Gewinn" stehen, sondern unsittlich wird ihm diese „Liebe" erst da, wo Brotneid, Stolz und Rachsucht zu der Absicht führten, die Nadelfabrikation zum Verderben aller Konkurrenten allein an sich zu bringen. Ein solches Denken war für Müllensiefen nur in der Kategorie der Unsittlichkeit eines Außenseiters faßbar, stellte zugleich eine starke gedankliche Bedrohung dar. So konnte nach Müllensiefen nur noch der Staat durch seine Gesetze einem ruinösen Konkurrenzverhalten Grenzen setzen und die Einhaltung allgemeiner Ordnungsvorstellungen erzwingen.

Von Vincke, selbst Anhänger behutsamer Übergänge, billigte die Erarbeitung einer neuen Fabrikordnung. Ihr Entwurf umfaßte entsprechend der älteren Bedeutung des Begriffs „Fabrik" sowohl die „Fabrik-Unternehmer" als auch „die für ihre Rechnung arbeitenden Fabrikanten", ebenso die Modalitäten des Arbeitsvertrages wie der Herstellungsanforderungen. Im Februar 1816 ließ von Vincke den Entwurf der Ordnung zusammen mit der früheren Eversmannschen Fassung dem Finanzministerium zugehen und befürwortete ihre Inkraftsetzung. Doch in der Berliner Reformverwaltung wollte man von einer besonderen Ordnung für die märkischen Nähnadelfabriken nichts wissen, „da der Inhalt des eingereichten Entwurfs... meistens in der jetzigen Gesetzgebung schon ohnehin begründet oder dieser auch der Verfassung gerade zu entgegen ist"[10]. Mit letzterem dürften u.a. Regelungen zur Einschränkung der Konkurrenz, des Lehrlingswesens oder der Schaueinrichtung gemeint gewesen sein. Man sieht, wie weit die Meinungen über das, was Gewerbefreiheit materiell definierte, in diesen Anfangsjahren zwischen der Berliner Reformbürokratie und der regionalen Unternehmerschaft mitsamt ihrer Verwaltung auseinandergehen konnten. Das Finanzministerium beschied von Vincke: „Wollte man für jeden bedeutenden Fabrikationszweig dergleichen besondere Gesetze geben, so würde bald nichts mehr von den Gewerbe Fundamental Gesetzen übrigbleiben."[11] Mit dem Ablehnungsbescheid aus Berlin waren die Bemühungen um die Restauration des älteren Fabrikordnungswesens in der Mark fürs erste gescheitert. Die Sache wurde von den Nähnadelherstellern offensichtlich aufgegeben, nachdem von Vincke den Berliner Bescheid mit dem Bemerken weitergegeben hatte, „theoretische Lehrsätze (hätten) über bewährte Erfahrung den Sieg davongetragen".

3. Der Kampf um die Bergbaufreiheit

Innerhalb einer im Grundsatz liberalen Wettbewerbsordnung und Unternehmensverfassung verharrte auch nach 1815 ein kompletter industrieller Führungssektor noch bis zur Jahrhundertmitte unter einem dem Merkantilismus entstammenden staatlichen Leitungsanspruch und überkommenen provinzialen Ordnungen. Ich spreche natürlich vom Steinkohlebergbau unter dem preußischen Direktionsprinzip mit seinem räumlichen Schwerpunkt in der Mark. Der „Kampf um die Bergbaufreiheit" war vermutlich der einzige wirtschaftspolitische Konflikt des Vormärz, bei dem es in Westfalen schon sehr früh zu einer zuvor undenkbaren Koalition von großen traditionellen Gewerken, marktwirtschaftlich orientierten Kaufleuten, höherer Provinzialverwaltung, Mitgliedern des Adels und sogar Teilen der Bergbehörden gekommen ist. Was sie verband, waren ökonomische Interessen als Besitzer von oft umfangreichen Zechenbeteiligungen. Hieraus resultierte die Forderung nach uneingeschränkter unternehmerischer

Dispositionsgewalt über Eigentum und Unternehmen, so wie es in der übrigen gewerblichen Wirtschaft die Grundlage des staatlichen Wirtschaftssystems bildete.

Der jahrzehntelange Konflikt war ein zentraler Schauplatz der realen Durchsetzung und Neudefinierung unternehmerischer Handlungsspielräume in der Übergangsperiode der Wettbewerbswirtschaft. Eine bis dahin eher behutsame interne Reformdebatte um den Bergbau schlug um 1830 in einen offenen Streit um. Der Anlaß war Friedrich Harkort. Diesen Wendepunkt des Konfliktes möchte ich im folgenden näher betrachten. Die drei Kontrahenten waren einmal die oben genannte Koalition pro unternehmerische Freigabe des Bergbaus, vertreten u. a. durch Friedrich Harkort; auf der Gegenseite standen die Vertreter des traditionellen Stollenbergbaus, für die Carl Berger sprach; die dritte Partei stellte die Bergbehörde, an ihrer Spitze der Oberbergamtsleiter Bölling.

Im Jahre 1830 erschien im „Rheinisch-Westphälischen Anzeiger" eine Serie von Artikeln über den Steinkohlebergbau in der Grafschaft Mark.[12] Harkort ging dort gegen die anhaltende „Bevormundung" und die Kostspieligkeit der staatlichen Verwaltung der Kohlengruben an und forderte Freibau, Selbständigkeit der Betriebsführung und Senkung der Abgaben. Gegen die Anhänger des Freibaus bezog binnen kurzem am gleichen Ort der Wittener Gewerke Carl Berger[13] Stellung. Bergers Parteinahme für das preußische Direktionsprinzip hatte handfeste wirtschaftliche Hintergründe. Aus ihm spricht der Vertreter des Stollenbergbaus, der sein unter der unternehmerischen Obhut der Bergbehörden austariertes ökonomisches Netzwerk gefährdet sieht. Folglich wird der drohende Einzug der freien Konkurrenz zum Schreckensbild, dessen vermeintliche Folgen Berger in den düstersten ökonomischen Perspektiven malt: „Soll das Publikum wohlfeile Kohlen erhalten, so müssen die Gewerken wohlfeil bauen können; wohlfeil bauen aber kann nur eine Zeche, wenn sie schwunghaft gebaut wird. Um schwunghaft bauen zu dürfen, muß sie einen starken Debit haben. Je mehr Zechen nun in Betrieb sind, desto mehr wird sich der Debit verteilen, um so weniger schwunghaft kann also jede einzelne bauen; ihre Selbstkosten werden also größer, und eine Waare, die dem Produzenten viel kostet, kann auf die Dauer nicht billig abgegeben werden. Sollen wohlfeilere Kohlen als bisher geliefert werden, so müßten, dem vorgeschlagenen Mittel gerade entgegen, weniger Gruben in Betrieb sein."[14]

Das statisch-merkantilistische Wirtschaftsbild Bergers erlitt aber in eben diesen Monaten heftige Stöße. Der Trennung Hollands und Belgiens folgte die holländische Aussperrung belgischer Kohle und die zollfreie Öffnung des holländischen Marktes für die Ruhrkohle. Die anfangs kaum zu befriedigende Nachfrage sprengte die gewohnten Absatz- und Förderquantitäten. Die Bergbehörden gaben neue Fördermöglichkeiten frei, der Tiefbau konnte sich weiter ausbreiten. Die Zeitumstände machten es Harkort also leicht, sich in einer Entgegnung im „Hermann", der zweiten bedeutenden wirtschaftspolitischen Zeitschrift im bergisch-märkischen Raum, im August 1831 wieder einmal vom Triumph der Gewerbefreiheit überzeugt zu zeigen: „Beschränkende Gesetze sind für Gewerbe stets schädlich, indem sie frei sich kräftiger, den Fortschritten der Zeit gemäß entfalten; solche Verordnungen gewähren einen künstlichen Schutz, der, wenn jene zurückgenommen werden müssen, stets Einzelne in Schaden bringt... Die Stöllner glauben den Feind vor den Thoren, und sammeln sich zu Schutz und Trutz, allein sie werden sicher geschlagen, denn man neigt sich offenbar zum Freibau."[15]

Von grundsätzlicher Bedeutung war der öffentliche Widerspruch, den Harkorts Attakken nun durch den ehemaligen Leiter des Oberbergamts Dortmund, Christian Bölling, erfuhren. Seit 1830 aus dem Amt geschieden und der damit verbundenen öffentlichen Zurückhaltung ledig, warf Bölling dem Kritiker Harkort „Ultra-Liberalismus" vor, „man ... störe oder ändere nicht die jetzt bestehende Ordnung der Dinge ohne Noth."[16] Von zentraler Bedeutung für das Selbstverständnis der Bergbehörden war Böllings Verwerfung des „bloßen Speculationsgeistes" und die von ihm befürchteten Folgen des Einzugs des freien Konkurrenzprinzips in den Bergbau. Das Direktionsprinzip sei „nothwendig und nützlich, weil die vielen bergbautreibenden Gewerkschaften fast durchgehends aus einer großen Anzahl von Mitgliedern bestehen, die sich um den Grubenbetrieb nicht bekümmern können, unter diesen sich auch selten einige befinden, die von dem Bergbaue genaue Kenntnis haben."[17] Doch verklärte Bölling hier, wir befinden uns im Jahre 1831, die Vergangenheit des Direktionsprinzips zur Gegenwart, denn die neue Generation der unternehmerisch-investiv im Ruhrbergbau Tätigen verfügte in vielen Fällen über bergbaulichen Sachverstand und darüber hinaus über ein an liberalen Wirtschaftskonzepten auch im Ausland geschultes ökonomisches Denken, das der in merkantilistisch-nationalwirtschaftlichen Kategorien verharrenden Bergbehörde weiterhin fremd blieb.

Wir finden bei Bölling wie auch bei Berger folgende Gedankenlinie: Sie verteidigen das staatliche Direktionsprinzip aus Furcht vor einer Erschöpfung der natürlichen, nicht reproduzierbaren Vorräte. Hieraus leitet Bölling die Verpflichtung zum „wirtschaftlichen" und das heißt bei ihm staatswirtschaftlich-sparsamen Umgang mit den natürlichen Ressourcen ab. Folglich verteidigt er die behördliche Begünstigung des Stollenbergbaus, der Tiefbau ist ihm suspekt, beim Freibau drohe ein planloser, spekulativer Raubbau. Die Schlüsselfunktion zum Verständnis der unterschiedlichen Standpunkte kommt der Einstellung zu Konkurrenzprinzip und freiem unternehmerischen Handeln am Markt zu. Sie verkörperten für die Anhänger liberaler Ideen den Hebel jedweden ökonomischen Fortschritts. Für ihre Gegner Bölling wie Berger führten sie notwendig zum Zusammenbruch einer wirtschaftlichen Ordnung der Dinge, die in Einklang mit den natürlichen Ressourcen und dem sozialen Umfeld der Bergbautreibenden stand. Harkort zögerte denn auch nicht, Bölling in einer recht polemischen Replik auf diesem Felde anzugreifen: „Das jetzt bestehende System gleicht jenem der englischen Graphytgruben, die jährlich nur einige Pfunde fördern und dann abschließen, damit die Bleistifte gebührend im Preise stehen bleiben... Ach! Herr Geheimrath, auf diesem Felde habe ich Sie mit Schmerzen erwartet! Geben Sie uns eine wohlfeile Verwaltung und Concurrenz, so finden sich billige Preise und mit ihnen steigt die Consumtion! Dem natürlichen Gange der Dinge gemäß mußte der Steinkohlenverbrauch zunehmen; daß es nicht geschah, liegt an Ihrem Systeme!"[18]

Noch lange indes führte die Mehrheit der Bergbeamten mit Teilen der hohen Ministerialbürokratie in Berlin und kleineren Gewerken in der Region unter dem Signum der „staatswirtschaftlichen Interessen" einen zähen Kampf um den Erhalt der staatlichen unternehmerischen Leitung. Die verbreitete Abwertung der Leistungen der vormärzlichen westfälischen Beamtenschaft hat ihre Wurzeln ganz überwiegend in der Polemik dieses zeitgenössischen Streits. Immer weniger ließen sich indes die aufsteigenden frühindustriellen Unternehmer aus der Selbstbestimmung ihrer unternehmerischen Handlungsspielräume hinter die Vorgaben einer staatlichen Verwaltung zurücknehmen.

4. Vom paternalistischen zum liberalen Modell

Von Teilen der Unternehmerschaft wurde nicht nur um 1815, sondern auch noch längere Zeit danach versucht, traditionelle Regeln und Institutionen wieder aufzurichten und zu einem Zurück zu den unternehmerischen Verhaltensmodellen des 18. Jahrhunderts zu gelangen. Sie stellten sich bewußt in ein älteres Verständnis von Staat und Wirtschaft, das wirtschaftliche Handlungsspielräume immer auch unter dem Postulat der sozialen Eingebundenheit unternehmerischen Handelns definierte. Garant oder Senior-Partner in dieser Ordnung war der Staat; seine Verwaltung war der Konfliktregler. Diese Ordnungsvorstellung von Wirtschaft und Gesellschaft läßt sich in Anlehnung an E. P. Thompson als „paternalistisches Modell" bezeichnen.[19] Es kannte noch keine grundsätzliche Trennung von Wirtschaft und Gesellschaft. Wirtschafts- wie Sozialordnung waren noch unter einem Dach genuine Bestandteile geltender Kodifikationen. Die Beilegung von Konflikten folgte in aller Regel schiedsrichterlichen Entscheidungsmustern. Bei Verstößen gegen gemeinsame wirtschaftliche Interessen wie gegen die Sozialverträglichkeit wirtschaftlichen Handelns galt eine allgemeine Entschädigungspflicht.[20]

Ganz anders lagen die Verhältnisse im Modell der Wettbewerbswirtschaft mit ihrer Leitvorstellung der Effizienz durch Konkurrenz und der Abschiebung von gesellschaftlichen Konflikten um die Folgen unternehmerischen Handelns in den Raum privatrechtlicher Auseinandersetzungen. Diese Ordnungsvorstellung nenne ich im folgenden das „liberale Modell". Die Frühgeschichte der Wettbewerbswirtschaft war in Westfalen wie anderswo erfüllt von der Konfrontation des paternalistischen mit dem liberalen Modell, denn zwischen beiden lag mehr als ein Umbruch der Wirtschaftstheorie; sie verkörperten grundsätzlich unterschiedliche Synthesen einer gesellschaftlichen Zielvorstellung. Erst in diesem Licht wird die Schärfe des Umbruchs deutlich, der in der bisherigen Industrialisierungsforschung zuwenig beachtet worden ist. Erst dann wird eigentlich verständlich, warum auch nach der Einführung der Wettbewerbswirtschaft „von oben" in vielen Fällen und oft in den ökonomisch wichtigsten Regionen und Gewerben die Unternehmerschaft gemeinsam mit der regionalen Verwaltung versucht hat, das tradierte paternalistische Modell oder zumindest zentrale Elemente in die Konkurrenzwirtschaft hinüberzuretten. Hierzu zählt neben den Fabrikordnungen auch die Einrichtung gewerblicher Sondergerichte: Sie sollten sowohl Wettbewerbsverstöße wie Arbeitskonflikte regeln und waren als Schiedsgerichte angelegt (mit Staatsbeteiligung, ohne direkte Mitwirkung zumeist der Beschäftigten). Die Wirtschaftreibenden waren in dieser Grundsatzfrage gespalten, und der Gegensatz vertiefte sich in den 1820er und 1830er Jahren rasch. Die Masse der Handels- und Gewerbetreibenden wie auch der regionalen Beamtenschaft plädierte zunächst in aller Regel für eine Beibehaltung des älteren Modells, das ihrem ganzen Weltbild entsprach. Die neuen „Pionierunternehmer" dagegen forderten immer lauter eine strikte Trennung von Wirtschaft und Staat, den völligen Rückzug des Staates aus der wirtschaftlichen Mitbestimmung, die Aufgabe schiedsrichterlicher Konfliktregelungsmechanismen und dafür den Ausbau des Privatrechts und des damit verbundenen Justizapparates. Die regionale Verwaltung geriet darüber mehr und mehr in die Defensive. Denn eine Alternative zu den Optionen des paternalistischen Modells, an denen im Grunde von Vincke immer festgehalten hat, bot der ökonomische Liberalismus mangels entwickelter Sozialverträglichkeitselemente nicht. Faktisch hat die westfälische Verwaltung zumindest unter Vinckes Oberpräsidentschaft sich selbst als Hüterin des

Gemeinwohls innerhalb eines liberalen Wirtschaftssystems gesehen und eingesetzt, hat nach eigenem Ermessen Effizienz und soziale Kosten abgewogen und diesen Anspruch auch lange gegenüber der aufsteigenden Unternehmerschaft verteidigt. Doch je stärker die industrielle Entwicklung voranging, desto schwieriger wurde es, diese Position zu behaupten.

Um 1830/31 hatten auch in Westfalen die Produktivitätsfortschritte des „liberalen Modells" begonnen, das „paternalistische Modell" nicht nur als Staatswirtschaftssystem, sondern auch als real gelebte wirtschaftliche Handlungsstrategie von Unternehmern und Regionalverwaltung zu verdrängen. Die Wendezeit in der Neuorientierung eines unternehmerischen Selbstverständnisses fiel – ausgelöst mit dem Bergbaustreit – in die 1830er und 1840er Jahre. Mit der positiven Wendung zum „liberalen Modell" verband sich nun schnell die Forderung nach Ausweitung der Mitbestimmung der gewerblichen Wirtschaft zu Lasten der staatlichen Verwaltung. Charakteristisch für jene Jahre ist der weitgehende Boykott der staatlichen Handelskammerpläne in der Mark durch die Unternehmer, die den geplanten Staatseinfluß nicht mehr hinzunehmen bereit waren. Selbst die wenigen westfälischen Wirtschaftsführer, die wie Friedrich Harkorts ältester Bruder Johann Caspar zur Mitarbeit in Landtagen und Handelskammern weiterhin bereit waren, forderten mehr Rechte. Seit den 1840er Jahren begann der Preußische Staat den Forderungen der Unternehmer mehr und mehr zu entsprechen. Die Schaffung der Individualkonzession für die Errichtung eines Gewerbebetriebes und der Wegfall allgemein verfaßter Entschädigungsregeln seit der Allgemeinen Gewerbeordnung von 1845 waren wichtige Schritte auf dem Wege der Institutionalisierung des „liberalen Modells". Wenige Jahre später scheiterte in den Gewerberäten und Gewerbegerichten nach 1849 der letzte große Versuch integrativer Sonderinstitutionen für die Wirtschaft. Dazu korrespondierte nach der anderen Richtung hin die Reorganisation der Gerichtsverfassung von 1849 mit der Schaffung von Kreisgerichten für kleine Zivilstreitigkeiten. Der allgemeine Zivilprozeß bot von nun an effektive Möglichkeiten, auch Konflikte unter Arbeitgebern sowie zwischen Arbeitgebern und Beschäftigten zu regeln. Damit waren die frühindustriellen Experimente gewerblicher Sondergerichte auf Dauer gescheitert. Arbeits- und Wettbewerbskonflikte traten unter die Zivilgerichtsbarkeit. Die Regionalverwaltung als Konfliktregler war seitdem weitgehend entmachtet.

In den 1860er Jahren schließlich wurde das „liberale Modell" institutionell durchgesetzt und in mehreren großen Kodifikationen (Allgemeines Deutsches Handelsgesetzbuch von 1861, Allgemeines Berggesetz von 1865, Gewerbeordnung von 1869, Aktienund Handelskammergesetz von 1870) festgeschrieben. Damit war nach einer jahrzehntelangen Übergangsphase eine Wettbewerbswirtschaft eingerichtet, die sich weitestgehend vom „paternalistischen Modell" getrennt hatte. Soziale Konflikte und Folgen wirtschaftlichen Handelns ließen sich kaum mehr gemeinschaftlich, sondern nur mehr privatrechtlich durch die Geschädigten verfolgen.[21] Gleichzeitig fand der wirtschaftliche Aufstieg der Unternehmer seine Entsprechung in ihrer (ordnungs-)politischen Integration. Die Kodifikationen zwischen 1861 und 1870 brachten den Prozeß des Umbaus einer ständischen in eine bürgerliche Wirtschaftsordnung zu einem vorläufigen Abschluß. Eine organisierte und emanzipierte Unternehmerschaft sollte von da an als ihre eigene Interessenvertretung an der gesellschaftlichen Definition unternehmerischer Handlungs- und Verfügungsrechte mitwirken. Noch weitgehend ungelöst blieb indes im Zuge der Durchsetzung des „liberalen Modells" die Integration neuer Kriterien und „Grenzwerte" für die Sozialverträglichkeit unternehmerischen Handelns.

Anmerkungen

1 Vgl. Clemens Wischermann, Der Property-Rights-Ansatz und die „neue" Wirtschaftsge-schichte, in: Geschichte und Gesellschaft 19 (1993), S. 239–258.

2 Zur Konstituierung des modernen Unternehmers aus institutioneller Sicht vgl. Clemens Wischermann, Frühindustrielle Unternehmensgeschichte in institutionalistischer Perspek-tive, in: Geschichte und Gesellschaft 19 (1993), S. 453–474, bes. S. 458ff.

3 Vgl. für eine ausführliche Darstellung dieser Konflikte in größerem Zusammenhang meine Studie: Preußischer Staat und westfälische Unternehmer zwischen Spätmerkantilismus und Liberalismus, Köln/Weimar/Wien 1992.

4 Vgl. Friedrich August Alexander Eversmann, Die Eisen- und Stahl-Erzeugung auf Wasser-werken zwischen Lahn und Lippe und in den umliegenden französischen Departements, Dortmund 1804.

5 Vgl. die Darstellung der jährlichen Fabrikentage bei Hans Breil, Friedrich August Alexan-der Eversmann und die industriell-technologische Entwicklung vornehmlich in Preußen von 1780 bis zum Ausgang der napoleonischen Ära, Diss. Hamburg 1977, S.178–210.

6 Vgl. Chronologische und systematische Übersicht der Geschichte der Nähnadel-Fabrik von ihrer Entstehung bis auf die gegenwärtige Zeit (1815), Staatsarchiv Münster (= StAM), Oberpräsidium 2851.

7 Vgl. P. E. Müllensiefen, Ein deutsches Bürgerleben vor hundert Jahren, hrsg. von Fr. von Oppeln-Bronikowski, Berlin 1931.

8 Vgl. StAM, Oberpräsidium 2851, Schreiben vom 15. 2. 1815.

9 StAM, Oberpräsidium 2851, Schreiben vom 18. 2. 1815.

10 StAM, Oberpräsidium 2851, Ministerien der Finanzen und des Handels an von Vincke am 21. 2. 1816.

11 Ebd.

12 Zu dieser Debatte und ihrem Umfeld vgl. auch Rudolf Boch, Grenzen des Wachstums? Das rheinische Wirtschaftsbürgertum und seine Industrialisierungsdebatte 1814–1857, Göttin-gen 1991, S. 132–137.

13 Vgl. (Berger), Volkswirthschaft. Steinkohlenbergbau in der Grafschaft Mark, in: Rhei-nisch-Westphälischer Anzeiger (1830), Nr. 71, S. 1421–1427, Nr. 72, S. 1443–1448, Nr. 73, S. 1470–1472.

14 Berger (1830), S. 1447.

15 Friedr(ich) Harkort, Steinkohlenbergbau in der Grafschaft Mark, in: Hermann, Jg. 1831, Nr. 65, S. 513–515, hier S. 513f.

16 Bölling, Vaterländischer Bergbau, in: Der Sprecher oder Rheinisch-Westfälischer Anzei-ger, Jg. 1832, Nr. 12, S. 192–202, hier S. 202.

17 Ebd. S. 196f.

18 Friedrich Harkort, Steinkohlen-Bergbau, in: Hermann, Jg. 1832, Nr. 35, S. 273–277, hier S. 273 und 276.

19 Vgl. Edward Palmer Thompson, Die „moralische Ökonomie" der englischen Unterschich-ten im 18. Jahrhundert, in: ders., Plebejische Kultur und moralische Ökonomie. Aufsätze zur englischen Sozialgeschichte des 18. und 19. Jahrhunderts, Frankfurt a.M. / Berlin 1980, S. 67–130.

20 Eine ausführlichere Diskussion um die Tragfähigkeit des „paternalistischen Modells", die die Thesen dieses Abschnitts angeregt hat, findet sich im Rahmen ihrer grundlegenden Studie zur Umweltgeschichte bei Ulrike Klein, „Schmerzenskinder der Industrie". Umweltverschmutzung, Umweltpolitik und sozialer Protest im Industriezeitalter in Westfalen 1845–1914, Diss. Münster 1992 (im Erscheinen).

21 Die Akzeptanz dieses Übergangs blieb das ganze 19. Jahrhundert hindurch höchst umstritten. „Die Auflösung dieses paternalistischen Modells, der Rückzug des Staates aus seinen traditionellen Fürsorgeverpflichtungen und die Abwälzung der Produktionsrisiken auf die Privaten löste in den Folgejahren heftige soziale Proteste aus. Das alte Modell blieb noch für Jahrzehnte ‚als Zündstoff für Empörung' in den Köpfen der Leute lebendig; das neue kapitalistische System, dessen Folgeschäden weitgehend von den Privatpersonen zu tragen waren, wurde als ‚ungerecht' im moralischen Sinne abgelehnt, der Staat von den Betroffenen als Helfershelfer unmoralisch agierender Kapitalisten gesehen. Der sich dadurch konstellierende soziale Protest richtete sich lange gegen Staat und Industrie gleichermaßen, er war im wesentlichen defensiv motiviert und hatte restaurative Funktionen", Klein (1992), S. 827f.

Sven Eisenberger

FRIEDRICH HARKORT UND DIE ARBEITERSCHAFT DER MECHANISCHEN WERK-STÄTTE 1819–1832

Im „Arbeiter-Spiegel" von 1875 blickte Friedrich Harkort u. a. auf seine Tätigkeit als Unternehmer zurück, die mit der Gründung der Mechanischen Werkstätte in Wetter/ Ruhr begonnen hatte: „Wenn man ... eine Menge Arbeiter der verschiedensten Berufsarten beschäftigte und so positive Erfahrungen sammelte, auch den Lehren der National-Oeconomie nicht fremd blieb, so ist man dadurch zu einem Urtheil über die Tugenden und Fehler der Arbeiterwelt einigermaßen berechtigt."[1]

Diese Selbsteinschätzung Harkorts wirft die Frage auf, wie die konkreten Erfahrungen des Pionierunternehmers mit der frühindustriellen Arbeiterschaft in Wetter aussahen. Ausgehend von dieser Fragestellung werde ich die späteren sozialreformerischen Schriften Harkorts vernachlässigen und mich darauf konzentrieren, anhand der Quellenüberlieferung des Firmenbestandes F 1 im Westfälischen Wirtschaftsarchiv zu überprüfen, welche sozialgeschichtliche Basis diese Erfahrungen tatsächlich besaßen. Als Wirtschafts- und Herrschaftsverband zugleich prägte die Mechanische Werkstätte – eine der ersten Maschinenfabriken Deutschlands überhaupt –[2] entscheidend ein sich neuartig herausbildendes Gefüge von Arbeits-, Kooperations- und Sozialbeziehungen, in denen sich bereits der entstehende Gegensatz von Kapital und Lohnarbeit herauskristallisierte. Dabei kam es nicht selten zu einer Verschränkung mit der grundlegenden Konfliktstellung zwischen „moderner" Arbeitsorganisation und traditionellen Arbeitsgewohnheiten.

Dort, wo Managementprobleme auffallend früh auftraten, wie im Maschinenbau, gewinnt vor allem eine genauere Betrachtung des „labour process" und der Sozialbeziehungen zwischen Unternehmer und Arbeiterschaft an Bedeutung.[3] Kaum zu unterschätzen sind die besonderen Schwierigkeiten der Arbeitsorganisation und Disziplinierung, vor die sich der Unternehmer Harkort gestellt sah. Innerhalb weniger Jahre baute er bis zur Liquidation seiner Geschäftsanteile 1832/34 eine Fabrik mit einer derartig differenzierten Unternehmens- und Produktionsstruktur auf, daß bereits Zeitgenossen von einer der „merkwürdigsten und bemerkenswertesten Anstalten Deutschlands" sprachen.[4] Daher möchte ich mich darauf beschränken, in einer „Innenansicht" der Mechanischen Werkstätte Einblick in Handlungsprozesse zu geben, die vor allem den Problembereich der betrieblichen Integration und Organisation einer äußerst heterogenen Arbeiterschaft betrafen.[5] Folgende Fragen sollen darin behandelt werden:

1. Unter welchen ökonomischen Rahmenbedingungen handelte Harkort in Wetter und in der neu entstehenden Maschinenbaubranche?

2. Welcher Art waren regionale und soziale Herkunft sowie Mobilität von Arbeitern, die in sehr unterschiedlichen Arbeitsprozessen innerhalb der Mechanischen Werkstätte beschäftigt wurden?

3. Wie gestaltete der Unternehmer den betrieblichen Integrationsprozeß („Anpassung und Auslese") seiner Arbeiterschaft, und welche Rolle spielten die „Betriebsbeamten" bzw. frühindustriellen Angestellten bei diesem Vorgang?

4. Wie reagierten Arbeiter auf die Umsetzung betrieblicher Herrschaft; welche Konflikte und Protestformen traten dabei auf?

Als wichtige Ergänzung zur Erforschung des Bürgertums in der märkischen Gewerberegion darf eine Ausweitung und Vertiefung der Arbeitergeschichte meines Erachtens nicht fehlen. Das Selbstverständnis von „Bürgerlichkeit" wurde entscheidend durch die soziale und kulturelle Außenabgrenzung von der Arbeiterschaft geprägt, die auch den Konstituierungsprozeß des Wirtschaftsbürgertums als einer marktbedingten Besitzklasse im 19. Jahrhundert begleitete.[6] Insofern läßt sich dieser Beitrag als Annäherung an das Thema des Kolloquiums von einer arbeitergeschichtlichen Forschungsperspektive her in den Kontext der Diskussion um „Bürgerlichkeit zwischen gewerblicher und industrieller Wirtschaft" einfügen.

1. Wie an der technischen Grundausstattung, der Höhe des erforderlichen Fixkapitals und einer schnell anwachsenden Belegschaftsgröße erkennbar ist, war die Mechanische Werkstätte von Beginn an als Fabrikbetrieb ausgewiesen.[7]

Tab. 1: Personalbestand (ohne Betriebsbeamte) 1819–1832

Jahr	Werkstätten	Hammerwerk	Gießerei	Gesamtzahl
1819:	**22/27**	–	**8**	**30/35**[8]
1820:	–	–	–	**40**
1821:	–	–	–	45
1822:	–	–	–	55
1823:	–	–	–	65
1824:	52	–	–	70 (57)
1825:	60	–	14	94 (74)
1826:	70	–	**16**	100 (86)
1827:	76	2	**18**	105 (96)
1828:	68	20	**20**	108
1829:	72	26	20	118
1830:	76	34	34	144
1831:	58	36	**34**	128
1832:	50	45	36	131

Für den Zeitraum 1821–1827 verwende ich die Angaben Denzels und für das Jahr 1832 die Zählung von Matschoß (ohne Bergleute), während alle übrigen Angaben der durchschnittlichen Belegschaftsgröße eines Jahres (Mittelwert aus der Summe der Anfangs- und Endzählungen pro Jahr) selbst errechnet wurden. Die ermittelten Korrekturwerte stehen in Klammern und sind vermutlich auf eine Zählweise zurückzuführen, die die Jahresfluktuation nicht berücksichtigte. Für die Gießerei mußte aus den Formerlisten der Gußwarenbücher die Belegschaftszahl für **bestimmte Jahre** hochgerechnet werden (Fettdruck).[9]

Ein „automatisiertes Maschinensystem" hatte sich gleichwohl noch nicht ausgebildet, da viele Teilarbeitsprozesse ohne maschinelle Unterstützung von handwerklich ausgebildeten Arbeitskräften ausgeführt wurden.[10] Ein deutliches Mischgepräge von Hand- und Maschinenarbeit im Werkstattbereich war selbst in England um 1850 noch kennzeichnend für die Maschinenfertigung.[11] Entscheidend war, daß Dampfmaschinen nicht allein für den Gebläsebetrieb (Kupol-/Hochöfen), sondern bereits für den Antrieb von Drehbänken, Bohr- und Zuschneidemaschinen sowie auch zum Betrieb eines großen Aufwerfhammers auf dem Gelände der alten Burg Wetter verwendet wurden. Mit der sofortigen Angliederung einer eigenen Gießerei wurde eine Entwicklung vorweggenommen, die sich allgemein erst Jahrzehnte später im Maschinenbau durchzusetzen begann.[12] Von Anfang an liefen Guß- und Schmiedeverfahren in der Maschinenfabrik parallel, bevor 1828 das Walzverfahren hinzukam, das für die Herstellung druckfester Kesselbleche unverzichtbar war. Somit waren um 1830 die drei zentralen Eisenverarbeitungstechniken in Wetter konzentriert. 1826 ließ Harkort einen Hochofen errichten, und 1828 erfolgte die bekannteste Innovation mit der Einführung des britischen Puddelverfahrens (Flammofenfrischen). Dieses neue Verfahren in der Eisentechnik vereinte den Vorteil einer kostengünstigeren Steinkohlenverwendung mit den Vorzügen einer größeren Produktivität und kürzeren Produktionszeit.[13] Daß der Technologietransfer über den Import von technischen Anlagen hinausging und wesentlich an die kostspielige Rekrutierung von ausländischen Facharbeitern wie Puddlern, Walzern oder Gießereimeistern gebunden war, wurde hier offenbar.[14] Binnen eines Jahrzehnts war ein Unternehmen entstanden, das alle Produktionsstufen von der Eisenerzeugung bis hin zur Maschinenmontage in einem vertikalen Verbund umfaßte.

Zwar war der Dampfmaschinenbau primärer Betriebszweck der Mechanischen Werkstätte, doch zwang die ökonomische Rationalität des frühen Maschinenbaus dazu, außer Antriebs- und Arbeitsmaschinen für Bergbau und Textilindustrie eine Vielzahl von mechanischen Apparaten und auch Kleineisenwaren anzufertigen.[15] Ein eigentlicher Dampfmaschinenmarkt begann sich erst mit dem späteren Eisenbahnbau zu entwickeln, so daß für eine Massenproduktion noch keine Absatzchancen bestanden.

Die in Maschinenfabriken bis in die 1870er Jahre hinein übliche Fertigung von „Apparaten" aller Art auf Bestellung hatte für die Arbeiterschaft zur Folge, daß häufige Schwankungen in Wochenarbeitszeit und Lohnverdienst zum gewohnten Bild der Maschinenbaubranche zählten. Stabile Beschäftigungslage und Geschäftserfolg hingen unmittelbar von der Dampfmaschinennachfrage ab, die sich zunächst in Gewerberegionen mit natürlichem Wassermangel stärker entwickelte. Die größten Entfaltungsprobleme des neuen Industriezweigs erblickte Harkort u. a. in einer schwierigen Markterschließung. Wie die Hauptbücher belegen, war der Kundenkreis der Mechanischen Werkstätte in einem weiten Radius um Wetter gezogen. Sachsen zählte neben dem Wuppertal und dem späteren Ruhrgebiet zu den Kernregionen der Maschinennachfrage. Trotz wachsender Maschinenbaukonkurrenz zeigte die erstaunliche Bilanz von 20 verkauften Dampfmaschinen bis zum Jahre 1825, daß die Mechanische Werkstätte sich in den ersten Jahren wettbewerbsmäßig gut behaupten konnte.[16] Erst nach dem Abgang des britischen Technikers Edward Thomas im Jahr 1826 traten anscheinend in größerem Maße technische Schwierigkeiten auf, die zu mangelhaften Konstruktionen, Terminverzögerungen und einem spürbaren Ansehensverlust des Unternehmens – geradezu tödlich im Dampfmaschinengeschäft – führten.[17] An dieser Stelle sei bemerkt, daß Harkort als einem Unternehmer aus kaufmännischer Wurzel die technische Ausbildung fehlte, die so viele Handwerker-Unternehmer im frühen Maschinenbau besaßen, wie z. B. Franz Dinnendahl. Auch war er kein Friedrich Krupp, der seine Dreher noch persönlich angelernt haben soll.[18] Daher war Harkort notwendig auf die Spezialkenntnisse von Facharbeitern und Technikern in leitender Stellung angewiesen.

Deutliches Signal des geschäftlichen Niedergangs war der Abbruch der förderlichen Beziehungen zum Leiter des preußischen Gewerbeinstituts, Beuth, 1827/28, der einen Rückgang weiterer Auftragsbestellungen bedeutete,[19] so daß die Konjunkturkrise von 1830 die Mechanische Werkstätte in der Folge besonders heftig traf. Deshalb konzentrierten sich Personaleinsparungen nach 1830 vorwiegend auf die Maschinenwerkstatt, während die Guß-, Eisenwaren- und Walzblechproduktion vermehrt Arbeitskräfte anzog und die Beschäftigungslage auf relativ hohem Niveau hielt. Gemessen an der Belegschaftsgröße hatte die Maschinenbauproduktion in Wetter bereits Mitte der 1820er Jahre ihren Sättigungsgrad erreicht. Den infolge sinkenden Auftragsvolumens entstehenden Kostendruck konnte Harkort jedoch kaum durch gravierende Lohnkürzungen abfangen. Diese hätten ebenso wie rigorose Entlassungsmaßnahmen unweigerlich zu einem schmerzhaften Dauerverlust an Fachqualifikationen geführt, den sich ein Betrieb mit hohen Investitionsleistungen für die Einführung neuer Produktionstechniken nicht leisten konnte. Dieser Zusammenhang war dem Unternehmer bewußt, denn die „Lohnfrage" spielte bis 1832 nur eine marginale Rolle bei innerbetrieblichen Auseinandersetzungen, wie sich aus dem sog. „Arbeiterzeugnisbuch" ersehen läßt.[20] Nur eine veränderte Personalpolitik, die eine verstärkte Rekrutierung und Qualifizierung von einheimischen Arbeitskräften zum Inhalt hatte, versprach die Lohnkostenentwicklung beeinflussen zu können.[21]

2. Der Maschinenbau kannte in der Aufbauphase keine einheimischen Facharbeiter. Rekrutierungsprobleme waren allenthalben spürbar, so daß man dringend auf den Zustrom von Metall- und Holzhandwerkern angewiesen war. Um so höher mußte der Standortvorteil eingeschätzt werden, den die „Übungsgewinne" (K. H. Kaufhold) eines in der Eisen- und Stahlverarbeitung erfahrenen Arbeitskräftepotentials in und um Wetter boten. Als Resultat der seit Mitte des 18. Jahrhunderts anhaltenden Absatzkrise der ortsansässigen Messerschmiede fand Harkort darüber hinaus ein niedriges Lohnniveau für den Maschinenbau vor.[22] So konnte er hoffen, das Vakuum, welches ein stagnierendes Messerschmiedegewerbe hinterließ, durch die neue Industriebranche auszufüllen und mit Hilfe geringer Lohnanreize einen festen Stamm von lokalen Arbeitskräften an den Betrieb zu binden.[23]

Obwohl Werkzeugmaschinen im frühen Maschinenbau nur als „Hülfsmaschinen" eingesetzt wurden, wie Harkort sie selbst bezeichnete,[24] muß einschränkend festgestellt werden, daß die meisten Arbeitskräfte Anfang des 19. Jahrhunderts nur minimale Kenntnisse im Umgang mit Arbeitsmaschinen besaßen, so daß eine Probe- und Anlernphase in den meisten Fällen erforderlich war.[25] Noch 20 Jahre nach seinem Abschied von Wetter bemängelte Harkort die „Unerfahrenheit der hiesigen Arbeiter", wie er es nannte, und deutete damit möglicherweise auf Anpassungsschwierigkeiten an neue, maschinenunterstützte Fertigungsmethoden hin.[26] Vor diesem Hintergrund war es nicht erstaunlich, daß Zuwanderer aus Fernregionen (über 50 km) über 50% aller entlassenen Arbeiter während des Zeitraums von 1828 bis 1850 stellten.

Tab. 2: Herkunftsregionen der fluktuierenden Arbeiterschaft 1828–1850

Region	1828–1832	1828–1850
Freiheit und Dorf Wetter	5,49%	8,36%
Umgebung von Wetter (a)	8,79%	6,65%
Enneperstraße	2,19%	2,78%
Ruhrgebiet(heutiges)	8,24%	9,01%
Sauerland	9,89%	7,74%
Münsterland/Osnabrück	3,29%	2,79%
Ostwestfalen-Lippe	2,19%	3,64%
übriges Westfalen	3,29%	3,86%
Siegerland	2,74%	2,36%
Bergisches Land	4,94%	6,00%
Rheinland	3,29%	4,07%
Raum Aachen/Eupen	2,74%	3,01%
Westerwald/Koblenz	6,04%	6,00%
Raum Mainz/Trier	3,29%	2,79%
Waldeck	6,04%	3,64%
Hessen-Nassau	7,14%	6,22%
Hannover/Magdeburg	1,64%	1,72%
Sachsen	2,74%	1,50%
Berlin	2,19%	1,07%
Mecklenburg/Pommern/Ostpreußen	2,18%	1,29%
Schlesien	1,64%	1,28%
Böhmen	1,09%	0,43%
Niederlande/Belgien	2,74%	1,28%
England	1,09%	0,64%
übrige Fernwanderer	4,39%	4,30%

(a) Ortschaften und Städte in einem Umkreis von 5 km um Wetter

Auch die Stammarbeiterschaft setzte sich von 1825 bis 1830 zur Hälfte aus Fernwanderern meist höherer Qualifikation zusammen, wie z. B. aus den Lohnbüchern hervorgeht.[27] Der hohe Qualifikationsbedarf und das rasante Entwicklungstempo der Mechanischen Werkstätte im Vergleich zur Esslinger Maschinenfabrik etwa lassen sich an der relativ hohen Fernwanderungsquote messen. Erst Mitte der 1830er Jahre setzten sich langfristig angelernte ortsgebürtige Arbeiter – Messerschmiede waren bis dahin leicht unterrepräsentiert – in der Stammbelegschaft der Mechanischen Werkstätte durch.[28] Im Unterschied zu Wolfgang Köllmann, der völlig zu Recht den wachsenden Kapitalmangel Harkorts betont, denke ich aber nicht, daß seine Fortune als Unternehmer unter den gravierenden Qualifikationsmängeln seiner Arbeiterschaft gelitten hat.[29] In der Häufigkeit ihres Erscheinens rangierten Entlassungen wegen festgestellter Qualifikationsdefizite in der Fabrikarbeit erst an dritter Stelle. Viel öfter wurden Verstöße gegen die Fabrikordnung mit Sanktionen belegt, und auch die Entlassungsbegründung, in der Maschinenfertigung herrsche Arbeitsmangel, wurde vergleichsweise noch häufiger notiert.[30]

Der fortschreitenden „Lokalisierung" des Arbeiterstamms war offenbar ein Jahrzehnt der Anpassung an fabrikindustrielle Arbeitsprozesse in Wetter vorausgegangen, die erst durch einen beständigen Austausch von zu- und abwandernden Fabrikhandwerkern und Facharbeitern ermöglicht wurde. Diese füllten zunächst Qualifikationslücken, die auf dem lokalen Arbeitsmarkt entstanden waren. Hohe Fluktuationsraten findet man folglich nur bis Anfang der 1830er Jahre, die einen zusätzlichen Bewegungsdruck durch eine Verschärfung innerbetrieblicher Disziplinierungsmaßnahmen erfuhren. Die Fluktuationswerte sanken innerhalb von 20 Jahren um etwa zwei Drittel ab und erreichten selbst während der Krisenperioden der 1840er Jahre nicht mehr das Niveau von 1830.

Tab. 3: Pauschale Fluktuationsrate (F_1) und Gesamtfluktuationsziffer (F_2) in % 1824–1832

Jahr	F_1	A/E_1	A/E_2	F_2
1824:	–	–	–	15,38
1825:	–	–	–	13,33
1826:	–	–	–	22,85
1827:	–	–	–	28,26
1828:	–	–	–	19,31
1829:	27,96	73,58	53,38	15,25
1830:	47,22	111,80	94,44	19,44
1831:	35,15	61,71	46,87	14,06
1832:	18,32	35,87	31,29	12,97
1838–1841:	17,85	36,10	25,76	8,31
1842–1845:	18,01	35,64	27,39	8,25
1846–1850:	10,01	24,96	21,22	6,87

$F_1 =$ Anzahl der Austritte pro Jahr / durchschnittlicher Personalbestand

$F_2 =$ Anzahl der mehrfach besetzten Arbeitsplätze pro Jahr / durchschnittlicher Personalbestand

$A/E_1 =$ Menge aller Aus- und Eintritte pro Jahr / durchschnittlicher Personalbestand

$A/E_2 = A/E_1$ ohne Austritte, denen Eintritte im selben Jahr vorausgingen[31]

Da die Entlassungsdaten des Arbeiterzeugnisbuches erst mit Ende des Jahres 1828 beginnen, läßt sich für frühere Jahre nur die betriebliche Mindestfluktuation errechnen, die der Prozentanteil der p. J. wenigstens einfach wechselnden Arbeitsplätze (F_2) angibt. Da Mehrfachwechsel auf diesen Positionen wahrscheinlich waren, dürften die pauschalen Fluktuationsraten zu Beginn der 1820er Jahre durchschnittlich höher gelegen haben als zum Ausgang des Jahrzehnts.

Den hochmobilen Teil der Arbeiterschaft in Wetter seßhaft zu machen, war aufgrund der im Ruhrtal topographisch eng begrenzten Expansionsmöglichkeiten nur schwer möglich. Ob Harkort an einen betrieblichen Arbeiterwohnungsbau dachte, den er in späteren Schriften kategorisch ablehnte, bleibt auch angesichts seiner prekären Finanzlage zweifelhaft.[32] Zieht man in Betracht, daß ein Großteil dieser Fachkräfte eine hervorragende Arbeitsmarktsituation vorfand und in der Mehrzahl, wie es hieß, „auf eigenes Verlangen" den Betrieb wechselte, ist zudem fraglich, ob ihm ein solches Vorhaben überhaupt gelungen wäre. Daß nur sehr wenige Arbeiter aus Wetter entlassen wurden bzw. an der Fluktuation teilnahmen, bestätigt nicht zuletzt den erwarteten Disziplinierungserfolg, den Harkort sich von der Rekrutierung einer ortsansässigen, mit Grundbesitz ausgestatteten Arbeiterschaft versprach.[33]

Die interne Differenzierung der Fabrikarbeiterschaft in Wetter war noch weitaus vielgestaltiger als z. B. Wolfram Fischers Studien über den frühen Maschinenbau darlegen.[34] In der Mechanischen Werkstätte konnten schon 1828 37 Berufe nachgewiesen werden und damit erheblich mehr als selbst in klassischen Maschinenbauanstalten zu Ende des 19. Jahrhunderts. Der Nachweis einer so großen Zahl verschiedener Berufsbezeichnungen korrelierte dabei mit einem hohen Differenzierungsgrad in Arbeitsteilung und Unternehmensstruktur vom Hochofen bis zur Drehbank. Vor allem unter Berücksichtigung der regionalen und beruflichen Herkunft von Arbeitern zeigten sich die großen Unterschiede z. B. zwischen einem Puddler aus Neuwied, einem „Maschinisten" aus Wien und einem Feilenhauer aus Volmarstein. Textilbetriebe in Elberfeld und Barmen, die man schon Anfang der 1820er Jahre zu den ersten Dampfmaschinenkunden zählte, gaben einen Teil ihres Maschinenpersonals ab, das für den Bau von Scher-, Rauh- und Spinnmaschinen in der Mechanischen Werkstätte benötigt wurde. Aus dem Sauerland, Waldeck, dem Westerwald und Siegerland bezog man überwiegend Former, Schmiede oder andere „Feuerarbeiter". Für die Beschaffung produktionswichtiger Fähigkeiten und Kenntnisse knüpfte man offenbar ein interregionales Rekrutierungsnetz, das insbesondere die traditionellen Gewerberäume der Eisenerzeugung und -verarbeitung einbezog.[35] Hochqualifizierte Mechaniker rekrutierte man verstärkt aus den Gebieten, in denen man einen Kundenstamm für den Dampf- und Textilmaschinenverkauf aufgebaut hatte, wie z. B. Sachsen.[36] Da man verhältnismäßig wenige unqualifizierte Arbeiter beschäftigte, die man zumeist aus dem Nahbereich heranholte, blieb der Zustrom aus Regionen ohne protoindustrielle Gewerbetradition in der Metallverarbeitung insgesamt von geringer Bedeutung.

Eine breites Spektrum von Qualifikations- und Lohnstufen, die selbst innerhalb einer Berufsgruppe Spannweiten von 1:3 bis 1:4 (vom niedrigsten zum höchsten Tageslohnsatz) erreichten, war typisch für den Maschinenbau und fand in der Mechanischen Werkstätte noch eine Steigerung. Bei den Formern ergaben sich Lohnfächer von 1:6 bis 1:7, wenn man die Fabriklehrlinge hinzurechnete. Mit der Einstellung britischer Puddler, Walzer und Hammerschmiede 1828 potenzierte sich die Differenzierung in den Tageslohnsätzen auf Werte von 1:15.

Hinzu kam, daß z. B. ein maschinenerfahrener „Mechanicus" aus Aachen seinen Maximallohn schneller erreichte als ein Schmied aus Haspe, der unmittelbar einem Handwerksbetrieb entstammte und das Innere einer Fabrik noch nie gesehen hatte. Selbst wenn er das Glück hatte, in der Fabrikschmiede der Mechanischen Werkstätte zu arbeiten, wo er auf gewohnte Arbeitsverfahren stieß, brauchte er eine längere Eingewöhnungsphase, um z. B. das Abschmieden spezieller Maschinenteile zu erlernen. Wie die Betriebsbücher und Vergleiche von Zeugnis- und Lohnbüchern zeigen, wurde das Gros der Handwerker-Arbeiter, vor allem der Schlosser und Schmiede, aber für neuartige Arbeitsgänge angelernt, die auch den Gebrauch von Werkzeugmaschinen beinhalteten, so daß häufig völlig neue Berufsbilder entstanden. Als Beispiel mag hier der Fall des Friedrich Ahlenbeck stehen, der – so der Wortlaut – zuletzt „hier in Wetter als Messerfabrikant" gearbeitet hatte, bevor er am 10. 2. 1829 seinen „Dienst" als Feiler in der Mechanischen Werkstätte antrat.[37]

Die Entwicklungsmöglichkeit zum vielseitig angelernten industriellen Facharbeiter war damit in Grundzügen bereits im frühindustriellen Maschinenbau angelegt. Selbst die handwerklichen Modellschreiner kamen ohne den gelegentlichen Gebrauch der Zuschneidemaschine nicht mehr aus;[38] als Maschinenwärter lernte man bei Harkort, wie ein regelmäßiger Dampfmaschinengang kontrolliert wurde, ohne daß der Wasserverlust zu Überhitzung und Stillstand führte. Brachte er sog. „Jedermannsqualifikationen" wie Pünktlichkeit, Fleiß und Aufmerksamkeit mit, konnte sogar ein Tagelöhner für diese Tätigkeit angelernt werden.[39] Die Fabrik vermittelte neue produktive Qualifikationen, die vielfach erst zu Wanderungs- und späterer Aufstiegsmobilität befähigten, wie sich exemplarisch am Beispiel von fünf Formerlehrlingen („Formerjungen") aus Wetter beobachten ließ, die 1832 die Mechanische Werkstätte verließen. Alle hatten zuvor im Durchschnitt über sieben Jahre in der Gießerei gearbeitet, Hilfstätigkeiten verrichtet, aber auch im Verfahren des „learning by doing" wertvolle Arbeitserfahrungen als Sandformer sammeln können.[40] Am deutlichsten trat die Bedeutung des Qualifikationserwerbs bei Kesselschmieden wie Ludwig Stuckenholz oder Caspar Berninghaus hervor, die sich 1830/31 mit Unterstützung Harkorts selbst „etablirten" und als Zwischenmeister für die Mechanische Werkstätte fertigten, bevor sie sich selbständig machten.[41]

Anders hingegen sah die Arbeitssituation der hochbezahlten Arbeiter an den Puddel- und Schweißöfen, im Walzwerk und an der „Hammermaschiene" aus, die sozusagen als Vorarbeiter einen gefügeartig organisierten Arbeitsablauf lenkten und diese Stellung erst einem außerordentlich hoch bewerteten Qualifikationsbesitz verdankten.[42] In langen Zeiträumen erworbenes, kaum objektivierbares Produktionswissen verschaffte ihnen, aber z. B. auch den Hochofenarbeitern, ein hohes Maß an Arbeitsautonomie und meist überdurchschnittliche Löhne. Selbst die deutschen Puddler und Walzer waren Anfang der 1830er Jahre noch in der betrieblichen Lohnspitze positioniert, wenngleich auf niedrigerem Niveau als zuvor ihre britischen Lehrmeister. Die „innere Gliederung" (Max Weber) der Arbeiterschaft war enorm und wurde durch die ständige Erweiterung des Unternehmens um neue Betriebsabteilungen mit hochbezahlten Facharbeitern weiter verstärkt.

3. Dennoch war allen Arbeitern der Mechanischen Werkstätte bereits das Kriterium kollektiver Lohn- und Herrschaftsabhängigkeit im Fabrikbetrieb gemeinsam. Mochte die Wahrnehmung gemeinsamer Lagemerkmale noch sehr vage und fragil gewesen sein, so entstand doch der neue Sozialtypus des „Fabrikarbeiters", dessen Formierung maßgeblich durch die Basiserfahrung innerbetrieblicher Herrschaft vorangetrieben wurde. Als Indikator dieser neuen Kollektividentität sollte die Selbstbezeichnung „Fabrikarbeiter" beachtet werden, die innerhalb eines Zeitraums von nur 20 Jahren an

die Stelle handwerklicher Berufszugehörigkeiten trat.[43] Harkorts Einfluß auf diesen Entwicklungsprozeß muß hoch bewertet werden, da seine Unternehmertätigkeit in besonderem Maße von dem Bemühen um die Heranbildung einer qualifizierten und in die Betriebsdisziplin eingeübten Stammbelegschaft getragen war. Er versuchte offenbar, wirtschaftlichen Mißerfolg verstärkt durch eine Erhöhung des Disziplinierungsdrucks auf die Arbeiterschaft zu bekämpfen. Diese Strategie wurde z. B. aus der Einführung von leistungsbezogenen Löhnen parallel zum weiterbestehenden Zeitlohnsystem ersichtlich. Von dieser Maßnahme erhoffte man sich sowohl eine Erhöhung der Arbeitsproduktivität als auch gleichzeitig eine effizientere Selektion leistungsfähiger Arbeitskräfte, wie aus einer Anordnung Harkorts hervorgeht:

„1 Feuer, 2 Feiler und (Meister) Dreyer nebst Gehülfen sind von heute an außer Lohn und nur im Akkord; wer nicht zugreift, geht ab. Die alte Ordnung ist aus."[44]

Die Vereinbarung sog. „Accorde" führte zu einer weiteren Differenzierung der Arbeiterschaft. Dabei handelte es sich um Stücklohnarbeiten, die vornehmlich mit fertigungstechnisch versierten Facharbeitern und Meistern wie dem Feinpolierermeister Prinz aus Aachen oder dem belgischen Schmied Jason abgesprochen wurden.[45] Die Privilegierung von Spezial- und Stammarbeitern in der Akkordvergabe bewirkte nicht nur ein Auseinanderdriften von Arbeitereinkommen, sondern auch eine Lohndiskriminierung von Fabrikneulingen und gering qualifizierten Arbeitskräften. Häufig als Herrschaftsinstrument benutzt, weil es äußeren Zwang durch eine „innere" Arbeitskontrolle ersetzte, erwies sich die Zahlung von Akkordlöhnen in der Mechanischen Werkstätte anscheinend aber als kontraproduktiv. Die Befürchtung, Arbeiter seien bei leistungsbezogener Entlohnung eher „dem Pfuschen zugeneigt", fand wiederholt Erwähnung in den sog. „Dispositionsbüchern", die alle betrieblichen Anweisungen Harkorts an Firmenangestellte und Werkmeister enthalten.[46] Zahlreiche Lohnabzüge für Fehlarbeit lassen darauf schließen, daß der Versuch, das Akkordsystem möglichst auf alle Produktionsbereiche auszudehnen, wenig glücklich verlief. Wahrscheinlich waren die negativen Erfahrungen des Unternehmers mit dem Stücklohnprinzip – nach Marx die entscheidende Nische für eine „Unterverpachtung der Arbeit" –[47] dafür verantwortlich, daß sich ein sog. „Zwischenmeistersystem" im Produktionsprozeß der Mechanischen Werkstätte nur unvollständig ausbildete. Die Zeitlohnregelung und eine zentralisierte, von den Kontorbeamten geführte Lohnabrechnung blieben weiterhin dominierend im Arbeitsverhältnis.

Unter Harkorts Leitung fand sehr früh eine Verteilung und Ausgliederung von Management- und Aufsichtsfunktionen auf eine Gruppe von Meistern, technischen und kaufmännischen Angestellten statt, die als konstitutives Merkmal für die Entwicklung der Fabrik gilt. Die idealtypische Trennung von Kopf- und Handarbeit war in der Mechanischen Werkstätte ansatzweise früher entwickelt als z. B. bei Siemens & Halske, wo die Produktion bis 1867 Manufakturcharakter behielt.[48] So traten seit Mitte der 1820er Jahre mit dem Chemiker Goldammer, dem Techniker Sudhaus, dem Zeichner Tangermann und den Kontorangestellten, allen voran die Buchhalter Johann Rethel und Friedrich Trappen, durchaus frühe Exponenten der „Kopfarbeit" in Erscheinung. In diesem Zusammenhang dürfte der Erlaß einer gesonderten „Kontorordnung" im Jahre 1830 als Resultat eines fortgeschrittenen Bürokratisierungsprozesses und eines hohen Verwaltungsaufwandes gelten, wie er in frühindustriellen Fabrikbetrieben nicht oft anzutreffen war. Die maschinenbautypische „Departementalisierung" verschiedenartigster Fertigungsvorgänge,[49] die in Wetter gewissermaßen auf die Spitze getrieben war, machte es erforderlich, eine größere Zahl von Aufsichtspersonen und Betriebsbeamten einzustellen, die Materialverbrauch, Arbeitsleistung und Verhaltensdisziplin der Beschäftigten kontrollierten. Der Größenanteil dieser Gruppe von Gehaltsempfängern lag durchschnittlich bei fast 12% der Gesamtbelegschaft und bewegte sich damit im Vergleich zu anderen Maschinenbaubetrieben auf einem relativ hohen Niveau.[50]

Tab. 4: Relation Angestellte-Arbeiter 1819–1832[51]

1819: 1 : 6,6	1824: 1 : 8,75	1829: 1 : 8,42
1820: 1 : 6,6	1825: 1 : 9,25	1830: 1 : 9
1821: 1 : 7,5	1826: 1 : 8,6	1831: 1 : 8,53
1822: 1 : 9,16	1827: 1 : 8,72	1832: 1 : 9,35
1823: 1 : 9,28	1828: 1 : 9	

Mit Ausnahme des „Werkführers" Houben, eines Spezialisten in der Schermaschinenfertigung, waren die Meister der Mechanischen Werkstätte aber Lohnempfänger und wurden nicht zu den Betriebsbeamten gezählt. Ungeachtet ihrer minderprivilegierten Stellung erfüllten gerade sie eine Scharnierfunktion in der Betriebshierarchie, indem sie für die Umsetzung von Herrschafts- und Leistungsansprüchen des Unternehmers sorgten; darum hieß es z. B. in einer Weisung Harkorts an die Meister: „Die schlechten Arbeiter mengen Sie aus und behalten die vorzüglichen."[52]

Solange die Maschinisierung unvollkommen blieb und besonders handwerklich qualifizierten Arbeitern noch ein größerer Dispositionsspielraum am Arbeitsplatz verblieb, nahmen die Angestellten in den personalisierten Herrschaftsbeziehungen die entscheidende Position gegenüber den Arbeitern ein. Einer verschärften Überwachung der Arbeitsdisziplin Ende der 1820er Jahre hatten vor allem die Meister als „Männer in der Mitte" (R. Dahrendorf) Rechnung zu tragen, da nun höhere Anforderungen an ihre Arbeits- und Kontrolleistungen gestellt wurden, denen auch sie sich nicht immer gewachsen zeigten. In diesem Kontext war z. B. die Entlassung zweier Werkmeister zu sehen, die ihre „Mitarbeiter nicht gehörig beaufsichtigt" hatten, wie man in der Begründung schrieb.[53]

Obwohl bereits eine klare innerbetriebliche Trennlinie zwischen Arbeitern und Angestellten existierte, die durch verschiedene Privilegierungsformen von der Anrede bis zur Gehaltshöhe unterstrichen wurde,[54] pflegte Harkort auch gegenüber den Angestellten durchaus einen scharfen Umgangston. Aus dem Jahre 1832 stammt der folgende Satz, dessen Bildhaftigkeit er später in seinem bekannten „Bienenkorbbrief" wiederaufnahm:

„Unser Comptoir gleicht einem Bienenstocke mit Drohnen, keiner steht hier aus. Euch werde ich alle ausräuchern müssen!"[55]

Wie ein Besucher des Werks 1828 schon berichtete, habe in der Mechanischen Werkstätte ein wirres Kompetenzgerangel geherrscht.[56] Aus einer Vielzahl von Einzelbelegstellen in den Firmenakten gewinnt man den Eindruck, daß vor allem im Produktionsbereich, bei der Befolgung von Arbeitsanweisungen in den Werkstätten oder auf

Montagereisen der betriebliche Instanzenzug oft übersprungen wurde. Die Befehlsmechanismen scheinen in einigen Fällen regelrecht blockiert gewesen zu sein, wenn z. B. mehrfach angefragt werden mußte, ob ein bestimmter Arbeiter ordnungsgemäß entlassen oder die vorgeschriebenen Materialmengen auch endlich eingegangen waren. Wenn man nach Ursachen für den unternehmerischen Mißerfolg Harkorts sucht, sollten diese Risse in der betrieblichen Autoritätsstruktur ebenso als schwerwiegend betrachtet werden wie die hohen Ausgaben für einen aufwendigen Verwaltungsapparat.[57]

Für die Gestaltung der „labour relations" hatte dies zur Folge, daß trotz der Anwendung bürokratischer und über finanziellen Anreiz gesteuerter Leitungsmethoden patriarchalische Züge in der Personalführung erhalten blieben. Dabei zeigte sich, daß ein „sekundärer Patriarchalismus", der vom Gedanken materieller und organisatorischer Hilfe zur Selbsthilfe der Arbeiterschaft getragen war,[58] durchaus mit Formen einer Verhaltenskontrolle zu vereinbaren war, die sich auch auf den außerbetrieblichen Lebenskreis von Arbeitern erstreckte. Diese Herrschaftspraxis trat z. B. in der Entlassung des Modellschreiners Rademacher hervor, dem Harkort 1827 vorwarf, „in eine Hamsterfamilie geheirathet und davon üble Gewohnheit" angenommen zu haben.[59]

4. Nivellierende Tendenzen konnten von der vielgestaltigen Arbeitssituation in der Mechanischen Werkstätte kaum ausgehen, so daß die Frage nach dem Einfluß alltäglicher Herrschaftserfahrungen, Konfliktlagen und Formen des Arbeiterprotestes auf die Ausformung einer gemeinsamen Sozialidentität als „Fabrikarbeiter" in den Vordergrund rückt. Schaut man auf die Durchsetzung der ungewohnten Fabrikdisziplin, so wird schnell deutlich, daß sie für den Unternehmer Harkort, vor allem unter wirtschaftlichen Krisenbedingungen, eine Schlüsselrolle für die Realisierung seines Geschäftserfolgs spielte.

Kollektive Aktionsformen konnten in diesem frühen Zeitraum nur auf dem Fundament einer gemeinsamen traditionalen „Protestkultur" organisiert werden, die zwar einzelnen Berufsgruppen von Handwerker-Arbeitern zur Verfügung stand, den stark fraktionierten Fabrikarbeitern jedoch meist als Unterbau fehlte.[60] Der hochdifferenzierten Produktions- und Beschäftigtenstruktur der Mechanischen Werkstätte entsprachen deshalb zunächst ausschließlich individuelle Konfliktformen und Einzelproteste von Arbeitern.

Die Zahl der seit 1828 dokumentierten Arbeitskonflikte in der Mechanischen Werkstätte war relativ gering, so daß sich auf den ersten Blick die gängige Einschätzung des Maschinenbaus als einer Musterbranche friedlich-kooperativer Arbeitsbeziehungen zu bestätigen scheint. Die Konflikthäufigkeit allein läßt aber keine gesicherten Aussagen zu über das tatsächlich vorhandene Spannungspotential zwischen Arbeiterschaft und Unternehmer. Wenn man den Betriebswechsel als Protesthandlung von Arbeitern gegen Arbeitsverhältnisse wertet, die als unzumutbar empfunden wurden, dann lassen die hohen Fluktuationsraten bis 1832 im Gegenteil den Schluß zu, daß es unter Harkorts Leitung zu einer Verdichtung innerbetrieblicher Konfliktfelder kam.[61] In die gleiche Richtung weist die Feststellung, daß sich die meisten Entlassungen, denen gravierende Verstöße gegen die Fabrikordnung vorausgegangen waren, in diesem Zeitraum ereigneten. Da auch ein straffes Arbeitsreglement letztlich dem Betriebszweck einer kostengünstigen und termingerechten Produktion dienen sollte, wurde ein Widerspruch des Arbeiters gegen die angeordnete Befehlsgewalt gleichzeitig als Produktionsstörung betrachtet und als solche schwer geahndet:

„Je strenger die Controlle, je zweckmäßiger die Verantwortung und je größer die Ersparnisse. Ein Emsiger muß unerbittlich sein."[62]

Unter diesen Voraussetzungen reagierte ein Unternehmer, dessen Credo „Zeit verloren! Alles verloren!" lautete, sehr empfindlich auf eine Verletzung der betrieblichen Zeitdisziplin. Trotz seines leistungsethischen Rigorismus wußte Harkort sehr wohl zwischen Arbeitsleistung und Verhaltensdisziplin in der Fabrik zu unterscheiden, wie der Fall eines böhmischen Schlossers verdeutlicht. Dieser wurde entlassen, weil er „Schnapps in die Werkstätte holen ließ und bei dieser Gelegenheit anmaßend gegen s(eine)n Vorgesetzten" auftrat, obschon ihm attestiert wurde, „ein guter Arbeiter" zu sein.[63] Die Annahme, daß die Beschäftigten der Mechanischen Werkstätte etwa den „Schock" der Fabrikarbeit durch die Erprobung „eigensinniger" Verhaltensweisen zu bewältigen versuchten,[64] läßt sich durch Hinweis auf die teilweise langen „Dienstzeiten" entlassener Arbeiter widerlegen. Vielmehr ergab sich, daß die Anpassungsleistung des Arbeiters an fabrikindustrielle Arbeitsbedingungen nicht als linear fortschreitender Entwicklungsprozeß ohne Brüche verlief, sondern einen beständig erneuerten Disziplinierungsvorgang darstellte, der laufend neue Konfliktlagen schuf.[65]

Insofern ergab sich auch eine Gleichheit der Arbeiterschaft vor der Fabrikordnung, die eine bevorzugte Behandlung hochqualifizierter Arbeitskräfte nicht zuließ. Aus diesem Grunde war die eindeutige Zuordnung von Berufsgruppen und Arbeitertypen zu spezifischen Protestformen nicht möglich. Nur der oft beschriebene „Traditionalismus" von Fabrikschmieden äußerte sich auch in Wetter z. B. in ihrer deutlich höheren Gewaltbereitschaft gegenüber „Vorgesetzten". Ihre Anpassungsschwierigkeiten konnten bis hin zur raschen Abkehr von der Fabrikarbeit und zu einer Wiederaufnahme des ländlichen Schmiedehandwerks führen.[66]

Obwohl sich besonders Handwerker-Arbeiter ihre gewohnte Arbeitsplatzautonomie vielfach auch in der Fabrik zu erhalten wußten, wird am Beispiel der Mechanischen Werkstätte deutlich, daß ihre handwerklichen Verhaltenstraditionen und individuelle Arbeitsweise häufiger in einen offenen Gegensatz zur oktroyierten Fabrikdisziplin gerieten. Im Grunde fand hier ein zähes Ringen um Dispositionschancen am Arbeitsplatz statt, das nur ein kleiner Teil der Arbeiterschaft mit offener Konfliktbereitschaft, ein größerer mit Fluktuation und eine wachsende Mehrheit einheimischer Stammarbeiter mit Anpassung an den Fabrikbetrieb beantwortete, der dafür eine größere Arbeitsplatzsicherheit und relativ gute Verdienstchancen bot. Über alle Berufsunterschiede hinweg war das Wechselspiel von Konflikt und Kooperation im Industriebetrieb gleichermaßen wichtig für die soziale Positionsbestimmung und das Selbstverständnis als „Fabrikarbeiter".

Die Genese eines Arbeitertypus mit außergewöhnlich starker Betriebsbindung, der etwa mit dem späteren „Kruppianer" vergleichbar wäre, ließe sich nur über eine Zeitspanne von mehreren Generationen untersuchen.[67] Ungeachtet seiner relativ kurz bemessenen Unternehmertätigkeit scheint Harkort mit der Mechanischen Werkstätte dennoch eine Betriebs- und Namenstradition begründet zu haben, der z. B. heute noch Außenpräsentation und Imagepflege der Stadt Wetter in hohem Maße verpflichtet sind.

Anmerkungen

1 Friedrich Harkort, Arbeiter-Spiegel, Hagen [4]1875, S. 5.

2 Treue nennt sie als „erste Maschinenfabrik" Deutschlands; etwas bescheidener spricht Matschoß von der „ersten westdeutschen Maschinenfabrik". Vgl. Wilhelm Treue, Die Technik in Wirtschaft und Gesellschaft 1800–1970, in: Handbuch der deutschen Wirtschafts- und Sozialgeschichte, Stuttgart 1976, Bd. 2, S. 57; Conrad Matschoß, Aus der Geschichte des Rheinisch-Westfälischen Industriegebietes, Berlin 1922, S. 14.

3 Vgl. Jürgen Kocka, Unternehmer in der deutschen Industrialisierung, Göttingen 1975, S. 5; Hartmut Zwahr, Zum Gestaltwandel vom gewerblichen Unternehmen zum kapitalabhängigen Produzenten. Entwicklungstypen gewerblicher Warenproduktion in Deutschland, in: Jahrbuch für Geschichte 32 (1985), S. 64. – Zum Begriff vgl. die sog. „Labour Process-Debatte", die zeigte, daß Konflikt und Konsens auch historisch aus demselben (Produktions-) Prozeß hervorgingen. In der „Arena" des Betriebes nahmen Arbeiter am kapitalistischen Arbeitsprozeß und der Ausgestaltung industrieller Beziehungen aktiv teil. Vgl. Walter Müller-Jentsch, Soziologie der industriellen Beziehungen. Eine Einführung, Frankfurt am Main/New York 1989, S. 18; allgemein zur Neukonzeptionierung der Arbeitergeschichte als Geschichte der sozialen Beziehungen, vgl. Thomas Welskopp, Ende der Arbeiterbewegung – Neuorientierung der Arbeitergeschichte? Zu neueren Veröffentlichungen in der Arbeiter- und Arbeiterbewegungsgeschichte, in: Archiv für Sozialgeschichte 30 (1990), S. 580f.

4 Vgl. Louis Berger, Der alte Harkort. Ein westfälisches Lebens- und Zeitbild, Leipzig 1898, S. 158. – Harkort selbst notierte 1826: „Um in so vielfältigen Fächern arbeiten zu können, war eine ausgesprochene Ausdehnung nöthig..." (WWA F 1 Nr. 693).

5 Allgemein zum Wert von Mikrostudien für die Arbeitergeschichtsschreibung und die Erschließung neuen aufschlußreichen Quellenmaterials: vgl. Klaus Tenfelde, Sozialgeschichte und vergleichende Geschichte der Arbeiter, in: ders. (Hrsg.), Arbeiter und Arbeiterbewegung im Vergleich. Berichte zur internationalen historischen Forschung, München 1986, S. 55.

6 Jürgen Kocka, Bürgertum und Bürgerlichkeit als Probleme der deutschen Geschichte vom späten 18. bis zum frühen 20. Jahrhundert, in: ders. (Hrsg.), Bürger und Bürgerlichkeit im 19. Jahrhundert, Göttingen 1987, S. 45f.; die wichtige Untersuchung der Kontaktfelder und Berührungsebenen zwischen Bürgern und Arbeitern scheint in der sozialgeschichtlichen Klassenforschung der letzten Jahre vernachlässigt worden zu sein, vgl. dazu insbesondere die Beiträge von Wehler, Lidtke und Kocka in: Jürgen Kocka (Hrsg.), Arbeiter und Bürger im 19. Jahrhundert. Varianten ihres Verhältnisses im europäischen Vergleich, München 1986.

7 Der illegale Import zweier Dampfmaschinen, diverser Drehbänke und Zuschneidemaschinen aus England beanspruchte bereits 86,6% des von Kamp eingebrachten Kapitals. Vgl. WWA F 1 Nr. 1.

8 Im Juni 1819 wurden 30 Bierkrüge für die Mechanische Werkstätte geliefert, deren Zahl man als Richtwert für die ungefähre Belegschaftszahl bei Produktionsbeginn setzen könnte. Zum Vergleich: 1827 waren erst sechs Arbeiter in der Gußstahlfabrik von Alfred Krupp beschäftigt. Vgl. WWA F 1 Nr. 103, 16. 6. 1819; Richard Ehrenberg, Die Frühzeit der Krupp'schen Arbeiterschaft, in: Archiv für exakte Wirtschaftsforschung (Thünen-Archiv), Bd. 3, Jena 1911, S. 36.

9 Vgl. Ernst Denzel, Wirtschafts- und Sozialgeschichte der Stadt Wetter, Wetter 1952, S. 88, 224–227; Conrad Matschoß, Friedrich Harkort. Der große deutsche Industriebegründer und Volkserzieher, in: Beiträge zur Geschichte der Technik und Industrie 10 (1920), S. 16; WWA F 1 Nr. 55, 57.

10 Vgl. Karl Marx, Das Kapital. Kritik der politischen Ökonomie, Bd.1, Berlin [29]1985, S. 405. – Eine moderne industrielle Fertigung auf dieser materiellen Grundlage konnte zu Anfang des 19. Jahrhunderts noch gar nicht wirksam werden, so daß eine Schematisierung, die auf der grobmaschigen Relation Fabrik/Maschine – Manufaktur/Werkzeug basierte, noch nicht greifen konnte. Wahrscheinlich würde die Beschreibung einer Mischstruktur von „beruflichem und technischem Arbeitssystem" Betriebsform und Arbeitsverhältnissen der Mechanischen Werkstätte am ehesten gerecht, da sowohl handwerkliche Berufsqualifikationen als auch bereits maschinenbauspezifische Wissenspotentiale und maschinengebundene Arbeitsleistungen gefordert waren. Vgl. Alain Touraine, Industriearbeit und Industrieunternehmen. Vom beruflichen zum technischen System der Arbeit, in: Karin Hausen / Reinhard Rürup (Hrsg.), Moderne Technikgeschichte, Köln 1975, S. 304; Siegfried Braun / Wilhelm Eberwein / Jochen Tholen, Belegschaften und Unternehmer. Zur Geschichte und Soziologie der deutschen Betriebsverfassung und Belegschaftsmitbestimmung, Frankfurt a.M./ New York 1992, S. 79.

11 Vgl. Akos Paulinyi, Der Technologietransfer für die Metallbearbeitung und die preußische Gewerbeförderung (1820–1850), in: Fritz Blaich (Hrsg.), Die Rolle des Staates für die wirtschaftliche Entwicklung, Berlin 1982, S. 106f.

12 Vgl. Alfred Schröter, Die Entstehung der deutschen Maschinenbauindustrie in der ersten Hälfte des 19. Jahrhunderts, in: ders./Walter Becker, Die deutsche Maschinenbauindustrie in der industriellen Revolution, Berlin 1962, S. 76.

13 Nach mißlungenen Versuchen der Koksbefeuerung arbeitete der Hochofen in herkömmlicher Weise auf Holzkohlenbasis. Vgl. Fritz Toussaint, Gedanken eines Ingenieurs zu einem alten Industriebild, in: Tradition 4 (1959), S. 221f.

14 Vgl. Akos Paulinyi, Das Puddeln. Ein Kapitel aus der Geschichte des Eisens in der Industriellen Revolution, München 1987, S. 16, 115.

15 Dabei war das Unternehmen auf eine permanente Kapitalversorgung lebensnotwendig angewiesen – gesichert durch den Elberfelder Bankier Johann Heinrich Kamp –, denn besonders im Dampfmaschinenbau waren lange Umschlagszeiten eingesetzter Kapitalsummen und lange Zahlungsintervalle üblich. So erhielt man den vollen Betrag der Verkaufssumme einer Dampfmaschine i. d. R. erst ein bis zwei Jahre später, da lange Lieferfristen und eine Probelaufphase der Maschine (beispielsweise auf Zeche Schelle und Haberbank) einkalkuliert waren. Vgl. WWA F 1 Nr. 676, 4. 2. 1830.

16 Bis 1825 waren insgesamt etwa nur 100 in Deutschland produzierte Dampfmaschinen im Einsatz. Vgl. Jennifer Tann / M. J. Breckin, The International Diffusion of the Watt Engine, 1775–1825, in: Economic History Review 31 (1978), S. 558. – Reklamationen traten bis 1826 kaum auf und die Verlustsumme „retournirter" Maschinen belief sich auf lediglich 7% (= 8.087 Tlr.) des Gesamtwertes aller Maschinenverkäufe, vgl. WWA F 1 Nr. 1 und 323.

17 Symptomatisch für diese Entwicklung ist folgende Bemerkung des Unternehmers über die Arbeit in der Werkstatt von Friedrich Trappen: „Die Reparatur uns. eigenen Maschine gereicht Ihnen nicht zur Ehre, da sie jeden Augenblick steht und mehr Kohlen verbrennt wie früher. Wenn so Etwas hier geschieht, was soll da draußen werden??" WWA F 1 Nr. 435, 3. 2. 1829.

18 Vgl. Ehrenberg, S. 46.

19 Vgl. Wolfgang Köllmann, Friedrich Harkort, Bd. 1: 1793–1838, Düsseldorf 1964, S. 81–85. – Der Gesamtwert der Maschinenproduktion stagnierte von 1825 bis 1830 (1825 = 41.000 Tlr., 1830 = 41.300 Tlr.), während das Hammerwerk 1830 für einen Wert von 70000 Tlr. produzierte. Vgl. Denzel, S. 224f.

20 Vgl. WWA F 1 Nr. 477 [„Verzeichnis der abgehenden Arbeiter und deren Zeugnisse angef(angen) p(er) Nov(ember) 1828"].

21 So wird berichtet, daß Harkort sich einmal sehr über den Ausfall der Lohnzahlungen am Karfreitag gefreut habe und oftmals um kleinere Lohnbeträge verlegen war. Vgl. Conrad Matschoß, Ein Jahrhundert deutscher Maschinenbau. Von der Mechanischen Werkstätte bis zur Deutschen Maschinenfabrik 1819–1919, Berlin ²1922, S. 29. – Trotz einer bis dahin steigenden Arbeiterzahl war das betriebliche Durchschnittslohnniveau 1830 schon leicht abgesunken. Vgl. WWA F 1 Nr. 364 und 365.

22 Vgl. Ludwig Hermann Wilhelm Jacobi, Das Berg-, Hütten- und Gewerbewesen des Regierungs-Bezirks Arnsberg in statistischer Darstellung, Iserlohn 1856. – Harkort schrieb 1826: „Der Arbeitslohn ist nicht hoch, indem die Einwohner des Ortes erst durch das neue Gewerbe (= Maschinenbau, S.E.) Beschäftigung finden", WWA F 1 Nr. 693.

23 Unmittelbar bot die Mechanische Werkstätte über einem Viertel der Einwohner Wetters 1832 eine Existenzgrundlage. Vgl. Matschoß, Friedrich Harkort, S. 16. – Rechnet man die Ortshandwerker und Fuhrleute hinzu, die von zahlreichen Kleinaufträgen und Zulieferarbeiten für die Maschinenfabrik profitierten, so dürfte die lokalwirtschaftliche Bedeutung der Mechanischen Werkstätte weit höher zu veranschlagen sein. Nagelschmiede, Böttcher, Glaser, Balg- und Karrenmacher z. B. versorgten den Betrieb mit Materialien. Vgl. WWA F 1 Nr. 350, 15. 2. 1833: „An Nagelschmidt Eckhardt für gelieferte diverse Nägel, Dec. und Jan. = 19/25/1 Tlr."; F 1 Nr. 328, 14. 2. 1824: „Conrad Schellberg für 1709 lb. Maschinentheile nach Essen à 20 St(über) = 5.42 Tlr."; zur Rechnungsweise der Währungseinheiten von Taler/Silbergroschen bzw. Stüber/Pfennige vgl. Willy Timm, Maße, Münzen und Gewichte in der Grafschaft Mark, Unna 1981, S. 15.

24 Vgl. WWA F 1 Nr. 437, 15. 3. 1831: „Die Meister sind verantwortlich, daß in jeder Stube die Hülfs-Maschinen blank und ohne Schmier erhalten werden."

25 Im 10 km nahen Ennepetal z. B. wurde bis in die 1840er Jahre noch kaum mit Drehbänken, Lochmaschinen oder Rundsägen gearbeitet. Vgl. Ludolf Eifler, Die Entwicklung der Industrie im Tale der Ennepe, Leipzig 1922, S. 67f.

26 Friedrich Harkort, Geschichte des Dorfs, der Burg und der Freiheit Wetter als Beitrag zur Geschichte der Grafschaft Mark, Hagen 1856, S. 39.

27 Vgl. WWA F1 Nr. 363, 364, 365, 367, 477.

28 Vgl. Stadtarchiv Wetter A-IV-367; NA, Nr. 114; WWA F 1 Nr. 363–373.

29 Vgl. Köllmann, Friedrich Harkort, S. 86. – Eine fabrikinterne Qualifizierung von Nachwuchskräften war z. B. nur bei den Formern erforderlich. Die Klagen über unzureichende Arbeiterqualifikationen führten erst Anfang des 20. Jahrhunderts zur Diskussion über das Ausbildungswesen im Maschinenbau. Vgl. Hermann-Josef Rupieper, Die Herausbildung der Industriearbeiterschaft im 19. Jahrhundert. Das Beispiel M.A.N. 1837–1914, in: Jürgen Bergmann u. a. (Hrsg.), Arbeit, Mobilität, Partizipation, Protest. Gesellschaftlicher Wandel in Deutschland im 19. und 20. Jahrhundert, Opladen 1986, S. 204.

30 Bis 1850 wurden nur in 15,23% (bis 1832: 12,76%) aller Fälle Arbeiter entlassen, die sich für die Fabrikarbeit als nicht hinreichend geeignet erwiesen hatten („Unerfahrenheit in unseren Arbeiten"). Folglich wurde der Anteil an hochqualifizierten Facharbeitern auch in den 1830er und 1840er Jahren nicht erhöht. Vgl. WWA F 1 Nr. 477. – Ebenso dürfen die zahlreichen Beschwerden, die Unternehmer gegen Arbeitseinstellung und -verhalten von Arbeitern vorbrachten, nicht kritiklos als authentische Ereignisprotokolle gewürdigt werden. Vielmehr sind diese Aussagen oftmals als Versatzstücke einer Ideologie zu verstehen, die der Legitimation betrieblicher Herrschaft dienten. Vgl. Gerd Hardach, Der soziale Status des Arbeiters in der Frühindustrialisierung. Eine Untersuchung über die Arbeitnehmer in der französischen eisenschaffenden Industrie zwischen 1800 und 1870, Berlin 1969, S. 163.

31 Zur Berechnungsweise der Arbeiterfluktuation, vgl. Ulrich Zumdick, Hüttenarbeiter im Ruhrgebiet. Die Belegschaft der Phoenix-Hütte in Duisburg-Laar 1853–1914, Stuttgart 1990, S. 303.

32 Vgl. Harkort, Arbeiter-Spiegel, S. 11. – Die These, daß die geologische Verengung des Ruhrtals in Wetter einen Wohnungsbau nicht zuließ und Harkort dringend auf die Rekrutierung ansässiger Arbeiter angewiesen war, findet sich bereits in einer Arbeit von Lautz. Bezogen auf die Dichte des untervermieteten Wohnraums soll Wetter noch 1905 an der Spitze westfälischer Städte gelegen haben. Vgl. Hermann Peter Lautz, Die Entwicklung der Eisenindustrie in Wetter a. d. Ruhr unter besonderer Berücksichtigung der „Schönthaler Stahl- und Eisenwerke Peter Harkort & Sohn", Diss. Würzburg 1922, S. 24f.; Denzel, S. 161f.

33 Zur Ökologie kleinräumiger Fabrikgemeinden, in denen sich Formen paternalistischer Kontrolle besonders leicht entfalten konnten, vgl. Patrick Joyce, Work, Society and Politics. The culture of the factory in later Victorian England, Brighton 1980, S. 94.

34 Vgl. Wolfram Fischer, Innerbetrieblicher und sozialer Status der frühen Fabrikarbeiterschaft, in: ders./Georg Bajor (Hrsg.), Die Soziale Frage. Neuere Studien zur Lage der Fabrikarbeiter in den Frühphasen der Industrialisierung, Stuttgart 1967, S. 215–252.

35 Vgl. Sidney Pollard, Einleitung, in: ders. (Hrsg.), Region und Industrialisierung. Studien zur Rolle der Region in der Wirtschaftsgeschichte der letzten zwei Jahrhunderte, Göttingen 1980, S. 12f.

36 Eine Arbeitsmigration sächsischer Gesellen und Arbeiter nach Westfalen setzte erst im Verlauf der Industrialisierung in bemerkenswertem Umfange ein. Vgl. Wilfried Reininghaus, Westfalen – Sachsen und zurück. Wirtschaftliche Beziehungen zwischen zwei deutschen Gewerbe- und Industrieregionen seit Beginn der Neuzeit, in: Der Märker 42 (1993), S. 199–208, 206.

37 Vgl. WWA F 1 Nr. 477, 10. 2. 1829.

38 Vgl. WWA F 1 Nr. 363, 14./22.1.1825; Nr. 324, 25. 12. 1819.

39 Vgl. WWA F 1 Nr. 422, 18. 2. 1833 – zum Begriff der „Intensitäts- o. Jedermannsqualifikation" vgl. Hermann von Laer, Industrialisierung und Qualität der Arbeit. Eine bildungsökonomische Untersuchung für das 19. Jahrhundert, Frankfurt a.M./New York 1977, S. 223.

40 Die 1821 eingerichtete Fabrikschule, die ausschließlich Fabriklehrlingen technische Grundkenntnisse und Zeichenfertigkeiten vermittelte, arbeitete zielgerichtet auf die Bildung eines Stamms von Nachwuchskräften, was ihr aber – wie an diesem Beispiel zu sehen – nur unvollkommen gelang. Vgl. WWA F 1 Nr. 818; Nr. 114, 24. 3. 1838: „Handlungsunkosten – Schulunterricht von August bis Decemb(er) 1837 für die Knaben in der Gießerei an Frielinghaus, 2/6 Tlr."

41 Vgl. WWA F 1 Nr. 437, 22. 10./1. 11. 1830 (an Trappen) sowie 4. 4. 1831.

42 Zum handwerklich-industriellen „Übergangsberuf" des Puddlers vgl. ausführlich Rainer Fremdling, Der Puddler – Zur Sozialgeschichte eines Industriehandwerkers, in: Ulrich Engelhardt (Hrsg.), Handwerker in der Industrialisierung. Lage, Kultur und Politik vom späten 18. bis ins frühe 20. Jahrhundert, Stuttgart 1984, S. 637–665.

43 Erstmals in der „Urliste" von 1840, vgl. Stadtarchiv Wetter NA, Nr. 114.

44 WWA F 1 Nr. 435, 31. 3. 1828 (an Trappen).

45 Vgl. WWA F 1 Nr. 111, 17. 7. 1829: „Georg Printz in Aachen, auf Rechn(ung) der Accord(irten) Polirmaschine, 22/20 Tlr."; F 1 Nr. 112, 19. 9. 1829: „Scheermasch(ine) an Jason, Schmiede Accord auf 3 Scheermaschinen à 9 Rtlr. 27 Rtlr."

46 Aus einer Anweisung an den technischen Angestellten Tischbein, der die Arbeitsleitung übernehmen sollte: „.... Ihre Anwesenheit bei den Arbeiten ist Hauptsache, da die Arbeiter zugeneigt zum Pfuschen sind." WWA F1 Nr. 436, 5. 3. 1830. – Sehr wahrscheinlich handelte es sich um eine Zweckentfremdung der Arbeitszeit und -pausen im Eigeninteresse von Arbeitern, denn im damaligen Begriffsverständnis wurde die Benutzung von betriebs-

eigenen Arbeitsmitteln für den Selbstgebrauch als „Pfuschen" bezeichnet. Vgl. Lothar Machtan, Zum Innenleben deutscher Fabriken im 19. Jahrhundert. Die formelle und die informelle Verfassung von Industriebetrieben, anhand von Beispielen aus dem Bereich der Textil- und Maschinenbauproduktion (1869–1891), in: Archiv für Sozialgeschichte 21 (1981), S. 223f.

47 Vgl. Marx, Kapital, S. 577.

48 Vgl. Jürgen Kocka, Von der Manufaktur zur Fabrik. Technik und Werkstattverhältnisse bei Siemens 1847–1873, in: Rürup/Hausen (Hrsg.), Moderne Technikgeschichte, S. 277.

49 Vgl. Ders., Arbeitsverhältnisse und Arbeiterexistenzen. Grundlagen der Klassenbildung im 19. Jahrhundert, Berlin 1990, S. 518.

50 Vgl. Hermann-Josef Rupieper, Arbeiter und Angestellte im Zeitalter der Industrialisierung. Eine sozialgeschichtliche Studie am Beispiel der Maschinenfabriken Augsburg und Nürnberg (MAN) 1837–1914, Frankfurt a.M./New York 1982, S. 51, 262.

51 Zu den „Angestellten" werden hier sowohl die Betriebsbeamten als auch die Werkmeister gerechnet, deren Abgrenzung von den technischen Beamten nicht immer eindeutig war, so daß die Berechnung ihrer Gruppengröße in Relation zur Arbeiterschaft gegebenenfalls um 1–2 Personen nach oben korrigiert werden müßte.

52 WWA F1 Nr. 364, 13. 1. 1829.

53 Vgl. WWA F1 Nr. 477, 9. 2. 1831.

54 Auch außerhalb der Mechanischen Werkstätte setzte sich die Privilegierung von Angestellten fort, wie sich z. B. in der sozialen Zusammensetzung der „Gesellschaft Glückauf" zeigte, deren Gründung 1829 von Harkort initiiert wurde. Die Mitgliederliste dieses Zirkels, dem neben Harkort, dem Lehrer Frielinghaus und dem Leiter der Schöntaler Eisenwerke, Gravemann, ausschließlich Angestellte der Mechanischen Werkstätte angehörten, dokumentierte offenkundig, daß dort nicht die Integration, sondern die Exklusion von Arbeitern beabsichtigt war. Vgl. WWA F 1 Nr. 784. – Als außerbetriebliches Kontaktforum diente dieser Herrenclub der Ausbildung von sozialen Gruppenbeziehungen zwischen kaufmännischen und technischen Angestellten. Vgl. Hannes Siegrist, Vom Familienbetrieb zum Managerunternehmen. Angestellte und industrielle Organisation am Beispiel der Georg Fischer AG in Schaffhausen 1797–1930, Göttingen 1981, S. 118f.

55 WWA F1 Nr. 746, 17. 1. 1832 („Schloßfabrik").

56 Schon 1828 hatte der Baukondukteur Hoffmann nach seiner Firmenbesichtigung moniert, daß es „zu viele Befehlende" gebe. Vgl. Köllmann, Friedrich Harkort, S.65.

57 Der jüngst diskutierte Vorschlag, den Begriff der „Transaktionskosten" auch für die deutsche Unternehmensgeschichte zu operationalisieren, könnte die wirtschaftsgeschichtliche Forschung in diesem Punkt weiter voranbringen. Möglicherweise ließe sich mit Hilfe dieses Analysemodells die Kostenseite der hierarchischen Organisation von Arbeits- und Qualitätskontrolle im Einzelunternehmen angemessen darstellen. Unzureichende Kenntnisse in industriellem Management und Organisationsmängel waren Hauptursachen für den unternehmerischen Mißerfolg. Vgl. Clemens Wischermann, Frühindustrielle Unternehmensgeschichte in institutionalistischer Perspektive, in: Geschichte und Gesellschaft 19 (1993), S. 453–474.

58 Als Beispiel sei an dieser Stelle die 1820 von Harkort gegründete Betriebskrankenkasse genannt. Neben der Befähigung zur Selbsthilfe war die Stammbildungs- und Disziplinierungsfunktion der Krankenkasse sicher vorrangig. Insofern, als die Rechte des Arbeiters nicht an seine Person, sondern an das Beschäftigungsverhältnis gebunden waren, war die Kassengründung als fluktuationsdämmende Betriebsmaßnahme gedacht. Vgl. Ute Frevert, Arbeiterkrankheit und Arbeiterkrankenkassen im Industrialisierungsprozeß Preußens (1840–1870), in: Werner Conze/Ulrich Engelhardt (Hrsg.), Arbeiterexistenz im 19. Jahrhundert. Lebensstandard und Lebensgestaltung deutscher Arbeiter und Handwerker,

S. 293–319, 302; nähere Angaben zur Betriebskrankenkasse in Wetter bei Wilfried Reininghaus, Die Unterstützungskassen der Handwerksgesellen und Fabrikarbeiter in Westfalen und Lippe (1800–1850), in: Westfälische Forschungen 35 (1985), S. 131–163, 145, 148.

59 Vgl. WWA F 1 Nr. 435, 13. 12. 1827. – „Patriarchalische", auf persönlichem Kontakt zu Arbeitern basierende Umgangsformen – in der traditionellen Eisenindustrie weit verbreitet – hielten sich vor allem in Facharbeiterbetrieben länger, weil ein maschinengebundenes System der Arbeitsdisziplinierung dort erst spät zur Anwendung kam. Gleichwohl ist einzuwenden, daß Harkorts wiederholte Geschäfts- und Englandreisen, seine politischen Mandate (im Kreistag seit 1828, im Provinziallandtag seit 1830) und ein relativ hoher Differenzierungsgrad der Betriebshierarchie ‚face-to-face'-Kontakte zur Arbeiterschaft ohnehin reduzierten und nur bedingt Raum ließen für ein rein patriarchalisches Beziehungsnetz. Vgl. Kocka, Arbeitsverhältnisse, S. 498; Günther Schulz, Industrial Patriarchalism in Germany, in: Erik Aerts/Claude Beaud/Jean Stengers (Hrsg.), Liberalism and Paternalism in the 19th century, Leuven 1990, S. 63.

60 Vgl. Christiane Eisenberg, Handwerkstradition und Gewerkschaftsentwicklung im 18. und frühen 19. Jahrhundert. Deutschland und England im Vergleich, in: (Tel Aviver) Jahrbuch für deutsche Geschichte 16 (1987), S. 178. – Neufeld zufolge liefert der Maschinenbau das Paradebeispiel für eine Industriebranche, in der eine von Zunfttraditionen getragene Gruppensegregation unter den Metallhandwerkern im wesentlichen als Ergebnis einer differenzierten Arbeitsorganisation eintrat, der die effektiven Kontrollmethoden „starker Unternehmer" allenfalls komplementär waren. Da die Zunftlinie in Wetter fehlte, dürften Herrschaftserfahrungen dort ungleich stärker von unternehmerischem Handeln und der gewerblichen Tradition der Familie Harkort im Umgang mit den Produzenten bestimmt worden sein. Zu den „lokalisierten" Faktoren der Klassenbildung zählte ja nicht zuletzt die unterschiedlich nuancierte Ausgestaltung betrieblicher Herrschaftsverhältnisse, auf die der Unternehmer als „Transmissionsgelenk" zwischen Betrieb und Umwelt erheblichen Einfluß nahm. Weiterhin sollte beachtet werden, daß solche Berufstraditionen nicht automatisch abgerufen, sondern dort benutzt wurden, wo der Gegensatz von Kapital und Lohnarbeit in einer handwerksähnlichen Arbeitssituation aufbrach. Vgl. Michael John Neufeld, From artisans to workers: the transformation of the skilled metalworkers of Nuremberg, 1835–1905, Diss. Baltimore 1984, S. 349; Rudolf Boch, Zunfttradition und frühe Gewerkschaftsbewegung. Ein Beitrag zu einer Diskussion mit besonderer Berücksichtigung des Handwerks im Verlagssystem, in: Ulrich Wengenroth (Hrsg.), Prekäre Selbständigkeit. Zur Standortbestimmung von Handwerk, Hausindustrie und Kleingewerbe im Industrialisierungsprozeß, Stuttgart 1989, S. 37–69, 44.

61 Unter den Kurzzeitbeschäftigten – 66,59% aller Abgänge aus der Mechanischen Werkstätte erfolgten während des ersten Jahres – überwog der Austritt „auf eigenes Verlangen". Kohl kam für die Maschinenfabrik auf einen Entlassungsanteil von nur 25,13% für den Zeitraum 1828–1832. Vgl. Zumdick, Hüttenarbeiter, S. 308; Werner Kohl, Vom Alltag eines Unternehmers in der Frühzeit der Industrie. Dargestellt am Beispiel Friedrich Harkorts und seiner Mechanischen Werkstätte (1820–1832) in Wetter, in: Der Märker 15 (1966), S. 41–46, 46. – Der freiwillige Abgang antizipierte oftmals eine Kündigung durch den Unternehmer wie z. B. im Falle des Schlossers Peter Anton Jucke, in dessen Zeugnis es hieß: „Abschiedsursache: auf sein Verlangen gerne, wegen zu großer Bequemlichkeit, bewilligt." WWA F 1 Nr. 477, 19. 2. 1829.

62 WWA F 1 Nr. 435, 26. 3. 1829 (an Rethel).

63 WWA F 1 Nr. 477, 19. 11. 1829.

64 Zum Begriff „Eigensinn" als Sammelkategorie für verschiedenartige Formen nonkonformen Verhaltens am Arbeitsplatz, die nicht als direkter Widerstand gegen die Betriebshierarchie, sondern als „Interaktion zur Gewinnung eigener Freiräume" zu verstehen waren, vgl.

Alf Lüdtke, Cash, Coffee-Breaks, Horseplay: ‚Eigensinn' and Politics among Factory Workers in Germany circa 1900, in: Michael Hanagan/Charles Stephenson (Hrsg.), Confrontation, Class Consciousness and the Labor Process. Studies in Proletarian Class Formation, New York / Westport(Conn.) / London 1986, S. 79–81.

65 Vgl. Richard Price, The labour process and labour history, in: Social History 8/1 (1983), S. 63.

66 So z. B. im Fall des Waldecker Schmiedes Johann Moritz, der die Maschinenfabrik nach sieben Wochen wieder verließ, um „das Hufschmiedehandwerk zu erlernen". Vgl. WWA F 1 Nr. 477, 3. 4. 1830. – Unter den Handwerker-Arbeitern der Mechanischen Werkstätte fielen besonders die Schmiede als eine Berufsgruppe auf, deren traditionelle Arbeitsweise mit dem Machtanspruch der Fabrikherrschaft und dem Zwang zur Integration in den arbeitsteiligen Produktionsprozeß des industriellen Maschinenbaus häufiger in Konflikt geriet. Zum „Traditionalismus" der Schmiede im Maschinenbau vgl. Neufeld, S. 50f.

67 Vgl. Heinz Reif, „Ein seltener Kreis von Freunden." Arbeitsprozesse und Arbeitserfahrungen bei Krupp 1840–1914, in: Klaus Tenfelde (Hrsg.), Arbeit und Arbeitserfahrung in der Geschichte, Göttingen 1986, S. 51–91, 51–53. – Gerade in technisch hochstehenden oder von empirischem Arkanwissen abhängigen Arbeitsbereichen war die dauerhafte Positionierung zuverlässiger Facharbeiter von essentieller Bedeutung: was bei Krupp der Tiegelstahl, war bei Harkort die Dampfmaschine. So gesehen könnte sich in den 1830/40er Jahren durchaus bereits das Arbeiterprofil des „Harkortianers" ausgeprägt haben, das vorrangig kein Produkt einer manipulativen Herrschaftstechnik darstellte. Darüber hinaus war insbesondere der Bau der Dampfmaschine, Symbol des technischen Fortschritts, geeignet, den Arbeitsstolz von Maschinenbauarbeitern auf sich zu fördern. Vgl. Michael Matthes, Technik zwischen bürgerlichem Idealismus und beginnender Industrialisierung. Ernst Alban und die Entwicklung seiner Hochdruckdampfmaschine, Düsseldorf 1986, S. 262.

Mai 1830.

Dat:	№.	Name
22	76	Christ. Mackein, 24 Jahr alt, ... Betragen gut, ... aus Sayn, ... , 3 Alt Dienstzt., ...
Juni		
26	77	Friederich Sebastian ... 18 Jahr alt aus Witten ... Dienstzt. 3 ... Betragen gut ...
26	78	Johann Georg Flachler ... in Kur Hessen, ... Dienstzt. ½ Jahr ...
28	79	Heinrich Bortheler ... Stralsund ... Jahr alt. Dienstzt. 8 ...
Juli		
10	80	Friederich Klenck aus Hamburg ... Dienstzt. 16 ...
"	81	August Boehre aus Breslau ... Dienstzt. 10 ...

Zeugnisse für ausscheidende Arbeiter der Mechanischen Werkstätte in Wetter, Mai 1830
WWA F 1 Nr. 477, fol. 8

Elisabeth Harder-Gersdorff

HARKORTEN, LÜBECK, RIGA: QUELLEN ZUM ABSATZ MÄRKISCHER EISENWAREN
IM OSTSEERAUM (17./18. JAHRHUNDERT)

Als Unternehmerdynastie ist die Familie Harkort, auf Harkorten bei Hagen in der
Grafschaft Mark ansässig, erstmals mit Johan Caspar I., also im letzten Drittel des 17.
Jahrhunderts, umfassender dokumentiert. Das Leben des erfolgreichen Geschäftsman-
nes begrenzen politisch herausragende Daten. Johan Caspars Geburt ereignete sich
1648, im Schlußjahr des Dreißigjährigen Krieges. Er starb 1714, als Kaiser und Reich
den Frieden von Utrecht sanktionierten. Eine im Zeichen der Ambitionen Ludwigs
XIV. kriegerisch bewegte Epoche fand damals ein Ende.

Dennoch erlebten die Eisengewerbe in der Grafschaft Mark vor 1700, Wolfgang
Köllmann zufolge, einen „bedeutenden Aufschwung". Nicht zuletzt „die politische
Ruhe, die in diesen Jahrzehnten in Nordwestdeutschland bestand", habe den positiven
Trend gestützt[1]. Da bekannt ist, daß die Mark unter Kurfürst Friedrich Wilhelm IV. im
Krieg zwischen Frankreich und den Niederlanden mindestens zweimal, nämlich 1672/
73 und 1679/80, und jeweils sehr konkret betroffen war, verblüfft die zitierte Aussage
in gewisser Weise. Uneingeschränkt allerdings herrschte vorher „Ruhe" im Verhältnis
zum benachbarten Herzogtum Berg. Die Brisanz des Jülich-Klevischen Erbfolgestreits
legte sich mit dem Vertrag, den Brandenburg und Pfalz-Neuburg 1666 in Xanten
abgeschlossen haben.

In welchem Maß die Geschäfte des Johan Caspar durch Politik und Kriegsgeschehen
beengt oder begünstigt wurden, läßt sich zunächst nicht sagen. In seinem Handlungsbuch[2] begegnen uns zwischen 1677 und 1684 mehrmals Posten, die mit einem
„Contributions Contingent" oder „ausgeschriebenen französischen Geldern" in Verbindung stehen. Wir können das Gewicht dieser Abgaben aber vorerst nicht abschät-
zen.

Ein Licht auf die frühen Erfolge der kommerziellen Aktivitäten wirft sicherlich das
Ausmaß der Bautätigkeiten, die dieser Harkort nach 1680 in Angriff nahm. 1681 ließ er
das „alte Stammhaus" errichten. 1685 entstand ein weiteres Wohnhaus, das „Hülsber-
ger Haus", und, von Wirtschaftsgebäuden abgesehen, 1705 schließlich noch das
„Jungfernhaus", auch „Rotes Haus" genannt[3]. Dies alles spricht für eine ziemliche
Prosperität. Das erwähnte Handlungsbuch verdeutlicht, wie deren Grundlage, ein
weitgespanntes, hauptsächlich auf Lübeck konzentriertes Absatznetz für märkische
Eisenwaren von den Brüdern Diedrich und Johan Caspar Harkort spätestens in den
1670er Jahren befestigt und ausgebaut werden konnte.

Auf diesen Zeitabschnitt, das letzte Drittel des 17. Jahrhunderts, richten Historiker
neuerdings ein allgemeineres, über den Rahmen einzelner Unternehmen und einzelner
Gewerberegionen hinausreichendes Forschungsinteresse. Es handelt sich hier einerseits um einen Nachholbedarf für deutsche Territorien, da die auf den Dreißigjährigen
Krieg folgende Epoche bislang als Zeit einer anhaltenden Stagnation begriffen und
deshalb weitgehend ignoriert wurde. Von Friedrich Engels bis Friedrich Lütge, so
könnte man sagen, galten die Nachwirkungen der Kriegskatastrophen als wichtige
Komponente zur Erklärung einer relativen Rückständigkeit Deutschlands. Die Tatsa-

che, daß in England die Weichen für den Eintritt in das Industriezeitalter schon um 1750 gestellt waren, daß Frankreich wenig später ebenfalls diesen Weg beschritt, während sich ein vergleichbarer Prozeß in den deutschen Ländern erst nach 1800 anbahnte, eine derartige Konstellation verlangte, so schien es, eine besondere Begründung.

Andererseits liegt auf der Hand, daß sich für international vergleichende Betrachtungen zunächst ein Zeitabschnitt eignet, in dem man eine gewisse Einheitlichkeit des technischen Niveaus der gewerblichen Produktionsverhältnisse für West- und Mitteleuropa noch unterstellen kann. Gerade diesem Kriterium entspricht die Zeit vom letzten Drittel des 17. bis zur Mitte des 18. Jahrhunderts[4].

Vor dieser Perspektive erweisen sich das Leben und die quellenmäßig nachvollziehbare Geschäftspraxis des Johan Caspar Harkort im Hinblick auf überregionale Marktchancen deutscher Eisenerzeugnisse schon zeitlich betrachtet als besonders interessant. Während nämlich die Roheisenproduktion in den Territorien des Deutschen Reiches im Lauf des 17. Jahrhunderts schrumpfte, spricht manches dafür, daß es in verschiedenen Regionen zu einer wachsenden Intensität der Metallwarenherstellung gekommen ist. Diesem Muster entsprechen in faßbarer Form besonders das Erzgebirge und die Steiermark.

Eine keineswegs kurzfristige Blütezeit der sächsischen Eisenwirtschaft beruhte nach 1650 auf der umfassenden Weißblechfabrikation im westlichen Erzgebirge. Die Zinnvorkommen der Region hatten an dieser Konjunktur hervorragenden Anteil. Der Exportzug sächsischer Weißbleche löste sich im 17. Jahrhundert von der Nürnberger Vermittlung. Mit Produkten, die wie Ofenrohre, Zinnteller und vor allem Weißblechlöffel eine bescheidene Ausrichtung auf breitere Schichten bezeugen, drängten sie nun über Leipzig in die Seehäfen[5]. In diese Zeit fällt auch die Nachricht von Andrew Yarranton, einem namhaften „Industriespion" aus England. Yarranton, heißt es, unterrichtete sich 1656 im erzgebirgischen Amt Schwarzenberg über die Technik der Blechhämmer in der Absicht, das Weißblech-Verfahren jenseits des Kanals heimisch zu machen. Daß die deutschsprachige Literatur zur Geschichte der Eisenwirtschaft gerade an dieses Beispiel für Technologietransfer eifrig erinnert, wundert uns nicht[6].

In der Steiermark dagegen wahrte die ebenfalls exportträchtige Produktpalette mit der Dominanz von Sensen, Sicheln und Messern einen weitgehend traditionellen Charakter. Sie erzielte mit den berühmten, aus reinem Stahl geschmiedeten „blauen Sensen" auf auswärtigen Märkten signifikante Erfolge. Da diese Sensen „wegen der Elastizität ihres Blattes dünner und leichter aufgeschmiedet werden konnten, auch beim Schnitt besser durch die Halme gingen als die plumpen Eisensensen"[7], stand ihre Qualität außer Konkurrenz. Zwar erlebte die steirische Roheisen- und Stahlerzeugung vor 1700 einen Aufschwung, dabei hielt sich das Produktionsniveau aber weit unter dem Stand des 16. Jahrhunderts. Gleichzeitig kam es in nordwestlicher Richtung zu einer Expansion des Verkaufs der steirischen Sensen und Messer. Regensburger und Nürnberger Kaufleute vermittelten steirischen Stahl und die begehrten Sensen, wie es heißt, bis in die Schweiz, nach Frankreich und in die Niederlande, zudem seewärts in die Hansestädte Hamburg und Lübeck[8].

Zum „wichtigsten Verkaufsplatz der österreichischen Eisenwaren"[9] entwickelte sich damals Frankfurt am Main. Dort organisierte seit 1683 das international verankerte

Handelshaus der Gebrüder Neufville als ständiger Faktor der Innerberger Gewerkschaft den Vertrieb der steirischen Sensen mit bahnbrechenden Folgen. Schon vorher (1674) war es der Innerberger Gewerkschaft mit kaiserlichem Rückenwind gelungen, in Frankfurt ein Edikt durchzusetzen, das die Einfuhr von Stahl aus dem Revier des Herzogtums Berg für den Fall verbot, daß er sich steirischer Markenzeichen bediente.

Damit stoßen wir auf das Symptom einer konkreteren Konkurrenz zwischen Eisenregionen, die sich im Osten und im Westen des Reiches, also in erheblicher geographischer Entfernung voneinander, entfaltet hatten. In diesem Spannungsfeld bewegten sich auch die Exporte der Grafschaft Mark und die Firmenkontakte der Harkorts im Ostseeraum.

In Johan Caspar Harkorts Handlungsbuch findet sich zu dieser Nordostrichtung zunächst, das heißt im Jahr 1674, nur eine Adresse: die des Franz Berend Rodde in Lübeck. Gleich am Anfang begegnet uns damit der Name eines Großkaufmanns, von dem bekannt ist, daß er als Importeur auf dem Seeweg Güter aus Amsterdam und Kopenhagen (1675) bezogen und sich zudem im Osthandel, im Bereich der Rigafahrer, engagiert hat. Rodde, Mitglied einer aus dem Münsterland zugewanderten, weit verzweigten und ziemlich prominenten Familie, gehörte als Ratsherr und Sohn eines Lübecker Bürgermeisters zur politischen Elite der Hansestadt[10]. Es liegt nahe, in der langfristig stabilen Partnerschaft Harkort-Rodde eine der wichtigen Grundlagen für spätere Expansionschancen zu sehen. Rodde wirkte für Harkort auch als Kommissionär.

1674 jedenfalls sandte Johan Caspar an Rodde mit verschiedenen Fuhrleuten ein Faß Stahl („von besten Olper") im Wert von 32 Reichstalern sowie drei Fässer Draht, die er mit 236 Rtlr. berechnete. Die Drahtfässer waren mit je 165 bis 175 Stücken gefüllt. Dabei unterschieden sich die Sortimente in der sachlichen Zusammenstellung von Faß zu Faß. – Sensen sandte Harkort Rodde damals nicht[11].

1680, als das Handelsbuch wieder Eintragungen zum Fernverkehr enthält, begegnet uns Rodde in Lübeck ebenfalls als vorerst einziger Kontrahent der Harkorts. Dieses Mal fungierte er als Empfänger größerer Sendungen von Sensen, deren Bezeichnungen Hinweise auf die Absatzfelder liefern[12]. Franz Berend Rodde bezog 1680 aus Harkorten 166 Dutzend (Bund) Sensen, das waren knapp 2000 (1992) Stück. Mehr als die Hälfte davon (91 Dtzd.) liefen unter der Bezeichnungen „Lübecker Sensen", im übrigen ging es um 45 Dutzend „Dänische" und 30 Dutzend „Fünsche" Sensen.

Eine weitere Differenzierung der Posten erfolgte durch Warenzeichen. 1680 tauchen auf Lübecker wie auf Fünenschen Sensen hiervon lediglich „Hauffhammer" und „Stern" auf. Auf dänischen Sensen befanden sich „Hahn" und „Doppelschlüssel". 10 Dutzend Lübecker Sensen wiederum zeichnete das persönliche Signet des Versenders Caspar to Harkotten (CTH).

Lübecker und Fünensche Sensen kosteten bis Mai 1680 durchgehend $10^1/_4$ Mark lübisch pro Bund, sodann $10^1/_2$ Mark. Die „Dänischen" erzielten dagegen nur $8^1/_4$ pro Bund. Die Frachtkosten nicht gerechnet, summierten sich die Sendungen des Jahres 1680 auf Werte von knapp 1.200 Mark lübisch[13]. Verglichen mit dem Harkort-Roddeschen Handel von 1674 verzeichnete der Umsatz einen beträchtlichen Anstieg; Draht aber und Stahl kamen 1680 nicht vor.

Bereits im Folgejahr 1681 registrierte das Handlungsbuch weiterweisende Bewegungen auf der Lübecker Szene. Mit zwei neuen Geschäftspartnern formierte sich der Kern eines Kundenkreises, der bis 1685 auf insgesamt 14 Lübecker Bezieher von Eisenwaren anwachsen sollte. Zu diesem Stamm gehörte weiterhin Franz Berend Rodde. Ausschlaggebend aber verstärkten sich 1681 die Chancen, die Travestadt als Absatz- und Vermittlungszentrum zu erschließen, vermutlich deshalb, weil Diedrich Harkort, der Bruder Johan Caspars, in diesem Jahr eine Niederlassung in Lübeck eingerichtet hat. Dieser Dependenz hat Diedrich Harkort bis 1704 vorgestanden. Unter solchen Umständen gelang es bereits 1682, über Lübeck hinauszugreifen. Die Brüder kontrahierten in Anklam mit der Firma Hinrich Friedrich Cramer, die sich in Lübeck durch einen Faktor vertreten ließ. In Mölln belieferten sie einen Arndt Lödde mit Messern, Sensen und Zangen. In Lübeck selbst aber erweiterte sich Johan Caspars Kundenstamm um fünf neue Bezieher.

Fast eindeutig, so scheint es, belegen die Notierungen, daß der Handel mit Sensen im Ostseeraum im Zeichen günstiger Konjunkturen stand. Außer dänischen und fünenschen Sensen erscheinen in den Sortimenten nun auch „Seeländer" und in einem Fall – in eine andere Richtung weisend – „Leuweransche" Sensen (nach Leeuwarden/Friesland). Daneben jedoch spielten weitere Eisenprodukte wie verschiedene Klingen und „Schneidemesser" (kleine, mittlere, große), Brotmesser, Messer mit Köchern, Handwerkszeug wie „Lübecker Zangen", Brett-, Baum- und „Kerff"-Sägen eine gewisse, wenn vergleichsweise auch untergeordnete Rolle. Außerdem bestand in Lübeck eine begrenzte Nachfrage nach Stahl und Draht aus Harkorten, die seit 1683 wieder Käufer fanden.

Der wachsenden Nachfrage nach Sensen entsprachen leicht anziehende Preise. Lübecker und Fünensche Sensen verkaufte Harkort 1681 für $10^1/_2$ und 11 Mark lübisch pro Dutzend. Bis 1685, soweit reichen die Eintragungen in diesem Buch, blieb dieses Niveau erhalten. Dabei schloß die Abrechnung in Mark lübisch, d. h. die Bindung an die Hamburger Mark Banco, inflationäre Effekte aus.

Dieses Bild einer günstigen Absatzlage entspricht dem Aufschwung, den der Umschlag steiermärkischer Sensen in Frankfurt am Main zur gleichen Zeit erfuhr. Es gibt Anzeichen dafür, daß damals bereits Hamburg und Lübeck zu den wichtigen Zielen des Versands von Klein- und Grobeisen über Frankfurt gehörten[14]. Insofern erhebt sich, insbesondere im Hinblick auf Lübeck, die Frage, ob sich hier oder in anderen Zentren des Ostseeraums Hinweise auf ein spürbares, vielleicht sogar wachsendes Gewicht der Eisenwaren im Außenverkehr finden lassen.

Leider kann man die Frage in dieser Form, das sei vorweggenommen, nicht hinreichend eindeutig beantworten, und zwar hauptsächlich aus quellentechnischen Gründen nicht. Der Lübecker Zoll nämlich hat die Ausfuhr von Eisenwaren nicht gesondert ausgewiesen. Sie verschwinden in der allgemeineren Kategorie „Kram" oder „Kaufmannschaft", die sehr heterogene Fabrikate, vor allem Textilien, aber zum Beispiel auch Glaswaren, Spielzeug, Chemikalien, Gewürze und Kolonialerzeugnisse wertmäßig auf einen Nenner gebracht und damit anonymisiert hat. Höchstens in den Verpackungsformen wie Faß, Kiste, Ballen, Koffer, Korb u. a. deuten die Zollbücher neben den Wertangaben Unterschiede an[15]. Daß dieses Verfahren einen Schleier über die wahren Wertverhältnisse geworfen und damit den Lübecker Spediteuren und Kommissionären erhebliche Vorteile verschafft hat, bedarf keiner Frage.

Absolut konsequent verzichteten die Lübecker Zollschreiber auf konkrete Angaben allerdings nicht. Es finden sich für die Verschiffung von Eisenwaren akzidentielle Hinweise als Ausnahmen von der Regel. Sporadisch nämlich erwähnen Schreiber Draht, Messer, Flinten, zudem des öfteren Eisentöpfe und Messingkessel. In zwei Fällen rutschen durch das Raster sogar Sensen! Ihren Verfrachter, Lorenz Münter, kennen wir als Harkort-Kunden des Jahres 1682. In der Lübecker Zulage von 1680 erscheint er als Exporteur, der u. a. „10 dzd. Seißen" nach Nieborg und „20 dzt. Seißen" nach Certemünde (?) verschifft. Münter verzollte die Ware mit einem Schilling pro Dutzend, also als „einfache" Ware aus dem westlichen Hinterland. Der Zoll legte einen Preis von $10^1/_2$ Mark lübisch pro Dutzend zugrunde! Außer Münter finden sich 1680 weitere Exporteure, die auch in Johan Caspars Handlungsbuch auftreten: Hans Ostermann, der Ware nach Stockholm schickte, und Claus Huppert, der in größerem Umfang Handel mit Partnern in Norwegen, Kopenhagen und Gotland trieb. Letztere verluden auch „Eisenkram" in Packen und Tonnen. Spärliche Spuren dokumentieren damit ein Lübecker Exportfeld für Eisenwaren im westlichen Ostseeraum[16].

Insgesamt betrachtet jedoch verzeichnen Lübecks Ausfuhren, mißt man sie an den Zolleinnahmen, eher einen Stillstand, den erst ab 1689 ein maßvolles Wachstum ablöst. Das fällt auf, weil Lübecks Einfuhren im letzten Drittel des 17. Jahrhunderts mit einer recht rasanten Expansion aufwarteten. Für die Annahme allerdings, daß sowohl das Sortiment wie das Volumen der Lübecker Ausfuhren dank der Zollpraxis nur lückenhaft überliefert sind, finden sich verschiedene Belege.

Erstens stoßen wir in einem Lübecker Zollregister des 16./17. Jahrhunderts[17] im Fall der Eisenwaren (ohne Waffen und Munition) auf etwa dreißig Positionen, die vom Amboß über Baumsägen, Draht, Nadeln, Nägel, Weiß- und Schwarzblech, Röhren und Schlösser bis zu Wollkratzen reichen und sich auf Sensen gleich zweimal, nämlich in der Kategorie „Schneidemesser oder Sensen" und unter dem Stichwort „Sensen" beziehen. Zu den letztgenannten rechnet das Register sowohl einfache Erzeugnisse, die mit einem Schilling pro Dutzend, wie „kleinere aus Steyermarck", die nach ihrem jeweiligen Wert verzollt wurden. Die traditionelle Prominenz der „blauen Sensen" honorierte der Lübecker Zoll mit dieser Unterscheidung. Er verweist, hiervon abgesehen, in nur noch einem Fall auf die Herkunft von Eisenzeug: In der Kategorie „Nägel" nennt das Verzeichnis „schwedische", die mit vier Schilling, und „hollandsche", die mit zehn Schilling das Schiffpfund verzollt wurden. Es liegt nahe anzunehmen, daß es sich bei den letztgenannten, höherwertigen Nägeln um wallonische Fabrikate, insbesondere aus der Region Lüttich, gehandelt hat. Insgesamt gesehen spricht das Register für die Tatsache, daß ein Exportzug von Eisenprodukten seit langer Zeit, und nicht erst seit der zweiten Hälfte des 17. Jahrhunderts, den Ostseeraum über Lübeck erreichte[18].

Für die Jahrzehnte vor 1700 haben wir zweitens die unlängst durch V. V. Dorošenko in Riga erschlossenen Zollbuchbestände aus der Schwedenzeit zur Hand[19]. Über Rigas Einfuhr gewerblicher Erzeugnisse, die vor allem auf Schiffen aus Lübeck und Amsterdam hereinkam, unterrichtet zwar auch der schwedische Lizent nicht so genau wie erwünscht, im Gegensatz zu den Lübecker Zollbüchern aber registriert er das Sortiment der Eisenwaren bisweilen in seitenlanger Detailliertheit. Anders als in Lübeck finden sich vereinzelt auch Spuren der Herkunft! So bezeichnen die Lizentbücher Bestandteile der Lübecker Einfuhr mehrmals direkt als „Nürnberger Cramerey" und einmal sogar als „Nürenberger Eisenwahr". Wir stoßen auch auf „Stevrisch Stangenstahl" (1661), „Stirsch Stahl" (1680) und „Stierische(n) Schafscheren" (1691). So bescheiden die vorläufige Ausbeute auch wirkt: Erstmals empirisch dokumentiert sie die Steiermark als Lübecker Hinterland der Ausfuhr zum Osten[20].

Von hochdifferenzierten Angaben für verschiedene „Messer" abgesehen bietet das Rigaer Material für die Einfuhr aus Lübeck und Amsterdam erweiterte Einblicke in das Sortiment, da hier auch „Pferdestangen", Steigbügel und Sporen, „Harfendraht", Schuster- und Federmesser (über Amsterdam), Fingerhüte, Gardinen-, Schneider- und Sattlerringe auftreten. Es erscheinen Lichtscheren und sogar, neben Weißblech, Ausläufer der Innovationen des Erzgebirges, nämlich „Leffels" (Löffel)! Als äußerst auffällig erweist sich für unseren Zusammenhang dabei das völlige Fehlen des Stichworts „Sense" im Rigaer Lizent des 17. Jahrhunderts. Da sich jedoch die übermäßig vertretene Kategorie „Messer" als Oberbegriff ebensogut auf Sensen bezogen haben kann, sind unmittelbar negative Rückschlüsse vorerst nicht erlaubt.

Andererseits fügt es sich vorzüglich in unsere Fragestellung, daß dem Lizent zufolge im Jahr 1680 ausgerechnet Johan Caspar Harkorts Hauptpartner, der bekannte Franz Berend Rodde, mit einem Lübecker Handelsschiff in Riga eingetroffen und dort an Land gegangen ist. Ohne Zollgut, als einfacher Passagier („1 Packzeug mit getragene Kleider frey") bezeichnet, suchte oder besuchte Rodde in Riga zweifellos Geschäftsfreunde[21].

Abgesehen von solchen Akzidentien und von der Fülle der Details, die Rigas Zoll zur Grob- und Kleineisen-Einfuhr bietet, sei unterstrichen, daß „Eisenkrämerei" unter den gewerblichen Westimporten, die den Dünaraum über Riga erreicht haben, dem Wert nach bestenfalls ein Zehntel bestritt. Eisen- und Metallwaren standen zwar an zweiter Stelle, sie folgten aber erst in großem Abstand auf Textilfabrikate. Es bestritten wertmäßig nämlich fast zwei Drittel der gewerblichen Einfuhren die qualitativ ausufernd differenzierten Sortimente west- und mitteleuropäischer Textilien[22]. Tuche und Leinwand übertrafen auch in der Spannweite ihrer Einzugsbereiche alle anderen Erzeugnisse. Leinwand aus Warendorf, aus Bielefeld oder Rheydt, Tuche aus Schottland, Norwegen, Holland, Brandenburg, Schlesien und Mähren umschreiben die Fülle der Sorten und Qualitäten nur im Ansatz.

Die im Hinblick auf Eisenwaren zwar weiterweisenden, in Lübeck selbst jedoch nur bruchstückhaften Angaben der Zollbücher werfen verstärkt die Frage nach den östlichen Märkten der Harkorts in der Folgezeit, im 18. Jahrhundert, auf[23].

Für Lübeck zeichnet sich 1740 eine leicht verbesserte Quellenlage ab. Hier liefert nun der Zulage-Zoll fast durchgängig Hinweise auf die Ausfuhr von Sensen („Senß"). Unserer Spurensuche kommt dabei entgegen, daß sich mit der Firma Hans Boldt[24] ein namhafter Kunde des Hauses Harkort als Sensenexporteur in Richtung Libau/Kurland hervortut. Der Zoll in Lübeck veranschlagte, wie nun ersichtlich, die Sensen mit 300 Mark lübisch pro Faß. Da wir wissen, daß ein Lübecker Exportfaß insgesamt 1.200 Sensen, nach Rechnung in der Grafschaft Mark also 100 Bund oder Dutzend zu je gut 10 Mark lübisch enthielt, belegt der Vergleich mit den Harkortschen Handlungsbüchern, daß die Lübecker Zulage nun mehr als zwei Drittel der Einkaufswerte knallhart unter den Tisch fallen ließ. Der Quellenvergleich führt damit auch im Hinblick auf die lübeckische Export-Import-Bilanz zu fast fatalen Erkenntnissen. Der Zoll in Lübeck bedachte mit diesem „ermäßigten" Maßstab jegliche Sensenausfuhr, auch die nach Wismar, Rostock oder Danzig gerichtete. Am Ende des 18. Jahrhunderts (1790) war die Lübecker Taxe noch weiter, und zwar auf 200 Mark pro Faß, zurückgestuft. Damals gehörte auch Königsberg zu den Zielhäfen der in Lübeck verschifften Sensen[25].

Im Hinblick auf Rigas Einfuhren sind wir dagegen, im Vergleich zu Lübeck, insbesondere für das letzte Drittel des 18. Jahrhunderts ungewöhnlich gut informiert. Für diese Zeit (1767–1781 und 1791–1800) sind Einfuhrtabellen überliefert, die Rigaer Beamte auf Anweisung der Petersburger Regierung in merkantilistischer Absicht aus Zollakten erstellt haben. Als Unterlagen benutzten sie „Fakturen", also jene Frachtbriefe, in denen die konkreten Anteile der rigischen Importeure an der Gesamtladung des Schiffes exakt verzeichnet waren. Aus Hunderten von Einzelbelegen erstellten die Statistiker im Falle der Rigaer Sensenimporte ein „sensationell" (O. Pickl) wirkendes Gesamtbild. Jährlich nämlich erreichten die Dünametropole zwischen 1767 und 1781, hauptsächlich über Lübeck, aber auch über Amsterdam, im Schnitt nicht weniger als 315.000 Sensen! Auch am Ende des Jahrhunderts, zwischen 1791 und 1800, hielt sich dieser Sensenstrom auf einem Niveau von mehr als 300.000 Sensen pro Jahr[26].

Das Glück will, daß sich ein Teil des zugrundegelegten Urmaterials erhalten hat. Es erlaubt Einblicke in die Struktur von Einzelfirmen, die über Lübeck beliefert wurden. Das Glück will überdies, daß im Falle der Sensen in diesen „Fakturen" insbesondere die Firma eines Mathias Ehlers als Großimporteur hervortritt. Das ist ein Name, der im „Lübecker Hauptbuch" (1727–1730) des Johan Caspar II. Harkort als wichtigster Handelspartner des Hauses in Riga hervortritt. Vergleichen wir diese Quellen trotz der zeitlichen Diskrepanz miteinander, so fällt folgendes auf: Ehlers in Riga importierte über Lübeck fast ausschließlich „Regensburger (!) Sensen" und darüber hinaus „Sensen von Leipzig". Beide Bezeichnungen galten für Sensen aus der Steiermark. Allein zwei Lübecker Schiffe belieferten 1780 die Firma seiner Söhne mit 25.800 „Sensen von Regensburg"[27]. Für Sensen aus der Grafschaft Mark mochte sich die Kundschaft des rigischen Importeurs damals womöglich nicht erwärmen. Diesem Eindruck widerspricht nicht das in früherer Zeit (1727–1730) angelegte Konto des Johan Caspar II.[28] Hiernach verkaufte Harkort an Ehlers vor allem Draht, sodann Fingerhüte, „Ringe" und „Kniepen", „Splintschlösser" und Messer verschiedener Art, alles in Fässern. Ehlers dagegen sandte an Harkort über Amsterdam kurländische Leinsaat. Den Saldo der Rechnung beglich er mit Wechseln auf Lübeck und Amsterdam. Wir geraten damit in eine handelstechnisch aufschlußreiche Konstellation, die hier nur erwähnt, nicht jedoch erläutert werden kann. Eindeutig aber verweisen die Rigaer Verhältnisse auf den anhaltend starken Druck, dem sich die bergisch-märkische Region durch die steiermärkische Konkurrenz auf der Linie Lübeck-Riga ausgesetzt sah.

Die Rigaer Unterlagen gehören in einen Zeitabschnitt, in dem märkische Fabrikanten von der Regierung den Ausschluß steirischer Eisenwaren vom Absatz in Preußen gefordert haben (1770). Ein besonderes Interesse könnte sich dabei auf Ostpreußen und die weiterreichenden Märkte im Einzugsbereich von Königsberg gerichtet haben[29].

1774 errichtete die Firma Johan Caspar Harkort Seel. Wwe. einen Hammer zur Herstellung „steyerischer" Stahlsensen. Eine derartige, in der frühen Neuzeit übliche Variante von „Technologietransfer" praktizierten in der Mark auch andere Unternehmer, um der Konkurrenz zu begegnen. 1780 soll der hauseigene Hammer der Harkorts 8.000 „blaue" Sensen erzeugt haben. In der Steiermark aber klagte man schon 1775 über den Wettbewerb „der im nördlichen Deutschland zu Hagen, Solingen, Remscheid und Schaumburg (Hessen-Kassel) errichteten Sensenwerke", in denen „oft die österreichischen Sensenmarken nachgeschlagen" würden. Kaiser Joseph II. habe deshalb „den Kirchdorfer Sensenschmieden das Recht, das Erblandwappen auf ihren Erzeugnissen anzubringen", verliehen[30]. Besonders sorgte man sich in der Steiermark um Einbußen auf den Märkten in Polen und Rußland.

In diesen Zusammenhang gehört der Brief eines Sohnes der Harkort-Witwe an die befreundete Firma Edler & Baleman in Petersburg, der aus der Startphase des Hammers stammt. Wir erfahren aus dem Schreiben vom Sommer 1774[31], daß Harkort in Lübeck „drei Muster von Steyerm(ärkischen) Sensen" zum Zwecke der Imitation erhalten hatte. Es ging dabei ausdrücklich um die Spitzenmarke „Siebenstern" und daneben wohl um die Sorten „Doppelfisch" und „Schere" oder „Pokal"[32]. „Nach dem einen Zeichen von 7 Sterne", schrieb Harkort nach Petersburg, „haben Sie künftiges Frühjahr sicher ein Faß zu erwarten. Mit den übrigen aber", fährt er fort, könne er sich nicht „abgeben", da sie eher „schlechte" und „im Preise sehr geringe" Produkte erbrächten. Ob Harkort damit auf die Minderwertigkeit der steirischen Originale oder auf die technischen Grenzen seines eigenen Hammers anspielte, bleibt offen. Eindeutig aber bekennt er sich in dieser Passage zu der Absicht, das Qualitätsmonopol der Steiermark mit Imitaten zu unterwandern.

Wenig spricht allerdings dafür, daß es den Harkorts tatsächlich gelungen ist, auf dem Petersburger Markt Fuß zu fassen. Das könnte sogar für Fälle gelten, in denen Firmenkontakte über Lübecker Häuser, also in den Büchern der Harkorts nicht nachvollziehbar, realisiert wurden. Wegen der Schwierigkeiten, in Petersburg Käufer zu finden, heißt es in einem Brief der Witwe Harkort vom April 1784 an die Lübecker Firma Lüdert & Schlick in Petersburg, habe sie bereits vor drei Jahren „ihre fabrique von Blauen Sensen" aufgegeben[33].

Es fällt auf, daß im Rahmen der engen Beziehungen der Harkorts zu den Lübecker Firmen der Aspekt „Kommission" eher eine Nebenrolle gespielt hat. Es ergibt sich der Eindruck, daß die Lübecker Kaufleute jedenfalls im Direktverkehr mit Harkorten, der über Hannover lief, nicht als Kommissionäre ihrer Lieferanten wirkten, wie es im Fernhandel größerer Seestädte und Landzentren damals üblich war. Hierzu sind genauere Recherchen noch nötig und möglich. Vorläufig aber zeichnet sich ab, daß das Vertriebssystem der Harkorts im Lauf des 18. Jahrhunderts die Partner in Amsterdam in der Regel als Spediteure, die Lübecker Kundschaft dagegen als Käufer in Anspruch genommen hat. Ein weiterreichendes Risiko der kaufmännisch engagierten Produzenten („merchant manufacturers") blieb damit ausgeschlossen. In diesem Rahmen läßt sich vielleicht auch die Harkortsche Zurückhaltung im Direkthandel mit östlichen Ostseehäfen erklären.

Wir haben anfangs, anläßlich der Aufzeichnungen, die Johan Caspar Harkort I. am Ende des 17. Jahrhunderts vornahm[34], erfahren, daß seine Lübecker Kontakte zwei Strukturmerkmale aufwiesen: die langfristig stabile Beziehung zu einer recht prominenten Firma vor Ort und parallel dazu die Errichtung eines Lagers für einen weiteren Kreis von Kunden durch den Bruder Diedrich Harkort ebenfalls in Lübeck.

Knapp fünfzig Jahre später, als sich das geographische Bezugsfeld der Harkorts enorm ausgedehnt und einen anderen Zuschnitt gewonnen hatte, begegnet uns im „Lübecker Hauptbuch" (1727–1730) eine vergleichbare Struktur[35]. Die Firma unterhielt jetzt Verbindungen zu fast hundert Handelshäusern, die sich über etwa dreißig Plätze verteilten. Im weiteren Ostseeraum korrespondierte sie mit mindestens 78 Partnern. Zehn dänische Firmen, davon fünf allein in Kopenhagen, bezeugen ein Ausgreifen nach Norden. Häuser in Riga (3), Mitau (2), Danzig (1) und Königsberg (1) verweisen auf Absatzinteressen im Osten. Bezeichnend für die kontinentale Spannweite von Firmenkontakten, das sei immerhin angedeutet, erscheinen zu dieser Zeit auch Geschäftspartner in Hamburg (6), Lüneburg (2) und Berlin (2).

In Lübeck selbst aber interessierten sich um 1730 mindestens 45 Häuser für das Handelsgut aus Harkorten, darunter die Firma der Witwe von Franz Berend Rodde. Diese massive Konzentration auf die Lübecker Kaufmannschaft charakterisiert das Handelssystem der Harkorts in dieser Zeit maßgebend. Als Hauptfaktor vor Ort wirkte Tobias Hornemann, der das Harkortsche Lager in Lübeck unterhielt. In den Hauptbüchern von Johan Caspar II. (1727–1730) und Johan Caspar III. (1750–1761) erstrecken sich die Lager- und Spesenrechnungen der Hornemanns über Dutzende von Seiten[36].

Diese Vertriebsform, deren räumliche Ausbreitung in der zweiten Hälfte des 18. Jahrhunderts hervortritt, wurde zum grundlegenden Bestandteil der Absatzorganisation. Spätestens um 1750 gründeten die Harkorts neben Lübeck ein zweites Lager in Rostock und etwas später ein drittes in Altona. Dort wirkte als Spediteur die bekannte Firma Henrich van der Smissen Söhne[37]. Ihre Zuständigkeit für das Lager der Harkorts in Altona ist seit den 1770er Jahren durchgehend belegt[38]. Das Harkortsche Journal von 1790 verzeichnet darüber hinaus Speditions- und Lagerkonten in Amsterdam (Hoemann & Co.) und in Hamburg (Christian Friedrich Niefeld)[39].

Diese Konstellation verweist einerseits auf die verstärkte atlantische Orientierung. Sie impliziert aber mindestens gleichrangig, daß der Harkortsche Warenversand über Amsterdam und Altona in erheblichem Umfang auch den Ostseeraum betraf. Amsterdamer Spediteure dirigierten die Sendungen via Altona nicht nur nach Braunschweig, Berlin oder Schleswig-Holstein, sondern auch, zum Zwecke des Weiterversands per Schiff, nach Lübeck.

Hiervon abgesehen erheben sich gerade zum Ostseeverkehr der Harkorts Fragen, die wir zunächst, das heißt ohne weitere Recherchen, noch nicht so genau wie wünschenswert formulieren können. Trotz der kompakten Konzentration ihres Warenzugs auf Lübeck erscheint die Annahme, die Eisenfabrikate der Harkorts hätten in Lübeck bis zum Siebenjährigen Krieg eine marktbeherrschende Stellung behauptet, ein Quasimonopol sozusagen[40], eher abwegig. Es fällt andererseits schwer, knappe Erklärungen für die beachtliche, aus den Büchern der Harkorts erkennbare Fluktuation der Bezugspunkte im Ostseeraum zu finden. Hierzu gehört die Frage nach dem relativ kurzen Bestand des Lagers in Rostock. Exogene ebenso wie handelstaktische Gründe könnten dieser Mobilität Vorschub geleistet haben. Bestimmt spielten auch Zollfragen eine Rolle, wie das Beispiel Königsbergs zeigt.

Insgesamt hat es den Anschein, als habe mittelfristig in erster Linie das überregionale Konkurrenzverhältnis auf das Marktgeschehen und die Reaktionen der Unternehmer eingewirkt. Hierfür sprechen vor allem die Preisbewegungen der Eisenfabrikate, die sich in den Harkortschen Handlungsbüchern mühelos verfolgen lassen.

Gemessen an den Umsätzen, vor allem aber an den Formen der Vermarktung von Sensen durch das Haus Harkort deutet sich dort folgendes an. Nach einem leichten Anstieg der Lübecker Preise für Sensen verschiedener Sorten nach 1680 blieb das Preisniveau im 18. Jahrhundert so gut wie durchgehend stabil. Wenn Harkorts „Lübecker" Sensen 1683/84 bis zu 11 Mark lübisch pro Bund (Dutzend) erzielten, so handelt es sich um einen Wert, der vor 1793 mit einer Ausnahme (1758) nicht wieder erreicht wurde. Andererseits belegen die Bücher weder Phasen noch Fälle stärkerer Preiseinbrüche. Preise von $9^3/_4$ Mark (1759) und $9^1/_2$ Mark (1792) sind Ausnahmen. Als häufigsten Wert verzeichneten die Lübecker Sensen im Lauf des 18. Jahrhunderts einen Preis, der sich zwischen 10 und $10^1/_2$ Mark lübisch eingependelt hat.

Die eingangs angestellten Überlegungen zur ökonomischen Dynamik in mitteleuropäischen Gewerberegionen legen es nah, folgende Befunde herauszustellen. Zwischen 1680 und 1790 charakterisierte die weitreichenden Märkte für Eisenwaren, insbesondere für Sensen, eine auffällige säkulare Stagnation der Preise. Der notorischen Binnenkonkurrenz von Produzenten und Regionen entsprachen im gleichen Zeitraum erhebliche Mengenkonjunkturen. Eine fortschreitende Differenzierung der Sortimente gehörte in dieses Bild. Es ist gerechtfertigt, im Vorfeld und im Verlauf des 18. Jahrhunderts von einer zwar nicht spektakulären, aber langfristig faßbaren Wachstumsphase der vorindustriellen Eisenwirtschaft zu sprechen.

Anmerkungen

1　Wolfgang Köllmann, Friedrich Harkort, Bd. 1: 1793–1838, Düsseldorf 1964, S. 12–14.

2　Westfälisches Wirtschaftsarchiv Dortmund (WWA), F 39 Nr. 161 (Hauptbuch/Memorial/ Journal 1673–1691). W. Reininghaus hat diese wertvolle Quelle transkribiert, zur Edition vorbereitet und mir für die vorliegende Arbeit freundlicherweise zur Verfügung gestellt. Im übrigen sei verwiesen auf die umfassende Katalogisierung des gesamten Harkort-Archivs: Wilfried Reininghaus (Bearb.), Das Archiv der Familie und Firma Johann Caspar Harkort zu Hagen-Harkorten im Westfälischen Wirtschaftsarchiv Dortmund, Münster 1991.

3　Ellen Soeding, Die Harkorts, Bd. 1, Münster 1957, S. 24f. u. 33.

4　Sidney Pollard, Peaceful Conquest. The Industrialization of Europe 1760–1970, Oxford 1981, S. 3.

5　Siegfried Sieber, Eisengewerbe in Schlesien, Sachsen, Thüringen, Böhmen und in der Oberpfalz, in: Hermann Kellenbenz (Hrsg.), Schwerpunkte der Eisengewinnung und Eisenverarbeitung in Europa 1500–1650, Köln/Wien 1974, S. 241–263, hier: 246–250.

6　Vgl. u. a. Otto Johannsen, Geschichte des Eisens, Düsseldorf 1953, S. 277; Helmut Wilsdorf, Montanwesen. Eine Kulturgeschichte, Leipzig 1987, S. 217 (unter ähnlichem Titel auch Essen 1987); sowie Sieber (wie Anm. 5), S. 249.

7　Köllmann (wie Anm. 1), S. 24.

8　Othmar Pickl, Der Eisenhandel und seine Wege, in: P. W. Roth (Hrsg.), Erz und Eisen in der Grünen Mark. Beiträge zum steirischen Eisenwesen, Graz 1984, S. 345–365, hier: S. 354.

9　Franz Fischer, Die blauen Sensen. Sozial- und Wirtschaftsgeschichte der Sensenschmiedezunft Kirchdorf-Micheldorf bis zur Mitte des 18. Jahrhunderts, Köln/Graz 1966, hier: S. 180.

10　Archiv der Hansestadt Lübeck (AHL), Personenkartei sowie ebd., Zulage, Eingang von See, Bd. 13, 1675–78.

11　Wie Anm. 2, fol. 50a+b.

12　Ebd. fol. 51a-52a.

13　Diese Summe enthält 84 Mk. für 8 Bund Fünsche Sensen à $10^1/_2$ Mark, die Harkort nach Abschluß der Rechnung (29. XII. 1680) an Rodde sandte.

14　F. Fischer (wie Anm. 9), S. 180f.

15 Hierzu Elisabeth Harder, Seehandel zwischen Lübeck und Rußland im 17./18. Jahrhundert nach Zollbüchern der Novgorodfahrer, in: Zeitschrift des Vereins für Lübeckische Geschichte 41 (1961), S. 43–144 und 42 (1962), S. 5–53, hier Bd. 41, S. 99–100.

16 AHL, Zulage, Ausgang zur See, Bd. 27, 1679–1681.

17 Abgedruckt in Franz Siewert, Geschichte und Urkunden der Rigafahrer im 16. und 17. Jahrhundert, Berlin 1897, S. 423–479.

18 Siewert, a. a. O., S. 175f.

19 V. V. Dorošenko, Torgovlja i kupečestvo Rigi v XVII veke (Handel und Kaufmannschaft Rigas im 17. Jahrhundert), Riga 1985, sowie auch ders., Quellen zur Geschichte des Rigaer Handels im 17.–18. Jahrhundert, in: Klaus Friedland und Franz Irsigler (Hrsg.), Seehandel und Wirtschaftswege Nordeuropas im 17. und 18. Jahrhundert, Ostfildern 1981, S. 3–25.

20 Zentrales Lettisches Staatsarchiv Riga (LCVVA), Einkommend Rollenbücher, Fonds 1744, op. 1, d. 585 (1661), d. 586 (1670), d. 589 (1680/81) und d. 594 (1691).

21 LCVVA, a.a.O., d. 589 (1680), fol. 261.

22 Diese Einschätzung beruht auf einer Berechnung für 1694 durch V. V. Dorošenko, Riga (Notiz vom 5. VII. 1975).

23 Zum märkischen Hintergrund: Karl Heinrich Kaufhold, Das Metallgewerbe der Grafschaft Mark im 18. und frühen 19. Jahrhundert, Dortmund 1976.

24 AHL, Zulage, Ausgang zur See, Bd. 31, 1740. Boldts Konto bei Harkort: vgl. WWA F 39 Nr. 79 (Lübecker Hauptbuch 1727–1730), fol. 423.

25 AHL, Zulage, Ausgang zur See, Bd. 35, 1790.

26 Berechnungen und Angaben durch V. V. Dorošenko, Riga, der sie 1983 Herrn Kollegen O. Pickl und der Verfasserin zur Verfügung gestellt hat. Vgl. O. Pickl (wie Anm. 8), S. 355–358 u. 364.

27 Wie Anm. 26.

28 WWA F 39 Nr. 79 (wie Anm. 24), fol. 171–173.

29 Vgl. W. Reininghaus (wie Anm. 2), S. 278f.

30 Zum Hammer vgl. Soeding (wie Anm. 3), S. 151f. – Die Zitate nach Alfred Hoffmann, Wirtschaftsgeschichte des Landes Oberösterreich, Bd. 1, Salzburg 1952, S. 452.

31 WWA F 39 Nr. 11 (Briefkopierbuch 1766–1774), fol. 482f.

32 Eine Petersburger Preisliste (1795) für diese Sorten enthält W. Ch. Friebe, Über Rußlands Handel, landwirtschaftliche Kultur, Industrie und Produkte, Bd. 2, Gotha/Petersburg 1797, Nr. V, S. 185.

33 WWA F 39 Nr. 16 (Briefkopierbuch 1782–1786), fol. 361. Als weiteren Grund für die Aufgabe der Produktion „steyrischer" Sensen bezeichnet die Korrespondentin hier den Umstand, daß „der König von Preußen uns solche in Schlesien einzubringen verboth".- In einem späteren Schreiben dagegen, das sich am 16. VIII. 1785 an Joh. Henr. Kraus in Königsberg richtete (fol. 479f.), rechnet sie zu ihrem Angebot ausdrücklich „sogenannte Steyermärk(ische) oder blaue Sensen".

34 Vgl. Anm. 2.

35 WWA F 39 Nr. 79.

36 Vgl. z. B. WWA Nr. 74 (1750–1761), fol. 211–243.

37 Vgl. hierzu Heinz Münte, Das Altonaer Handlungshaus van der Smissen 1682-1824, in: Altonaische Zeitschrift für Geschichte und Heimatkunde 2 (1932), S. 1–173.

38 Vgl. WWA F 39 Nr. 51 (Auswärtiges Hauptbuch 1774–1779), fol. 19.

39 WWA F 39 Nr. 53 (Journal zum Auswärtigen Hauptbuch 1790–1795).

40 Köllmann (wie Anm. 1), S. 24.

Lieferungen von Johan Caspar Harkort an Spediteure in Lübeck, Riga und Altona (Geschäftsbuchfragment)
1764
WWA N 18 Nr. 61

Wolfhard Weber

Friedrich Harkort und der Technologietransfer zwischen England und Deutschland 1780-1830

Akos Paulinyi zum 7. Februar 1994

Friedrich Harkorts Unternehmungen, insbesondere seine Mechanische Werkstätte von 1819, gehören zu den frühesten deutschen Unternehmen des Maschinenbaus, und eine breite, auch volkstümliche Literatur hält diese Rolle lebendig. Untersuchungen, die sich stärker auf makroökonomische Faktoren des Wachstums oder auch auf die von Harkort und Johann Heinrich Daniel Kamp genutzte Technik konzentrieren, haben das Bild einer positiven, zwischen Staat und Harkort Hand in Hand geführten Gewerbeförderung der Pioniere und Musteranstalten inzwischen etwas abgeschwächt, zumindest aber facettenreicher gestaltet. Ein etwas breiterer Blick, zeitlich wie sachlich, unter Heranziehung neuerer Forschungsergebnisse[1] mag in diesen Fragen für festeren Boden bei der Beurteilung sorgen.[2]

Die preußische Gewerbeförderung ist von ganz unterschiedlichen ideologischen Lagern her als zwangsläufig bzw. notwendig oder als bremsend/erfolglos interpretiert worden[3]; diese pauschalen Zuweisungen sind nicht nur im Hinblick auf (wenig) erfolgreiche Einzelunternehmer und Ingenieure zu befragen, sondern auch hinsichtlich Region[4], Branche[5] und vor allem Phase.[6] Letztere Einteilung gewinnt erheblich an Plausibilität, wenn man nach der Lektüre der Akten doch eine erhebliche Rivalität zwischen den beiden Abteilungen „Gewerbe" unter der Leitung von Beuth und zeitweise sogar mit einem eigenen Ministerium vertreten und der Sektion „Berg- und Hüttenwesen", 1810 bis 1835 unter Leitung von Ludwig Gerhard, unterstellen darf.[7]

In der durchgängigen Auffassung, daß die Gewerbeförderung eine landesherrliche/ staatliche Aufgabe sei, rivalisierten beide Behörden offen mit- und gegeneinander. Das Berg- und Hüttendepartement hatte um 1800 schon eine Reihe von Dampfmaschinen erbauen lassen. Seine Beamten brüsteten sich mit dem Erfolg eines dem englischen Vorbild gleichkommenden Technikeinsatzes im Eisenhüttenwesen.[8] Vor sich selbst und auch für den Staatskanzler Hardenberg, der seine ersten Sporen im Bergdepartement verdient hatte und sich nach 1808 für den Erhalt des Direktionsprinzips einsetzte, waren sie damit *die* technischen Experten der Monarchie, weniger freilich für den Handelsminister von Bülow und seine Mitarbeiter Christian Kunth und Peter Beuth.

Als die preußische Regierung für Berlin die ersten Textilmaschinen beschaffen mußte, gründete das Manufakturkollegium unter Kunth 1796 die Technische Deputation und investierte erhebliche Mittel in Beschaffung und Einsatz von Textilmaschinen einschließlich Dampfmaschinen, wenn auch wenig erfolgreich.[9] Insbesondere im Dampfmaschinenbau triumphierten die Bergtechniker, baute doch John Baildon 1799 die erste betriebsfähige Maschine für die Porzellanmanufaktur, während die Antriebe für die Textilfabriken wenig reüssierten.

Mit der Gründung einer für den frühen Dampfmaschinenbau typischen Eisengießerei *in Berlin* 1802/3[10] unter dem neuen Chef Friedrich Wilhelm von Reden schienen die Bergtechniker auf dem Weg zu sein, ihre führende Stellung auszubauen. Doch sie überschätzten ihre Fähigkeiten bei weitem und mußten in Zukunft mehrere blamable

Niederlagen hinnehmen, von denen die Gewerbeverwaltung dann letztendlich profitierte.

Es ist zum Verständnis der technischen Grundvorgänge notwendig, darauf hinzuweisen, daß die Halte- und Bewegungsteile der frühen Maschinen aus Eisenguß bestanden, die dann entsprechend bearbeitet wurden. Der Former spielte dabei eine ebenso wichtige Rolle wie der spätere Bearbeiter, der Mechaniker. Die fehlende Schlagfestigkeit des Gußmaterials mußte gegebenenfalls durch seine Massenhaftigkeit kompensiert werden. Diese Grundlage hatten die preußischen Hüttentechniker gelernt.

Zwischen 1795 und 1800 in England und darauf auch in Deutschland veränderte sich diese Materialgrundlage aber entscheidend: Nun handelte es sich um Stahl (Puddeleisen), welcher maschinell auf Hobel-, Dreh- und Bohrmaschinen bearbeitet wurde und der den Werkzeugen eine viel höhere Standfestigkeit und Präzision abverlangte. Eben dieser Anforderung, die für die neuen Spinn-, Scher- und Rauhmaschinen verlangt wurde, konnten die Berg- und Hüttentechniker, die vor allem Dampfmaschinen und Pumpen bauten[11], nicht gerecht werden.

Nach den deprimierenden Ergebnissen der Gewerbeförderung in den 1790er Jahren und nach dem Untergang des alten Preußen erhielt das Preußen der Reformen in Minister Karl vom Stein und in Christian Kunth zwei äußerst aktive Gewerbeförderer[12], die aber dem Bergbau noch durchaus verbunden waren. Sie erkannten, daß zumindest drei personelle Gruppen für einen erfolgreichen Transfer nach Preußen gezogen werden mußten: Unternehmer, Ingenieure/Mechaniker und Werkmeister/ millwrights[13]. Worauf dabei zu achten war, hatte Kunth schon 1799 formuliert:

[Es ist dabei] „auf neue Erfindungen solcher Maschinen zu achten, welche zur besseren Anfertigung von einzelnen Teilen an anderen Maschinen oder Werkzeugen dienen, z. B. Maschinen, um Räder zu schneiden im Großen wie im Kleinen als für Uhrmacher, Walzen zu riffeln, Bronzeleisten zu ziehen, zu prägen, jedoch immer nur auf Neuere und bessere zu attendieren [achten]"[14], eine Erkenntnis, die dem Bergdepartement noch lange fremd blieb.

Da für den Antrieb der Textilmaschinen kleinere und gleichmäßiger laufende Dampfmaschinen ausreichten, forderte Johann August Sack, der die Gewerbe- und Handelsabteilung leitete, Gerhards Berg- und Hüttensektion 1812 auf, zwei moderne Dampfmaschinen zu bauen. Dieser Auftrag endete zwei Jahre später in einem Fiasko.[15]

Die Erinnerung daran war noch nicht geschwunden, da wiederholte sich 1816 im Versuch der Berg- und Hüttentechniker, zwei Lokomotiven nach englischem Muster (Blenkinsop) zu kopieren[16], dasselbe Unglück: Die Gießer und Mechaniker auf den Hüttenwerken im Lande arbeiteten weder nach Zeichnung noch konnten sie auf den ihnen mitgebrachten, oft unvollständigen Zeichnungen die Maschinen überhaupt eindeutig identifizieren. Was zudem fehlte, war die Erfahrung mit exakt bohrenden und formenden Werkzeugen bzw. Werkzeugmaschinen und die Maschinen selbst. Sie waren in England auch schwer zugänglich, weil nicht über Patente öffentlich gemacht.[17]

Peter Christian Wilhelm Beuth[18], der nach Kenntnisnahme Steinscher Praktiken der Gewerbeinformationen ab 1814/18 Gewerbesachen bearbeitete und 1819 die Leitung der Technischen Deputation übernahm, setzte die von Kunth[19] aufgenommenen Kontakte zu Steinhäuser, dem wichtigsten preußischen Kontaktmann in London, nahtlos fort.

In der Frage der Werkzeug-, Dampf- und Textilmaschinen betrieb Peter Beuth nun eine ganz energische Politik, die von Kunth schon eingeleitet worden war. Sebastian Fridag, Giese und Co. in London besorgten für die Berliner Förderer die Versendungen; sogleich wurden sie vom 1814 anreisenden Fabrikenkommissar Johann Georg May[20] gelobt, der dort die Werkstatt des Inbegriffs der Werkzeugmaschinenbauer, Henry Maudslay, besuchte.[21] Nachdem 1819 eine Maudslay-Drehbank an Edward Thomas bzw. Friedrich Harkort verkauft worden war, lieferte Steinhäuser auch mehrere an Peter Beuth, Franz Anton Egells[22] und Johann Caspar Hummel und schuf so die zunächst schmalen Grundlagen des deutschen Werkzeugmaschinenbaus. Maudslay wurde, nachdem Beuth (und Schinkel) ihn 1826 persönlich aufgesucht hatten, 1828 Ehrenmitglied des Vereins zur Beförderung des Gewerbfleißes.

Auf der Unternehmerebene hatten Sack und Beuth mit der Anwerbung von Cockerill einen sehr großen Erfolg errungen. Der Lütticher Unternehmer John Cockerill und seine Söhne zeigten den Berliner Unternehmern und Beamten ab 1814, wie weit sich die englische Maschinentechnik inzwischen entwickelt hatte.[23] Sie richteten in Berlin eine Lohnspinnerei ein und erhielten für die mitgebrachten Maschinen kostenlos ein Kasernengebäude sowie für die 10jährige Betriebszeit eine Abgabenbefreiung.

Der wichtigste englische Lieferant von Maschinen aller Art für Sachsen wie Preußen und für viele Unternehmer war J. L. Steinhäuser[24], der seit 1798 in London verschiedene Geschäfte betrieb, zunächst ein Handelsgeschäft, später auch eine Maschinenfabrik. In der Regel erhielt er seine Anweisungen über die preußische Gesandtschaft. Er stand aber auch privaten Unternehmern wie Harkort und auch sächsischen Abnehmern mit Rat und Tat zur Seite, lieferte Bücher und Zeitschriften, auch an Stein privat, und leitete die preußischen Englandbesucher detailliert an, vor allem den Maschinenbauer Franz Anton Egells, dem er sowohl 1819 wie auch 1821 bei der Beschaffung seines Patentes half.[25]

Beuths Programm – 1822 im ersten Band der Verhandlungen des Vereins zur Beförderung des Gewerbfleißes[26] öffentlich vorgestellt – umfaßte freilich umfängliche öffentliche Eingriffe zur Erziehung zu einem gewerbefleißigen Preußen, welches über die Beschaffung von Maschinen und Personal weit hinausging: Nach innen verfolgte er den französischen Weg der Musterbereitstellung[27], der Modellsammlung[28], der Bücherbeschaffung, der Erstellung eines Realrepertoriums aus allen technischen Zeitschriften[29] und der Herstellung besonders aufwendiger und für die Geschmacksbildung bestimmter Vorbilder[30] als Belohnung für besonders gute Exponate[31] auf den 1822 und 1827 stattfindenden Industrieausstellungen im Gewerbeinstitut, nach außen hin förderte er den Einsatz strategisch wichtiger Maschinen; er errichtete eine die Provinzen betont einbeziehende gewerbliche Bildung und schuf damit dem Verein für die Beförderung des Gewerbfleißes und der dazugehörigen Zeitschrift die erforderliche organisatorische Grundlage für Kommunikation in technischen Fragen und zwischen Unternehmern und Beamten: Das französische Vorbild ließ auch hier grüßen. Interessierte Mechaniker und Unternehmer konnten sich in der Modellsammlung über die Möglichkeiten der (Baumwoll-, später vor allem der Leinen-) Textilherstellung und -veredlung informieren.[32] In den Staatsdienst wollte er in strikter Ablehnung französischer Vorstellungen jedoch keinen dieser (Schul-) Absolventen einstellen.

Für die mechanische Technologie standen in der Modellwerkstatt all diejenigen Werkzeugmaschinen und Einrichtungen der neuen Maschinentechnik, die Beuth im

Lande ausbreiten wollte. Erhebliche Summen, allein 1821 standen ihm 65.000 Taler für Maschinenanschaffungen zur Verfügung, nutzte er für die Beschaffung von Werkzeugmaschinen, um deren Vervielfältigung er sich danach bemühte: eine Schmiede, eine Tiegelgießerei, der Kessel einer Dampfmaschine von 2 PS, ein Ölgasapparat nach englischem Vorbild, eine Dampfmaschine nach Newcomen, Stockschere und Kreisschere, zwei kleine Walzwerke, Drehbänke, Kreissäge. Hinzu kamen vier Drehbänke, davon eine von Rich in London, die anderen von Hummel in Berlin und Staedler nach Vorlage von Hague, Tobham und Maudslay.

Damit war diese Werkstatt vorzüglich ausgestattet und sicherlich eine Musterwerkstatt, die sich freilich nicht im Wettbewerb behaupten mußte. Eine Sägemaschine von Alexander Galloway, eine vertikale Bohrmaschine von Hummel und die für die Zahnradherstellung unentbehrlichen Teilscheiben als Geschenk von Cockerill konnten durch vier beständige Arbeiter vorgeführt werden.

Beuth, der diese Maschinen zusammengebracht hatte und wußte, daß sie weder bei den Berg- und Hüttenleuten vorhanden waren noch von ihnen eingesetzt werden konnten, nahm den geringen Entwicklungsstand des von der Gewerbefreiheit ausgenommenen preußischen Berg- und Hüttenwesens nach 1816/20 zum Anlaß, ein eigenes Programm in die Wege zu leiten. Ihn störten das Selbstbewußtsein und das geringe Interesse an einer Wettbewerbswirtschaft bei den für die Produktionstechnik recht unbedarften, aber angesehenen Berg- und Hüttenleuten, und er bemühte sich, einen anderen „Stand", privatwirtschaftlich tätige Mechaniker, dagegen zu stellen.

Er sah – wie auch der Sachse Friedrich Georg Wieck – im Mechaniker, „der einen großartigen Wirkungskreis ganz ausfüllen wollte, eine eigentümliche Mischung von Genialität und Pedanterie, von feurigem Eifer und ruhiger Ausdauer – Eigenschaften, die, überall selten vereint, bei einem aus eigener Kraft, aus dem Druck der Umstände sich herausarbeitenden Manne, gleichwohl nicht selten glänzender [sich] entwickeln, als bei dem besoldetem Verstande einer auf fremdes Kapital gegründeten Unternehmung."[33] Das Genialische im Mechaniker hat Beuth durch die Betonung des Freihandzeichnens und anderer kreativer, durch Schinkel inspirierter Übungen im Unterricht verankert.[34] Im spontanen (bis starrköpfigen) Friedrich Harkort aus Wetter hat Beuth längere Zeit eine Verkörperung seines Idealtyps Mechaniker-Unternehmer gesehen.

Friedrich Harkort[35] reiste 1819 und 1826 nach England, um dort jeweils die Fachkräfte für sein Unternehmen „einzukaufen"; dieses Verhalten entsprach durchaus dem der Verleger seiner näheren Umgebung schon in den zurückliegenden Generationen, man denke nur an Rumpe in Altena, und den durch die Regierung in Berlin sanktionierten Normen. Wuppertaler Verwandte in der Londoner Bank Jameson & Aders bahnten ihm den Weg und verschifften die ersten beiden Dampfmaschinenkäufe[36], eine zu 6 PS und eine zu 2 PS.[37] Er hatte sich 1819 in Wetter mit einer „Mechanischen Werkstätte" selbständig gemacht, obwohl er von der modernen Metallbearbeitung nichts verstand, außer daß man sie zum Bau von Dampfmaschinen benötigte, und mit Edward Thomas einen technisch versierten Ingenieur gefunden, der gleich seine Werkstatt aus Pempelfort bei Düsseldorf mitbrachte.

Harkort versprach 1819, Dampfmaschinen jeder Art und Gasbeleuchtungsapparate, ferner jede nützliche Maschine, von der eine richtige Zeichnung beschafft werden konnte, herzustellen. Dafür richtete er die Abteilungen für Modellmacher, Gießer, Dreher und Schmiedearbeiten ein.[38]

Der Entschluß zum Bau von Dampfmaschinen war so ungewöhnlich nicht. Zunächst sind bei Harkort lebhafte Eindrücke des technologischen Konsulenten der Provinz, F. A. A. Eversmann, haften geblieben[39], der, ihm ähnlich, eine starke projekthafte Vorstellung von den zukünftigen Aufgaben, aber wenig Durchhaltevermögen besaß. Kurz zuvor, im Jahre 1818, hatte eine sächsische Kommission eine Reise in die Rheinprovinz und nach London unternommen, um an Spinnmaschinen für „Garne über Nr. 70 oder 80" zu gelangen. Steinhäuser in London bot sich an, diese in London zu besorgen. Die Teile sollten in die Kisten für die ohnehin aus London bestellte Gasbeleuchtung gelegt werden.[40] Utensilien für die Gasbeleuchtung gehörten auch zu Harkorts originären Produktionszielen, wie er im Frühjahr 1819 dem Handelsministerium mitteilte.[41] Franz Dinnendahl baute solche Dampfmaschinen und Gasbeleuchtungen seit einiger Zeit ganz in Harkorts Nähe im Essener Süden. Die Gute-Hoffnungs-Hütte nahm dieses Geschäft ebenfalls 1820 in Konkurrenz zu Dinnendahl auf, den sie vorher mit Gußwaren beliefert hatte.[42]

Harkort und der ihn begleitende Thomas engagierten in England 1819 auch dessen Schwiegervater Samuel Godwin sowie dessen Sohn George Godwin[43], ferner den Gießer Obrey.[44] Die Beschäftigung von Samuel Godwin zunächst in England und die enge Verwandtschaft der drei sollten eine wichtige Grundlage der erfolgreichen Zusammenarbeit bis 1826 bilden.[45]

Über die Ausrüstung der Werkstatt und die englische Herkunft vieler Maschinen und Werkzeuge ist bislang wenig veröffentlicht worden, obwohl die Unterlagen gewisse Aufschlüsse geben:[46] Neben kleineren Handwerkszeugen, insbesondere Feilen, die Thomas mitbrachte, finden wir im Memorial Harkorts von dessen kleiner Schrift unter dem 31. Juli 1819 sorgfältig festgehalten, daß Thomas in diesem Monat für

- „2 große Drehbänke von Limehouse [?] nebst Verpackung" 113 Pfund (£) 10 Schilling (sh) erhalten habe, ferner für
- „2 Modelle zu Schlide tools zu leihen" 2£, für
- „1 completes Schlide tool mit Theilscheibe" 19£ 4sh 2pence (p),
- „2 Paar Schraub Schneid Eisen" 9£ 3sh, für
- „Schleide [sic!] tools zu gießen" 3£ 8sh 1p, für
- „detto kleines" 5sh 10p.

Zusammen mit einigen kleineren Beträgen für Zeichensachen und Verpackung buchte Harkort 158£ 11sh oder 1.307 Taler Berg. Cour. 19 Silbergroschen auf die Debetseite seines Journals. Auf der folgenden Seite hielt er ferner fest, daß

- „durch Thomas für ihn [Friedrich Harkort] erkauftes schliding rule" Thomas 10 Taler 18 sgr. erhielt und daß er ihm für
- „ein hölzernes schliding rule v(on) Maudsley" 1£ 5sh vergütete[47].

Deutlich wird, daß Harkort einmal zwei Drehbänke über Steinhäuser, möglicherweise von Maudslay erhalten hat, obwohl dieser „offiziell" keine Drehbänke verkaufte. Ferner erhielt Harkort „slide-tools", also „Schiebezeug" bzw. Kreuzsupport, und zwar einmal ein „komplettes mit Teilscheibe" für den Zahnradschnitt und wohl auch mit einer Vorrichtung für das Schneiden von Schrauben, und weiterhin zwei Modelle, um daraus Supporte „zu leihen" (?) sowie zwei Gußformen o. ä., um daraus einen großen und einen kleinen Support zu gießen.

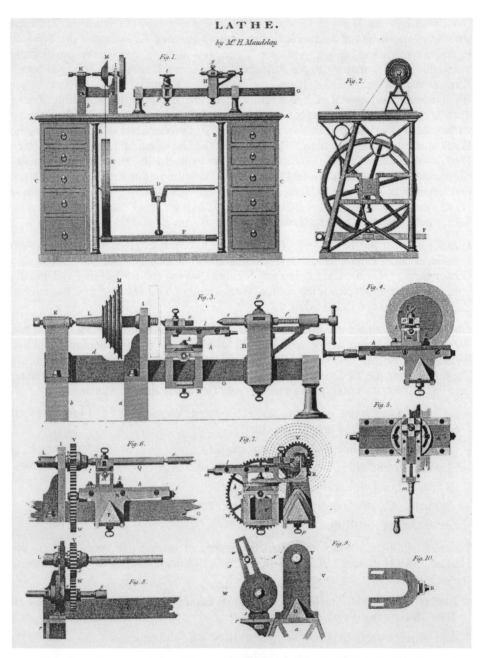

Drehbank aus Metall, die von Maudslay in unterschiedlichen Größen, aber in ähnlicher Form benutzt wurde. Fig. 1 und 2: Ansichten; Fig. 3 zeigt die beweglichen Teile (ohne Antrieb) mit dem Support M, der in Fig. 4 von der Seite und in Fig. 5 von oben gezeigt wird.

Fig. 6 bis 10 zeigen die Vorrichtung zum Schraubenschneiden mit Hilfe eines Getriebezusatzes, der für die Herstellung „links" und „rechts" drehender Schrauben auf derselben Drehbank (Fig. 8 und 9) mit einem umlegbaren Getriebe ausgestattet ist. Fig. 10 ist eine Stütze für besonders lang gefertigte Schrauben.

Abraham Rees u. a. (Hg.): The Cyclopedia. Plates Bd. 3, London 1820, o. S. „Lathe"

Harkort importierte also das notwendige Zubehör zur Drehbank, die in der Regel mit dem Fuß in Bewegung gesetzt wurde, nur die großen wurden von Arbeitern über Kurbel, Schwungrad und Transmission angetrieben. Ohne diese hätte er die Teile der am Wasser oder an der Dampfmaschine laufenden Arbeitsmaschinen mit ihren Genauigkeitsanforderungen nicht herstellen lassen können. Ferner erhielt er in diesem engen Zusammenhang zwei Schraubschneideisen, auf die er zusammen mit der Drehbank zur Herstellung von Schrauben angewiesen war. Maudslay hatte diese Drehbank mit Support und Spindel für die Schraubenherstellung 1794/97 entwickelt, und seit 1815 war sie der Öffentlichkeit bekannt[48], die ja auch in Form neugieriger Kontinentaleuropäer zahlreich auf die Insel strömte. Die Zusatzeinrichtung für das Schraubenschneiden könnte sich hinter dem Begriff „sliding rule" (wörtlich: Schiebemeßstab mit verschiebbarer Teilung) verbergen.

Harkort und Thomas begannen neben dem Guß verschiedenster Apparate, Heizungen und Walzen zunächst den Maschinen- und Dampfmaschinenbau[49] und gewannen ihre Kunden wohl über günstige Preise. Doch Thomas merkte bald, daß Harkort wenig von der Mechanik verstand, und erreichte schon 1821 den Abschluß eines Sozietätsvertrages.

Die wachsenden Spannungen zwischen Thomas und Harkort waren damit nicht mehr zu heilen.[50] Die finanziellen Zugeständnisse auf dem umkämpften Textilmaschinenmarkt waren die eine Seite, die vor allem dem fast ständig auf Montage arbeitenden Thomas schwer zu schaffen machten, der – obwohl Associé – wenig Einfluß darauf hatte. Thomas montierte seit dem Frühjahr 1824 Dampfmaschinen im sächsischen Raum, einem wichtigen Absatzmarkt der Werkstätte und lernte dort auch seinen neuen Arbeitgeber Haubold kennen.[51] Andererseits gab Harkort stets ein Bekenntnis zur staatsunabhängigen unternehmerischen Tätigkeit ab. Mit den wachsenden Schwierigkeiten im Textilmaschinenbau wurde er aber mehr und mehr abhängig vom Dampfmaschinenbau des staatlich dirigierten Bergbaus, der auch pünktlich zahlte.

Zwar entsandte Harkort George Godwin vom 1.9.1824 bis 18.2.1826 nach Manchester, um qualifizierte Mechaniker für den Bau von neuesten Textilmaschinen zu gewinnen, doch vergeblich.[52] So fällt auf, daß Harkort seit dieser Zeit (seit 1827, als er in Berlin eine Niederlage errichtete) von Beuth zwar Muster-Textilmaschinen zum Ausstellen und zum Nachbau erhielt (z. B. double speeder[53]), diese aber nur unter großen Schwierigkeiten nachbauen konnte, daß verlorene Prozesse[54] hinzukamen und daß er mit der Lösung von Thomas und den Godwins auch seine 1827 in Berlin eingerichtete Werkstätte nicht mit ausreichender Mechanikerqualität besetzen konnte. Harkort entschloß sich, sein Unternehmen auf eine andere Basis zu stellen. Damit war aber eine Abwendung von Beuth verbunden, der auf die Schwächen der Fabrikate und die Uneinsichtigkeit Harkorts, daß Fehler auch bei seiner mangelnden Kompetenz zu suchen waren, unwirsch reagierte.

Harkort wollte nun nicht mehr länger Eisenguß und dessen Bearbeitung betreiben; Herstellung und Bearbeitung von Stahl (Puddeleisen), vor allem der Bau von Eisenbahnen[55] und Schiffen sollten zukünftige Schwerpunkte werden. Dazu entfaltete er 1825[56] die Vision eines durch Eisenbahnen erschlossenen deutschen Volkswirtschaftsraumes. Doch zum Bau fehlte es ihm an Fachleuten und an Kapital. Noch hatte Stephenson sein leistungsfähiges Eisenbahnsystem von 1829 auch nicht öffentlich vorgestellt.

Überlegungen zur Gründung einer Aktiengesellschaft zum Einstieg in die Stahlherstellung oder zur Zusammenlegung von seinem bzw. Kamps Betrieb mit James Cockerill[57], der auf der Suche nach einer guten Anlage war, sind bekannt geworden.[58] Es sieht schon sehr nach einem Vorbild für Harkort aus, was die Cockerills taten. Nur waren die Harkort-Brüder nicht im gleichen Maße geschult und zu keinem Zeitpunkt hinsichtlich technischer Standards und technischen Know-hows und staatlicher Subvention in eine ähnlich günstige Lage wie die Cockerills versetzt worden. Ganz abgesehen davon scheiterte Cockerills Lütticher Werk etwas später an der schnellen Expansion.[59]

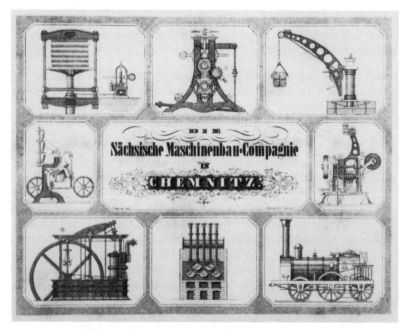

Die Maschinenbauprogramme der frühen Maschinenfabriken waren universell, wie die Werbebeilage der Sächsischen Maschinenbau Compagnie von 1839 belegt.[60]

Es fällt freilich auf, daß Harkorts Töne und Worte für ein nationales Eisenbahnnetz zur Umgehung der holländischen Rheinmündung nun mit stärker patriotischen und auch nationalen Tönen verbunden wurden, auch dieses sicherlich ein Kennzeichen der aufkeimenden Bürgerlichkeit im industriellen Rheinland/ Deutschland.[61]

Nachdem sich die Eisenbahnen in England als verläßliche Transportmittel für Steinkohle erwiesen hatten, machte Gerhard mit zwei vorzüglichen Nachwuchsbergleuten, Karl von Oeynhausen und Heinrich Dechen[62], 1826 noch einmal den Versuch, das Image und den Einfluß eines technisch fortschrittlichen Bergdepartements zurückzugewinnen. Wie zufällig und parallel zum Beginn seines Maschinenbaus 1819, als auch Egells gerade in London weilte, hielt sich Harkort zeitgleich mit den beiden Bergbeamten in England auf, um das notwendige Fachpersonal für die Grundtechnologie des Eisenbahnbaus zu beschaffen.

Als Betreiber und Kontrolleur eines Eisenbahnsystems hätte die Bergsektion eine zukünftig unantastbare und unverzichtbare Rolle in Preußen spielen können – ein Argument, das auch im Angesicht der laufenden Liberalisierungsdebatte um das

Bergrecht zu sehen ist.[63] Um hier Unterstützung zu finden, mußte Harkort allerdings die Fronten wechseln.

Im Jahre 1826, als die beiden Sparten Gewerbe und Berg- und Hüttenwesen wieder unter einem Ministeriumsdach vereinigt waren und nur wenige Monate, nachdem die englische Politik in Bezug auf Export von technischem Know-how liberaler geworden war, hielten sich weitere preußische Gewerbebeamte, Mechaniker und Unternehmer in England auf, neben Friedrich Harkort selbst auch der große „Anstifter" zur nunmehr nicht mehr verbotenen Abwerbung, Peter Beuth. Begleitet von Friedrich Schinkel nahmen sie mit sehr gemischten Gefühlen die neueren Entwicklungen des englischen Industrialisierungsvorgangs wahr: Pauperismus bzw. Ludditenbewegung.[64] Beuth hat in der Eisenbahn allenfalls ein geeignetes Hilfsmittel für Massentransporte gesehen. Die hohe Mobilität der Bevölkerung erschreckte ihn vielmehr, und vor allem die mit dem Bau verbundenen hohen spekulativen Kapitalbewegungen verabscheute er zutiefst. Gerade noch vor seiner Abreise nach England hatte er auf entsprechende Vorschläge an der Ruhr verlangt, daß jeder, der es mit seinen Fahrzeugen wolle oder könne, die Schienen benutzen dürfe, eine monopolistische Nutzung durch die Kapitaleigner also ausfalle. Insgesamt seien Beuths Vorstellungen von der gewerblichen Entfaltung seines Landes „eliteorientiert, ästhetisch, antimodern und antisemitisch"[65], wie Brose meint.

Doch über den Nutzen eines Eisenbahntransportes für Steinkohlen waren auch die unteren Bergbehörden an der Ruhr sehr gespalten: Am Bergamt Essen stand in Heinrich Heintzmann (1778–1858) zwar eine ständig treibende Kraft dafür zur Verfügung (schließlich wollte sein Bruder August viele Kohlen transportieren), doch der Leiter des Oberbergamts Dortmund, Bölling, gehörte zu den festen Gegnern[66], und auch sein Nachfolger Toussaint von Charpentier (1779–1847, Berghauptmann in Dortmund von 1830–1835) hielt nur etwas von staatlich kontrollierter Eisenbahnbewegung[67], aber keineswegs von einer freien kapitalistischen Entwicklung, welche ähnlich wie in England die einträglichen Einkünfte der Finanzverwaltung aus den Schleusengeldern der Ruhr ruinieren würde.

Im Spätsommer 1828 hielten sich die führenden Bergbeamten im Ruhrtal auf[68], um die Trassen für die Zechenbahnen, zumindest für eine Verbindungsstrecke zwischen Essen/Bochum und Elberfeld oder gar für eine überregionale Bahn zu prüfen, und Harkort war natürlich dabei. Seine eben noch propagierte Einschienenbahn nach Palmer hatte er inzwischen fallen lassen. Immerhin konnten die Beamten beobachten, wie auf insgesamt vier Zechenschiebewegen mit Schienenbestückung der Kohlentransport, von „Unternehmern" abgewickelt, erhebliche Kostenvorteile mit sich brachte, so auf Carl Friedrich Erbstollen, auf St. Mathias Erbstollen, im Muttental und im Deilbachtal.[69]

Nun hatte die Berg- und Hüttensektion schon seit Jahrzehnten (seit 1816 in Geislautern) versucht, das Puddelverfahren einzuführen[70], das ja einen ganzen Komplex verschiedenartiger Bearbeitungsverfahren darstellte und sowohl Herrichtung und Betrieb von Herd, Kohlen und Schmelzgut sowie vor allem Luppenquetsche und Walzgerüst umfaßte.[71]

Es ist erstaunlich wenig in den Unterlagen davon die Rede, warum Harkorts Puddelspezialisten, die 1826 in England angeworbenen englischen Arbeiter (Puddelmeister Mac Mullen, Hammerschmied Lewis und Walzer Swift)[72] das Verfahren in Wetter sogleich 1826 imitieren konnten.[73] Harkort selbst zog 1856 eine Bilanz über all die Neuerungen, die er meinte, in Rheinland-Westfalen für die deutsche Industrie eingeführt zu haben:[74]

„In der Eisengießerei die Einführung der Cupolöfen mit Stichherden, die Formerei schwieriger Maschinenstücke in Sand und den Guß der Hartwalzen. Die Anfertigung und Verwendung eiserner Getriebe, namentlich der konischen Räder und deren genaue Modellierung nach richtigen Grundsätzen. Die verbesserte Konstruktion der Zylindergebläse und Wasserräder. Die Herstellung der ersten doppelten Dampfmaschinen bis 100 Pferdekraft. Die Errichtung einer Kesselschmiede nach englischer Methode und dazu erforderlichen Maschinen und Gerätschaften. Die Meister Moll, Berninghaus, Stuckenholz und Schäfer sind aus dieser Schule hervorgegangen. Ferner die Anfertigung der ersten Heizapparate mit warmer Luft, die Puddlingsfrischerei, die Einführung der feineren Schleiferei für Stahlwaren (mit Hilfe des Mechanikers Prinz aus Aachen) sowie der englischen Rundsäge. Die Befürwortung der Anlage von Eisenbahnen. 1827 erging eine desfallsige Denkschrift an den Minister vom Stein, und gleichzeitig wurde zur Belehrung des Publikums eine Palmersche Probebahn in Wetter gelegt und später in Elberfeld aufgestellt. Die Anfertigung der Schlösser und Schlüssel durch Maschinen erhielt hier den ersten Impuls."

Von den vielen Hilfen aus englischer Hand war hier nicht mehr die Rede; ebenfalls fehlte der Textilmaschinenbau, den er gegen prompte Bezahlung aus der Kasse Beuths erledigte; dafür erwähnte er alle diejenigen Verfahren, die zur Zeit der Abfassung des Textes größere Bedeutung im Ruhrgebiet erlangt hatten. Daß die Produkte nicht nur hergestellt, sondern auch verkauft werden mußten, überging Harkort, und er zeigte so, daß er doch noch in beträchtlichem Maße in der Tradition der technologisch-kameralistischen Gewerbevorstellung steckte.

Doch Harkort mußte schließlich seine drängenden Pläne zum Einstieg in das Eisenbahngeschäft begraben. Während sein Bruder Gustav in Sachsen an der Errichtung der ersten privaten Ferneisenbahn beteiligt war (Dresden-Leipzig, eröffnet 1838), spielten sich um die Erlaubnis der ersten Eisenbahnen an der Ruhr dramatische Bewegungen bis in die höchsten Spitzen der preußischen Monarchie ab[75]: Politisch einflußreiche Eisenbahngegner wie der rheinische Landtagsabgeordnete Schuchard, Militärs mit Sicherheitsbedenken gegen Eisenbahnen und ein befürchtetes schnelles Vordringen der Franzosen, die Interessen der Straßenbauer, der Wettstreit zwischen der Bergbehörde und der Gewerbeverwaltung, aber auch die rasante technische Weiterentwicklung des Transportsystems in England und die Anerbieten belgischer und niederländischer Gesellschaften, das Rheinland zu erschließen – all das ließ nur den begrenzten Bau von Pferdeeisenbahnen im Ruhrgebiet zu[76], und dann auch nur dort, wo die Ruhrschiffahrt nicht beeinträchtigt wurde, also auf dem Wege von Essen nach Elberfeld 1834. Daß sich Harkort dann doch am Bau der Schlebuscher Kohlenbahn 1829 beteiligte, hat zu seinem finanziellen Ruin entscheidend beigetragen.[77] Was Beuth nicht importierte und Harkort nicht in den Griff bekam, war das betriebliche Rechnungswesen einschließlich der Abschreibung bzw. eine Gegenüberstellung von Aufwand und Ergebnis; dies allein hätte Auskunft geben können über Erfolg oder Mißerfolg der Unternehmung.

Die ausbleibenden Aufträge schwächten die ohnehin schwache Kapitalbasis; 1834 übernahm Kamp die Firma und ließ Harkort mit einem erheblichen Schuldenberg zurück. Damit war Harkort nicht mehr betrieblich in die Leitung eines Maschinenbauunternehmens eingebunden. Er stürzte sich mit großem Aufwand noch in den Versuch, Binnen- und Küstenschiffe zu bauen, doch auch hierin folgten ihm die Kapitalgeber auf Dauer nicht.[78]

Harkort lebte in einer Region, die nach 1814 in einen Zwiespalt der preußischen Wirtschaftspolitik geriet: Einerseits war die Bewegungsfreiheit der Unternehmer unter fortbestehenden französischen Rechtskodifikationen größer als in anderen preußischen Provinzen; immerhin arbeiteten 1799 schon fünf mechanische Spinnereien in Barmen.[79] Andererseits wollte die preußische Gewerbeförderung den neu gewonnenen Provinzen aber auch ihre ganze Aufmerksamkeit zuwenden, sollte doch das neu erworbene Rheinland für die preußische Monarchie gewonnen werden. Doch es ist merkwürdig: Trotz der beanspruchten Pionierrolle und trotz seiner Behauptung sind aus Harkorts Betrieben keine hervorragenden Mechaniker oder Ingenieure herausgewachsen, die in der sich entfaltenden Industriewirtschaft dann weitere Unternehmen hätten aufbauen können, erneut ein Zeichen dafür, daß sich marktfähige technische Entwicklungen in seinem Betrieb nicht entwickelt haben. So mußte nicht nur das Berg- und Hüttendepartement die Musterhütte Geislautern verkaufen, auf der weder das Puddelverfahren noch die Lokomotivaufstellung gelungen war, auch die Gewerbeverwaltung mußte in dieser Provinz Rückschläge einstecken.

Als die wichtigsten dauerhaften Ausgangspunkte für das mechanische Gewerbe erwiesen sich erfolgreiche Unternehmungen und Ausbildungsstätten. Die Schule von J. H. Wiedemann in Hagen war durch Bemühungen der Berliner Gewerbeverwaltung dorthin gelangt[80], und deren Ausbau zur Gewerbeschule neben der von Elberfeld unter Peter Caspar Nicolaus Egen[81] bildete den Ausgangspunkt für viele Mechanikerkarrieren. War Harkort von Beuth zunächst als Eckpfeiler der Gewerbeförderung ins Auge genommen, mußte auch Beuth bald erkennen, daß aus anderen Fabriken des Rheinlandes (Aachen – Verviers – Lüttich) bessere Maschinen geliefert wurden. Die Zahl der Harkortschen Textil- und Dampfmaschinen blieb auf den freien, von staatlicher Empfehlung unabhängigen Märkten gering. Prozesse erhöhten die Empfehlung für die Werkstätte nicht. Cockerill, aber für den Bergbau auch die Dinnendahls, die 1811 eine eigene Gießerei gebaut hatten, und vor allem die Gutehoffnungshütte Haniels gehörten zu den erfolgreicheren Lieferanten.

Friedrich Harkort ergriff als junger Unternehmer in der gewerbefreien preußischen Wirtschaft sehr früh die vermeintliche Chance und „kaufte" sich umfangreiche technische Expertise, so, wie er es bei seinen Eltern und Verleger-Kollegen gesehen hatte und wie es ihm vom technologischen Konsulenten der Regierung, Friedrich Eversmann, vorgemacht oder geraten worden war. Immerhin brachte Edward Thomas 1819 vier Personen aus England zurück; eine weitere blieb noch längere Zeit dort. Darüber hinaus erwarb er zugleich auch die Herstellungsmaschinen für die Produktion von Dampfmaschinen und Gasbeleuchtungsgeräten sowie die technologisch eng dazugehörige Eisengußapparatur, den Kupolofen. Hierfür nahm er die Hilfe der preußischen Regierung in Anspruch: Der von ihr bezahlte Agent in London lieferte die gewünschten Maschinen. Harkort wollte damit Produkte herstellen, die nach dem Fortfall der Kontinentalsperre und nach Ansicht von reisenden Englandkennern besonders begehrt sein würden. Auch erwarb er 1823 umfängliche Literatur[82] und ließ Abschriften daraus, vor allem aus Dinglers Polytechnischem Journal, herstellen. Es fällt allerdings auf, daß er nicht die Bände der Enzyklopädie von Rees 1819 kaufte, deren aufsehenerregendes Erscheinen er in England sicherlich erlebt hat, sondern den „Traité de mécanique industriélle" in drei Bänden und einem Band Zeichnungen von dem Leiter des Pariser „Conservatoire des arts et métiers", J. Christian.[83] Doch könnte dieses auch schon das erste Eingeständnis fehlender Kompetenz sein, da Thomas immer häufiger auf Reisen war. Gerade an einem fehlenden wirksamen Dialog zwischen den beiden und sicherlich auch an dem weitgehenden Mißtrauen Harkorts gegenüber einem Fremden scheiterte dieses eigentlich zukunftsweisend angelegte Experiment der Zusammenarbeit zwischen Kaufmann und Ingenieur.

Die Entwicklung in seiner regionalen Nachbarschaft muß ihn enttäuscht haben: Nicht sein Partner Kamp, der auch erhebliche Anteile in seine Werkstätte investiert hatte, entwickelte sich zu seinem Hauptabnehmer für die Textilmaschinen, sondern es waren die fernen Sachsen und Böhmen, bei denen er bei jeder Maschine zulegen mußte, weil die Transportkosten so hoch waren. Es zeigte sich, daß der reine Nachbau auch von Textilmaschinen, zu dem ihn die Gewerbeverwaltung drängte, von nicht ausreichend darauf spezialisierten Mechanikern und bei fehlender Ankopplung an die Praxis eines Textilunternehmens kaum geleistet werden konnte; die Konkurrenz aus Belgien und dann Sachsen war bald stärker, und der Wettbewerb mit den Engländern auf dem Gebiet der Garne war nicht aufzuholen, weil die Regierung unter dem Druck der Webereien die Zölle für Garne nicht erhöhte.

Die Zerbrechlichkeit der gegossenen Maschinenteile legte Harkort täglich vor Augen, wie lohnenswert es sein mußte, über Herstellung und Verarbeitung des neuen Puddeleisens, des Stahls zu verfügen. Die Investitionen dafür, vom Erz über die Kohle und den Hochofen bis hin zu Puddelherd, Quetsche und Walze, haben sein kapitalschwaches Unternehmen dann schnell in den Ruin geführt, da es nicht gelang, an den großen Schienenabsatz zu gelangen. Die Maschinenbauzentren für die Eisenbahnen entwickkelten sich gerade nicht im Ruhrgebiet, sondern dort, wo Gewerbeschulen und Zentren der Administration lagen; für die Schienenherstellung stand sein Werk zu weit von der Kohle entfernt. Zudem waren auch die Werkzeugmaschinen dem neuen Material anzupassen. Der Einstieg in eine neue Materialdimension machte zwar nicht die Qualifikation der Werkmeister völlig überflüssig, wohl aber die alten gußeisernen Geräte und Werkzeuge. Und zu gänzlich eigenen Vorstellungen zum Aufbau eines eigenen Eisenbahnsystems fehlten Ideen und Resourcen, sofern man vor 1829/30, also vor George Stephensons schnellaufender Lokomotive, überhaupt die Vision eines schnellen Personenverkehrssystems hätte entwickeln können. Das Zögern der preußischen Regierung bei der Regulierung des Eisenbahnbaus bedeutete auch das Ende Friedrich Harkorts als selbständiger Unternehmer.

Anmerkungen:

1   Akos Paulinyi, Der Technologietransfer für die Metallbearbeitung und die preußische Gewerbeförderung (1820–1850), in: Fritz Blaich (Hrsg.), Die Rolle des Staates für die wirtschaftliche Entwicklung, Berlin 1982, S. 99–142; zuletzt: ders., Die Umwälzung der Technik in der industriellen Revolution zwischen 1750 und 1840, in: Ulrich Troitzsch / Akos Paulinyi, Mechanisierung und Maschinisierung, Berlin 1991, S. 271–495; Eric Dorn Brose, The politics of technological change in Prussia. Out of the shadow of antiquity 1809–1848, Princeton N. J. 1993; Wolfhard Weber, Preußische Transferpolitik 1780–1820, in: Technikgeschichte 50 (1983), S. 181-196; Gernot Wittling, Der Technologietransfer während des Anlaufes der Industriellen Revolution in Preußen, Phil. Diss. HU Berlin 1993.

2 Schon die Zeitgenossen haben den weiteren Blick bevorzugt: Auf das Selbstbewußtsein der Engländer verwies der Verfasser der „Betrachtungen über Englisches und Sächsisches Manufakturwesen" in: Journal für Fabrik, Manufaktur, Handlung und Mode 1801, Stück 20/21, S. 351–362. Er nannte an Einflußgrößen für die englische Suprematie: 1. Erfindungs- und Unternehmungsgeist in der Landesverfassung; 2. zweckmäßige Gesetze; 3. hemmendes Innungswesen; 4. Verteilung der Arbeit (Arbeitsteilung); 5. Nationalstolz und Widerwillen gegen alles Ausländische; 6. Überfluß an Dampfmaschinen; 7. Einführung von Maschinen.

3 Conrad Matschoß, Hundert Jahre deutscher Maschinenbau, Berlin 1922; ders., Friedrich Harkort. Der große deutsche Industriebegründer und Volkserzieher, in: Beiträge zur Geschichte der Technik und Industrie 10 (1920), S. 1–41; Richard Tilly, Financial institutions and industrialization in the Rhineland 1815–1870, London 1966.

4 Sidney Pollard, Peaceful Conquest. The industrialization of Europe 1760–1970, Oxford 1981.

5 Akos Paulinyi, Die industrielle Revolution, Reinbek 1989.

6 So gibt Brose (wie Anm. 1) den einsichtigen Hinweis auf eine sich verändernde Wirtschaftspolitik ab etwa 1830, auf die allerdings auch schon Peter Lundgreen, Techniker in Preußen während der frühen Industrialisierung. Ausbildung und Berufsfeld einer entstehenden sozialen Gruppe, Berlin 1975 hingewiesen hatte.

7 S. Wolfhard Weber, Preußische Transferpolitik 1780–1820, in: Technikgeschichte 50 (1983), S. 181-196. Das Berg- und Hüttenwesen blieb bis 1851/65 teilweise unter staatlicher Direktion, allerdings nicht mehr als selbständiges Ministerium. Daher gehörte es ab 1808 als Sektion zum Innen-, ab 1813 zum Finanz- und ab 1817 wieder zum Innenministerium. Im Jahre 1830 kam es im Zuge der liberalen Bewegung zusammen mit der Gewerbeabteilung unter das neu eingerichtete Handelsministerium und mit diesem zusammen 1834 unter das Finanzministerium, wiederum zusammen 1835 unter die Seehandlung und wiederum zusammen 1837 (bis 1848) unter das Finanzministerium. Die leitenden Persönlichkeiten wechselten dabei kaum: Zuerst war Christian Kunth für die Gewerbeförderung zuständig, ab 1814/8 dann Peter Beuth, während von 1810 bis zu seinem Tode 1835 Ludwig Gerhard als erster Bürgerlicher dem Berg- und Hüttenwesen vorstand.

8 Es führte an: Dampfmaschinen, Eisenverhüttung auf Koksbasis, Gebläse für die Hochöfen, eiserne Schienen in Bergwerken. S. Wolfhard Weber, Innovationen im frühindustriellen deutschen Bergbau- und Hüttenwesen, Göttingen 1976; Wolfhard Weber, „Englisches Vorbild?" und „Friedrich Otto Burchardt von Reden: Gedanken über die Wichtigkeit des Steinkohlen-Berg-Baues im Allgemeinen, und besonders in Hinsicht auf Schlesien, und dessen wichtige Eisen-Erzeugung (1801)", in: „Das preußische England ..." Berichte über die industriellen und sozialen Zustände in Oberschlesien zwischen 1780 und 1876. Hrsg. von Hanswalter Dobbelmann, Volker Husberg und Wolfhard Weber, Wiesbaden 1993, S. 126–135 und 136–152; Wolfhard Weber, Industriespionage als technologischer Transfer in der deutschen Frühindustrialisierung, in: Technikgeschichte 42 (1975), S. 287–305; E. Hebestedt / J. Siemroth, Die erste deutsche Dampfmaschine 1785 in Hettstedt, in: Eberhard Wächtler / Otfried Wagenbreth (Hrsg.), Dampfmaschinen, Leipzig 1986, S. 116–144. Friedrich Wilhelm von Reden als Leiter dieses Ressorts gab 1807 Kopien der Berliner Zeichnungen an den größten französischen Dampfmaschinenspion, Périer, ab. Geheimes Staatsarchiv Berlin (GStAB) Rep. 121 A III 4 Nr. 5.

9 Unterlagen s. GStAB Gen.dir. Fabr.dep. CCLVII Nr. 152, Nr. 203, Nr. 280.

10 GStAB 121 F VIIIb 1 101. William Wilkinson hatte dieses schon 1788 in Oberschlesien vorgeschlagen. Zur Gründung einer Gießerei in Gleiwitz s. GStAB 121 F IX 7 101.

11 William Richard in Hettstedt; John Baildon; Johann Conrad Friedrich, August Holtzhausen in Schlesien.

12 Karl vom Stein baute während der Kontinentalsperre ein umfassendes Informationsnetz in England auf: GStAB Rep 120 D I 1 1; Generaldir. Techn. Dep. XXVII 10, fol. 12 ff. über Richard Trevithicks Lokomotiven. In Frankreich hatte Stein mit Henry und Friedländer äußerst ergiebige Gewerbeinformanten. GStAB Gen.dir. Fabr.dep. XC 53.

13 Wittling (wie Anm. 1), S. 233.

14 Technische Deputation an Fabriken- und Commerciendeputation am 8. Mai 1799. GStAB Gen.dir. Fabr.dep. XC 53 Bd. 1, fol. 19.

15 GStAB Rep. 121 D III 3 1; Wolfhard Weber, Preußische Transferpolitik (wie Anm. 7). Dieser und der folgende Vorgang sind schon von Ilja Mieck 1982 dargestellt worden: Von der Kopie zur Innovation: Einführung der Dampfkraft in Preußen, in: Spektrum der Wissenschaft, Mai 1982, S. 116–127. Sacks Vorschlag zur Stärkung der Technischen Deputation als einer für die Gesamtmonarchie zentralen Begutachtungsbehörde war zuvor abgelehnt worden, wohl nicht ohne Mithilfe der Bergleute.

16 Friedrich Krigar und Bergassessor Eckhardt hatten das Modell 1814/5 aus England mitgebracht: GStAB Rep. 121 D III 2 Nr. 3; GStAB Rep. 121 D III 3 Nr. 3 Lokomotivbau 1815–1836. Krigar reiste erneut 1819 und 1826.

17 Christine McLeod, Inventing the industrial revolution, London 1988.

18 Peter Christian Wilhelm Beuth (1781-1853) reiste zweimal nach England, 1819 und 1826. S. Alfred Heggen, Beuths „technologische Reisen" 1818–1829, in: Technikgeschichte 42 (1975), S. 18–25. Innerhalb der nun groß gewordenen preußischen Monarchie suchte Beuth auf Reisen die praktischen Auswirkungen seiner Politik zu erfahren, auch das West-Ost-Gefälle zu überwinden und immer wieder zu mahnen. Innerpreußische Reisen auch durch zahlreiche Fabrikenkommissare: In den Westen Preußens fuhr er 1818, 1821 und 1829, nach Schlesien 1820, 1823 und 1828. GStAB Rep. 120 D I 1 Nr. 11, 12, 13, 14 und allgemein Nr. 30.

19 Kunth hatte Steinhäuser ein jährliches Douceur von 40 Friedrichd'or, immerhin 20 engl. Pfund, verprochen.

20 Zum Schwall kontinentaler Gewerbe-Reisender nach 1814 s. William Otto Henderson, Industrial Britain under the regency. The diaries of Escher, Bodmer, May and de Gallois. 1814–1818, London 1968.

21 Wittling (Anm. 1), S. 131. Mays Bericht schon bei Wilhelm Treue, Eine preußische „technologische" Reise in die besetzten Gebiete im Jahre 1814, in: VSWG 28 (1935), S. 15–40. Er liegt StAB Rep. 120 D I 1 10. Zu den Aktivitäten dieser Firma s. GStAB Gen.dir. Fabr.dep. XC 55 fol. 36; auch GStAB Gen.dir. Fabr.dep. XC 65.

22 S. GStAB Rep. 120 D I 1 1 Bd. 1, 114 und 133: Er erhielt eine große und eine kleine Maudslay-Drehbank – ganz ähnlich wie Harkort.

23 Zu den Anwerbungen im Textilbereich s. Wittling (Anm. 1) und Carola Möckel, Technologietransfer in der ersten Phase der industriellen Revolution. Die Cockerills in Sachsen, in: Jahrbuch für Wirtschaftsgeschichte 1987, III, S. 9–27; Rudolf Forberger, Die industrielle Revolution in Sachsen 1800–1861, Bd. 1,1 und 1,2, Berlin 1982.

Zu Cockerill, über dessen Produkte sich Harkort gewöhnlich negativ aussprach (WWA F 1 Nr. 1117): Rainer Fremdling, Unternehmerische Fehlentscheidungen beim Technologietransfer im späten 18. und 19. Jahrhundert, in: Richard Tilly (Hrsg.), Beiträge zur quantitativen vergleichenden Unternehmensgeschichte, Stuttgart 1985, S. 26–42; ders., John Cockerill. Pionierunternehmer der belgisch-niederländischen Industrialisierung, in: Zeitschrift für Unternehmensgeschichte 26 (1981), S. 179–193. Die Cockerills stellten eine umfangreiche Familie dar, die sich wie auch in England in dieser Zeit in den Anfängen gegenseitig durch Informationen und auch Kundenverweise stützen konnte. William Cockerill (1754–1832) war in England Mechaniker gewesen. Er wurde von seinen beiden älteren Söhnen William (1784–1847) und Charles James (1789–1837) unterstützt. Während die älteren

Brüder die Maschinenfabrik weiterbetrieben, gründete John (1790–1840) eine Fabrik zum Bau von Dampfmaschinen und stieg in die Schwerindustrie, d. h. Bergbau und Hüttenindustrie, ein. Dieser Vorgang, der sich um 1825/6 abspielte, dürfte zu dem von Kunth angesprochenen Kooperationsplan Harkort – Cockerill gehören.

Zu Anwerbungen anderer Unternehmer s. GStAB Rep. 120 D I 1 18.

24 Er stammte aus Plauen, sein Bruder war 1817 Professor in Halle. S. Forberger (Anm. 23), Bd. 1,1, S. 128, 141; GStAB Rep. 120 D I 1 1 mit 3 Bänden allein über Steinhäuser. Insgesamt liegen hier bis 1866 18 Bände Akten zum Thema des Maschinenbezuges aus England. Steinhäusers fünfwöchige Reise mit Egells durch die englischen Industriegebiete s. GStAB Rep. 120 D I 1 1 Bd. 1, fol. 66ff. S. Wittling (Anm. 1), S. 146ff.

25 Martin Schumacher, Auslandsreisen deutscher Unternehmer 1750–1851 unter besonderer Berücksichtigung von Rheinland und Westfalen, Köln 1968. Der Berliner Kattundrucker Ferdinand Dannenberger warb 1822 gerade die Werkmeister Beavers und Gibbon an. Jeder dieser Reisenden sprach während seines Aufenthaltes Steinhäuser in London an, der auch die entsprechenden Versendungen besorgte: Wittling (Anm. 1), S. 215; Ilja Mieck, Preußische Gewerbepolitik in Berlin 1806–1844. Staatshilfe und Privatinitiative zwischen Merkantilismus und Liberalismus, Berlin 1965, S. 131ff.

26 S. S. 133–142.

27 GStAB Rep. 120 C VII 2 Nr. 63. Eine Zusammenstellung vom 30. 7. 1821 nennt die Kosten für die beschafften Maschinen: GStAB Rep. 120 D I 1 1, fol. 157 r und v: Walkmaschine nach Lewis Davis, 4 Scheermaschinen an Hummel, Rauhmaschine Briam, Jaquardsche Mustermaschine für Wiedemann/Goldbach an Queva, Rauhmaschine Scheidt in Kettwig, 6 Scheermaschinen Hummel usw.

28 Die Modelle hatten in der Regel ein Drittel Größe. Modellsammlung: GStAB Rep. 120 A II 10.

29 Repertorium der technischen Literatur die Jahre 1823 bis einschließlich 1853 umfassend. Zum Gebrauch der Königlich technischen Deputation für Gewerbe, bearbeitet von Dr. [Ernst Ludwig] Schubarth, Berlin 1856.

30 In der Kupferstecherei wurden diese Maschinen und andere lobenswerte Einrichtungen in einem Druckwerk „Vorbilder für Fabrikanten und Handwerker" herausgegeben, das nicht käuflich war und nur als Geschenk vergeben wurde. Hier wurden antike Form-Vorbilder für die Produktion aufgezeigt. Sie standen den arabischen Antiquitäten in Spanien von Murphy in nichts nach, meinte Beuth.

31 GStAB Rep. 120 E XVI 2 2: Gewerbeausstellungen in Berlin 1822 ff.

32 Zu den um 1830 üblichen Typen von Textilmaschinen s. Wittling (Anm. 1), S. 216: Ein solches Maschinen-Assortiment bestand aus einem Wolf, einer Schrobbel, einer Streich- und einer Vorspinnmaschine mit 40 Spindeln, 3 Ausspinnmaschinen mit je 60 Spindeln und einer Haspel zum Aufwickeln der Fäden.

Beuth nannte in den genannten Verhandlungen des Vereins zur Beförderung des Gewerbfleißes 1822 folgende Exponate:

ein Spinnassortiment für Streichwolle [nach Tappert], eines für Streichwolle [nach Cockerill], eine Spinnvorrichtung [nach Hoppe], verbesserte Tuchwebstühle [von Frank und Cockerill], eine Rauhmaschine [von Weber, gefertigt durch den englischen Mechanikus Biram], eine Schermaschine [nach Cockerill], eine Zylinderschermaschine [nach Davis, angefertigt durch Mechanikus Hummel], eine Tuch-Waschmaschine [nach Davis, gefertigt durch Egells], ein Modell der Walke aus der Grafschaft York im Maßstab 1:1 [bei Tappert vorhanden und von Biram ausgeführt].

Weiter waren vorhanden: das Modell einer 25zölligen Dampfmaschine [Königliche Eisengießerei, Schmahel], eine rotierende kleine Dampfmaschine [vom englischen Mechanikus

Forster], eine kleine Dampfmaschine [Egells], ein Jacquard-Webstuhl für Seide, ferner Lederspaltmaschinen, Gußöfen, Kupolöfen, Brennapparate [von Pistorius], eine nordamerikanische Ziegelstreichmaschine, Maschinen zum Brechen und Kämmen des ungerösteten Flachses, ein Assortiment der Flachsspinnmaschinen der Fabrik von Alberti, Waldenburg/ Schlesien.

Besonders auffällige selbstgefertigte Maschinen oder aus dem Ausland gekaufte oder geschmuggelte Maschinen waren in der Maschinenausstellung anzusehen und gingen oft als Geschenk in die Werkstätten junger Unternehmer. GStAB Rep. 120 D I 1 20: Verschenkte Maschinen.

33 1840 von Georg Friedrich Wieck formuliert: Weber, Preußische Transferpolitik (wie Anm. 1), S. 193.

34 Dieses Selbstverständnis kam auch in der Anfertigung und Versendung bzw. Prämierung durch die Vorschriften bzw. Vorlageblätter für Künstler (Mechaniker etc.) zum Ausdruck, die Beuth für ästhetisch gelungene Techniklösungen bereithielt.

35 S. jetzt die Inventare der überkommenen archivalischen Unterlagen: Wilfried Reininghaus (Bearb.), Friedrich Harkort, Kamp & Co. Die Mechanische Werkstätte in Wetter, 2 Bde., Dortmund 1993 und ders. (Bearb.): Das Archiv der Firma Johann Caspar Harkort zu Hagen-Harkorten, Münster 1991. 1819: Mechanische Werkstätte Friedrich Harkort, Kamp & Co; 1823: Harkort, Thomas & Co.; 1826: Harkort & Co.; 1834: Kamp & Co.

36 Westfälisches Wirtschaftsarchiv Dortmund (WWA) F 1 Nr. 1 fol. 15v: Am 31.12.1819 nahm er die 6 PS Maschine mit 3.700 Reichstaler Berg. Cour., am 31.3.1820 die 2 PS Maschine mit 2.000 Rt. Berg. Cour. in seine Bücher auf.

37 Dabei kann noch nicht genau geklärt werden, ob er die zu 6 PS nicht bald nach Dortmund weiterverkauft hat.

38 Wolfgang Köllmann, Friedrich Harkort, Bd. 1: 1793-1818, Düsseldorf 1964, S. 63; Wittling (Anm. 1), S. 193.

39 So Max Wirth, Die Industrie der Grafschaft Mark und die französische Schutzzollgesetzgebung 1791–1813, Münster 1914. Zu Eversmann s. Hans Breil, Friedrich August Alexander Eversmann und die industriell technische Entwicklung vornehmlich in Preußen von 1780 bis zum Ausgang der Napoleonischen Ära, Diss. Hamburg 1977; GStAB Rep. 120 D XIV 1 17.

40 Wolfgang Uhlmann, Eine Bildungsreise Chemnitzer Industrieller im Winter 1818 nach Düsseldorf, In: Düsseldorfer Jahrbuch 62 (1990), S. 257–261.

41 GStAB Rep. 120 D XIV 1 17: Harkort am 20.2.1819 an den Handelsminister von Bülow; Köllmann (Anm. 38), S. 63 zum Produktionsprogramm Harkorts.

42 Wolfhard Weber, Entfaltung der Industriewirtschaft, in: W. Köllmann u. a. (Hrsg.), Das Ruhrgebiet im Industriezeitalter, Bd. 1, Düsseldorf 1990, S. 201–319, hier S. 222; Hedwig Behrens, Franz Dinnendahl, Köln 1970.

43 Ersterer arbeitete vom 31. 7. 1819 bis zum 20. 10. 1820 für Harkort in England; George kam wenig später aus Nordamerika nach. Harkort setzte so eine Tradition fort, die mit F. A. Eversmann und John Baildon begonnen hatte, die Franz Anton Egells zeitgleich mit Harkort weiterführte und die beste Resultate im Technologietransfer erbrachte.

44 Ein weiterer Arbeiter, Richmond, kam ebenfalls nach Wetter, starb aber vor 1827, während sein Bruder William in Manchester blieb und 1824/26 von G. Godwin erfolglos umworben wurde: WWA F 1 Nr. 515.

45 Samuel Godwin wurde nach 1826 Teilhaber des Elberfelder Ablegers von Harkort und Kamp.

46 WWA F 1 Nr. 15; F 1 Nr. 291, fol. alt 8f.

47 WWA F 1 Nr. 291 (Memorial), Seite alt 8 und alt 9. Die Angaben sind nicht eindeutig zu erklären. Der Name des Drehbanklieferanten ist im ersten Buchstaben nicht genau zu identifizieren. Es handelt sich in jedem Fall um einen englischen Namen, da er nicht in gotischer Schrift geschrieben ist. „Zimehouse" oder „Stimehouse" wären ebenso möglich. Letzterer Name gäbe den größten Sinn, da es sich dann um den oben genannten *Steinhäuser* handeln würde.

48 Akos Paulinyi, Der Stand des deutschen Werkzeugmaschinenbaus um 1850 und die Rolle der preußischen Gewerbeförderung bei dem Techniktransfer für den Maschinenbau, in: Volker Benad-Wagenhoff u.a. (Hrsg.), Emanzipation des kontinentaleuropäischen Maschinenbaus vom britischen Vorbild, Darmstadt 1990, S. 111–130, hier Anm. 15. Akos Paulinyi, Die Umwälzung der Technik in der Industriellen Revolution zwischen 1750 und 1840, in: A. Paulinyi/U. Troitzsch, Mechanisierung und Maschinisierung, Berlin 1991, S. 328-332 äußert sich nicht eindeutig, ob jede verkaufte Maudslay-Drehbank eine (fest angebrachte) Leitspindel hatte (S. 329) oder ob es sich um eine mit mehreren Leitspindeln kombinierbare Zusatzeinrichtung zur „bench-lathe" handelte (S. 332). Letztere ist bei Rees ausdrücklich in der Gravur mit 1815 als Publikationsdatum ausgewiesen und beschrieben: Abraham Rees u. a. (Hg.), The Cyclopaedia; or, universal dictionary of arts, sciences, and literature, 39 Bde., London 1819–1820, hier Bd. 20, 1819, Artikel „Lathe"; ders., Plates, Bd. 3: „Lathe by Mr. H. Maudslay", Figuren 6, 7, 8 und 9, gezeichnet von J. Farey.

49 Hinzu kam die Lieferung von Maschinen aus einfachen Gußwaren, die auf den Werkzeugmaschinen abgedreht werden konnten. Harkort baute mit Samuel Godwin eine liegende Zylinderbohrmaschine. Dazu s. Wittling (Anm. 1), S. 223-228.

50 Aus dem Briefwechsel geht die Entfremdung schon 1825 hervor: WWA F 1 Nr. 1117. WWA F 1 Nr. 679: fol. 28: Thomas berechnete in dem Gerichtsverfahren, das Harkort gegen ihn anstrengte, aber verlor, seine Abwesenheit seit Februar 1824. Der Sozietätskontrakt zwischen beiden stammt vom 23. November 1821. Zwischen 1824 und 1827 hielt Thomas sich auch 80 Tage lang in England auf. Thomas arbeitete dann für Haubold/Chemnitz in Sachsen und in England: Forberger (Anm. 23), Bd. 1,1, S. 142. Schließlich verließen Harkort auch Alfred Fischbein (von Roentgen in Belgien, ging später nach Magdeburg, dann nach Rostock) und der als Feinmechaniker ausgebildete Treviranus, der bei Fraunhofer in München und bei Herschel gearbeitet hatte. S. Matschoß, Friedrich Harkort (Anm. 3), S. 16; Schumacher (Anm. 25), S. 31, 143–148, 230; Reininghaus (Bearb.), Friedrich Harkort (Anm. 35), S. 116, 119.

51 Hierzu zuletzt Wilfried Reininghaus, Westfalen – Sachsen und zurück, in: Der Märker 42 (1993), S. 199–208, hier S. 205f.

52 WWA F 1 Nr. 515 und Nr. 679.

53 GStAB Rep. 120 D XIV 1 17 Vol. 2.

54 WWA F 1 Nr. 132.

55 Er besuchte 1825 den Oberberghauptmann Gerhard in Berlin und hatte einen sehr positiven Eindruck von einer zukünftigen Zusammenarbeit; Gerhard wollte jedenfalls sein Werk in Wetter besuchen: WWA F 1 Nr. 1117.

56 Zunächst in seinem bekannten Aufsatz in der Zeitschrift Hermann 1825. Dann abschließend: Friedrich Harkort, Die Eisenbahn von Minden nach Cöln, Hagen 1833. Hrsg. und eingel. von Wolfgang Köllmann, Hagen 1961. S. auch Köllmann, Friedrich Harkort (Anm. 38), S. 90ff.

57 Die Cockerills in Berlin nutzten die Möglichkeit, aus dem Hauptwerk bei Lüttich auch Dampfmaschinen zu importieren. Immerhin stammten 1830 15 von 26 Berliner Dampfmaschinen von Cockerill aus Belgien. S. Karl Lärmer, Zur Einführung der Dampfkraft in die Berliner Wirtschaft in der ersten Phase der industriellen Revolution vom Ausgang des 18.

Jahrhunderts bis zum Jahre 1830, in: Jahrbuch für Wirtschaftsgeschichte 1977, 4, S. 101–126. GStAB Rep. 120 A V 5 12.

Das neue Unternehmen Harkort & Co. nahm seine Tätigkeit am 1. Februar 1826 auf. Im Bestand Harkort (WWA F 1 Nr. 17, fol. alt 3 bis alt 12) liegt ein genaues Inventarverzeichnis der Gerätschaften:

In der Gießerei Kupolofen, Zubehör zu zwei Flammöfen, Kran und Flaschenzug; an vorrätigen Maschinen: 4 PS unvollständige Dampfmaschine, Wärmapparat, zwei zurückgesandte Walktröge, eine ausgeliehene Dampfmaschine; im sächsischen Lager bei Gebrüder Buhlers in Magdeburg standen eine Dampfmaschine mit 2 PS und fünf Schermaschinen, bei Vetter in Dresden lagen Dampfkessel ohne Rohr und Ofenrohre, bei Gehrenbeck jun. in Chemnitz standen ein Heizapparat und ein Reifenwagen herum; in der Kesselschmiede fällt die Lochmaschine mit 200 Talern auf, im Bohrzimmer vor allem die Dampfmaschine, das Doppelzylindergebläse, zwei Bohrbänke und zwei große (eine auch für Walzen und Cylinder) sowie eine mittlere und drei kleine Drehbänke. Ein großer Kreuzsupport war noch unvollendet. In der Modellmacherei fanden sich neben acht Werkbänken die Modelle (Holzmodeln für den Guß) von 1820 bis 1824 mit 4000 und die für 1825 mit 1000 Talern berechnet. In der Spindelschmiede finden sich die wenigen Gerätschaften säuberlich nach ihrem Material differenziert: Guß, geschmiedet oder Stahl; das gilt auch für das Inventar auf der Feilstube für die Spinnmaschinen. Die Feilstube für die Schermaschinen, die große Schmiede, die Gießereischmiede und die große Feilstube (mit Schraubschneidemaschine, Bohrmaschine) belegen heftig, wie schwer die Werkstätte und die Mechaniker der Zeit auf das Feilen zur Formarbeit angewiesen waren. Eine Vorlage für diese Inventarisation ist eine Liste sämtlicher Gerätschaften in WWA F 1 Nr. 500, fol. 49f.

58 Beuth lehnte eine Erhöhung von Zöllen ab, und Kunths Vorschlag für eine staatliche „Spritze" von 30.000 Rt fand keine Unterstützung. Der von Kunth angeratene Zusammenschluß Cockerills mit Harkort bzw. Kamp kam nicht zustande: WWA F 1 Nr. 132 und 693; Harkort an Kunth am 7. August 1826; Kunth an Harkort am 17. August 1826; Positionspapier Kunths über die Maschinenbauanstalten in den westfälischen Provinzen vom 21. Juli 1826 (Fotographien aus dem GStAB Rep. 120 D XIV 1 17).

59 S. Fremdling, Unternehmerische Fehlentscheidungen (Anm. 23).

60 Wolfhard Weber, Verkürzung von Zeit und Raum 1840–1880. In: W. König / W. Weber, Netzwerke Stahl und Strom, Berlin 1990, S. 97.

61 Zu seinen späteren Überlegungen, Norddeutschland mit Binnenkanälen zu durchziehen s. Wolfhard Weber, Die Schiffbarmachung der Ruhr und die Industrialisierung des Ruhrgebietes, in: Hermann Kellenbenz (Hrsg.), Wirtschaftliches Wachstum, Energie und Verkehr vom Mittelalter bis ins 19. Jahrhundert, Stuttgart 1978, S. 95–116.

62 GStAB 121 Mss VI 369. Heinrich von Dechen (1800-1889) und Karl von Oeynhausen (1795–1865) heirateten nur wenig später die Töchter ihres obersten Chefs, des Oberberghauptmanns Ludwig Gerhard (1768-1835), der mit einer Schwester der Frau von K. F. Bückling (1750–1812) – Chef-Dampfmaschinenbauer in Preußen – verheiratet war. S. Walter Serlo, Bergmannsfamilien in Rheinland und Westfalen, Münster 1936, S. 56–75. Begleitet wurden sie von Friedrich Krigar.

63 S. Protokolle über die Revision des Berggesetzes in Folge der Gutachtlichen Bemerkungen der Provinzialstände Mai 1845 bis Dezember 1846: GStAB Rep. 84a.

64 Gottfried Riemann (Hrsg.), Karl Friedrich Schinkel: Reise nach England, Schottland und Paris im Jahre 1826, München 1986. Hans-Joachim Braun, Wirtschafts- und finanzpolitische Entscheidungsprozesse in England in der ersten Hälfte des 19. Jahrhunderts, Frankfurt/M. 1984.

65 Brose (Anm. 1), S. 36, 128, 211. Dazu paßt auch Beuths Bemerkung (bei Heggen, wie Anm. 18) über Schmutz in schlesischen Fabriken 1823. Sie wirft eine Frage nach der anthropologischen Bedeutung von Schmutz und Sauberkeit und zeitgleicher Flucht in die Vorstellung von Antike auf, die Beuth in seinen Vorbildverzeichnissen propagierte.

66 GStAB Rep. 121 D VI 2 107, fol 20.

67 Wie vor und GStAB Rep. 121 D XIV 1 52 Bd. 1 fol. 161–167.

68 GStAB Rep. 121 D VI 2 107 Nr. 1, fol. 54v.

69 Ausführliche Berichte in GStAB Rep. 121 D VI 2 107 Bde 1 und 2. Wilhelm Blome, Friedrich Harkort als Pionier des Eisenbahnwesens, Diss. phil. Münster 1923.

70 Geislauterner Versuche: GStAB Rep. 121 D III 5 1 Bde 1 und 2; s. Rainer Fremdling, Die Ausbreitung des Puddelverfahrens und des Kokshochofens in Belgien, Frankreich und Deutschland, in: Technikgeschichte 50 (1983), S. 197-212.

71 Akos Paulinyi, Das Puddeln, München 1987.

72 Wittling (Anm. 1), S. 247ff.

73 GStAB Rep. 121 D III 5 Nr. 1.

74 Friedrich Harkort, Geschichte des Dorfs, der Burg und der Freiheit Wetter, Hagen 1856, S. 40f.

75 S. Brose (Anm. 1), S. 209ff.

76 S. dazu GStAB Rep. 120 D XIV 1 52 und Rep. 121 D VI 2 107.

77 Zur Schlebuscher Eisenbahn: s. GStAB Rep. 121 D VI 2 107 Bd. 1 und Rep. 121 D III 3 2 und D III 3 3.

78 Köllmann, Friedrich Harkort (Anm. 38), S. 110.

79 Köllmann, Friedrich Harkort (Anm. 38), S. 110ff.; Wittling (Anm. 1), S. 196.

80 Dazu s. GStAB Rep. 76 Alt III 158; Köllmann, Friedrich Harkort (Anm. 38), S. 31f.

81 Egen machte seine Englandreise 1832 zusammen mit Wedding: Wittling (Anm. 1), S. 135f. Er gutachtete häufig für Vincke, den Oberpräsidenten Westfalens. Spätestens in diesem Jahr wurde die Eisenbahn dem Bergressort entzogen.

82 Die vorhandene Literatur verdient eine separate Bewertung, zeigt sie doch, daß Harkort sich anhand neuerer, besonders englischsprachiger, aber auch französischer Literatur kundig gemacht und auf dem laufenden gehalten hat. Es ist die Reihenfolge der Nennung in WWA F 1 Nr. 743 beibehalten worden; Die Angaben sind bibliographisch soweit wie möglich ergänzt:

Preußisches Landrecht;

Gerichtsordnungen;

Albert Schiffner, Allgemeines deutsches Sachwörterbuch, 10 Bde., Meißen 1828-1831;

Ferdinand Wurzer, Handbuch der populären Chemie zum Gebrauch bei Vorlesungen und zur Selbstbelehrung, Leipzig 1806, 4. Aufl. 1826;

Roberts [sic !] Buchanan, Beiträge zur Mühlen- und Maschinen-Baukunst, Berlin 1825;

Alexander J[a]mieson, A dictionary of mechanical sciences, arts, manufactures, and miscellanous knowledge, London 1827;

Giacomo Barozzi da Vignola, Anleitung zur ganzen Civilbaukunst, Augsburg 1777;

Salomo Sachs, Anleitung zur Erd-Baukunst, Berlin 1825;

Benhard Heinrich Blasche, Werkstädte der Kinder. Ein Handbuch für Eltern und Erzieher, Gotha 1800;

Thomas Tredgold, Principles of warming and ventilating public buildings, dwelling houses, manufactures, hospitals, hot-houses, conservatories, etc., London 1824;

Robert Stuart [Pseudonym für Robert Meikleham], Descriptive history of steam engine, London 1824;

Gérard Joseph Christian, Traité de mécanique industrielle, 3 Bde. u. 1 Bd. Planches, Paris 1822–1825;

Verhandlungen der Vereins zur Beförderung des Gewerbfleißes 1823, 1824, 1826;

Vaterländischer Gewerbsfreund;

Anlage einer Eisenbahn zwischen Moldau und Donau;

Bergordnung für Neuspanien, welche in allen Theilen d. vorm. Kgl. Spanischen Besitzungen noch kraftsbeständig ist, dt. Ausg. Bonn 1828;

The repertory of patent inventions, and other discoveries and improvements in arts, manufactures, and agriculture, 1794ff.;

Chr. Mallinckrodt, Allgemeines Handlungsrecht für die preußischen Staaten, Dortmund 1776;

Statistisch historische Abhandlung über die Vorzüge der monarchischen Regierung;

Die Bergstadt Freiberg in Sachsen;

John Loudon MacAdam, Bemerkungen über das gegenwärtige System des Chausseebaus, dt. Ausg. hrsg. von Fr. Vogel, Darmstadt 1825;

Friedrich August Alexander Eversmann, Die Eisen und Stahlerzeugung zwischen Lahn und Lippe, Dortmund 1804;

Carl Johann Bernhard Karsten, Handbuch der Eisenhüttenkunde, 3. Bd., Halle 1816;

Adreßbuch der Provinz Westfalen;

Carl Johann Bernhard Karsten, Archiv für Bergbau und Hüttenwesen (12 Bde.);

Jahrbücher des Polytechnischen Instituts in Wien (9 Bde.);

Dinglers polytechnisches Journal (82 Hefte);

Postmeilenanzeiger von 1826.

83 S. Wolfhard Weber, Technik zwischen Wissenschaft und Handwerk. Die Technologie des 18. Jahrhunderts als Lenkungswissenschaft des spätabsolutistischen Staates, in: Wirtschaft, Technik und Geschichte. Beiträge zur Erforschung der Kulturbeziehungen in Deutschland und Osteuropa. Festschrift für Albrecht Timm zum 65. Geburtstag, hrsg. von Eckart Jäger und Volker Schmidtchen, Berlin 1980, S. 137–154.

Wolfgang Köllmann

Entwürfe der Entwicklung industrieller Gesellschaft in der Phase des Beginns der Industrialisierung im bergisch-märkischen Raum[1]

Geschichte verdichtet sich manchmal in Landschaften, in Ereignissen oder in Personen. Von den meisten Zeitgenossen kaum erkannt, geschweige denn begriffen und erst in späterer Interpretation in Ausmaß und Bedeutung zugänglich, beginnt in noch stabil gefügt erscheinenden Regionen struktureller Wandel in Wirtschaft, Gesellschaft und Politik. Einzelne Personen entwickeln und verkünden neue Ideen und versuchen sie, anfangs oft nur von wenigen unterstützt, in Gesellschaft und Staat durchzusetzen. So entstehen Entwürfe zukünftiger Gestaltung oder fallen gar Entscheidungen über Zukunft, die erst später, jenseits ihrer Gegenwart verstanden und in ihrer vollen Tragweite bewußt werden. Es mag dahingestellt bleiben, ob ein Genie wie Goethe als Beobachter schon am Abend der Kanonade von Valmy im September 1792 zu den zufällig bei ihm Stehenden geäußert hat: „Von hier und heute geht eine neue Epoche der Weltgeschichte aus, und ihr könnt sagen, ihr seid dabei gewesen", wie er es fast dreißig Jahre später und in Kenntnis der Kriege und des Zusammenbruchs Napoleons niederschrieb[2], aber auch dann charakterisiert ein solcher Ausspruch die Symbolik eines Geschehens, des Sieges der französischen Revolutionstruppen über das von traditionellem Drill, traditioneller Taktik und traditionellem Geist bestimmte Heer Preußens und seiner Alliierten, das sich vor dem eigentlich doch ungeübten, aber mit dem Elan revolutionärer Begeisterung kämpfenden Volksheer ruhmlos zurückzog. Dies kennzeichnete – selbst in späterer Rückschau – den Niedergang des in Frankreich bereits durch die Revolution überwundenen absolutistischen Systems auch in den Ländern Mitteleuropas. So fest gefügt dies wenige Jahre nach dem Tode Friedrichs des Großen auch noch erschien, so schnell brach es unter dem Ansturm der Revolutionsarmeen zusammen. Fast ein Vierteljahrhundert später scheiterte der Versuch seiner Rekonstitution nach den Siegen über Napoleon und nach der Neuformierung des europäischen Staatensystems auf dem Wiener Kongreß 1815. So legitimistisch sich die Staatsführungen auch gaben, so sehr sie in den folgenden Jahren auch versuchen mochten, die aufkeimenden Regungen bürgerlicher Forderung nach Mitbestimmung im Staat niederzuhalten, so wenig konnten sie auf Dauer das durch die aktive, häufig freiwillige Teilnahme an den Entscheidungskriegen gegen Napoleon gewachsene staatsbürgerliche Bewußtsein unterdrükken. Unter solchen Aspekten darf man wohl sagen, daß mit der schmählichen Niederlage von Valmy in Deutschland der Weg zum modernen Staat, in Goethes Worten „eine neue Epoche der Weltgeschichte", begann.

Gleichzeitig aber zeichnete sich die revolutionäre Entwicklung zur modernen Wirtschaft ab. Deren Anfang wurde durch die Dampfmaschine James Watts symbolisiert, die im Zusammenhang mit der Erfindung von Arbeitsmaschinen und chemischen Prozessen und deren erweiterter und verbreiterter Anwendung als Motor der technischen Revolution gilt. Mit auf Umsetzung naturwissenschaftlicher Erkenntnisse beruhender technischer Entwicklung begann der Prozeß der Industrialisierung, der sich nach später allgemeinem Verständnis von dieser Dampfmaschine herleitete, obwohl andere Maschinen – auch Dampfmaschinen – und chemische Verfahren bereits früher bekannt waren. Die Watt'sche Dampfmaschine ermöglichte nämlich die Zusammenführung von Antriebs- und Arbeitsaggregaten ohne Rückgriff auf Wasserkraft oder gar tierische und menschliche Kräfte.

Nur wenige Jahre, nachdem Watt diese Maschine erfunden hatte, sah Adam Smith in freier, arbeitsteiliger Produktion und in freier Konkurrenz eine Lösung der Probleme der Ungleichheit innerhalb der Gesellschaft, der Wirtschaft und der Politik und damit einen neuen Weg zu harmonischem Zusammenleben aller Menschen. Er akzeptierte so zwar die wechselseitige Abhängigkeit von Staat, Wirtschaft und Gesellschaft, aber er übersah in der Hoffnung auf erreichbare Harmonie die sozialen Probleme, die schon darin gegeben waren, daß die neue Produktionsweise die älteren Heimgewerbe und Handwerke verdrängte und damit zur Verelendung nahrungslos Gewordener führte, war doch schon der Bevölkerungszuwachs, wie wenig später Malthus erkannte, nicht mehr auf dem Arbeitsmarkt unterzubringen. In solchen Erfindungen und Ideen vermerkten die Zeitgenossen allenfalls Wandel, aber nicht umstürzenden Neubeginn. Die strukturellen Veränderungen, die von solchen Erfindungen ausgelöst wurden und weit über den technischen Bereich und den Bereich der arbeitsteiligen Produktion hinausgehende Prozesse wirtschaftlichen und gesellschaftlichen Wandels einleiteten, öffneten sich erst später verstehender Analyse. Das mangelnde Gespür der Zeitgenossen für solch revolutionären Neubeginn mag ebenfalls Goethe belegen, der 1790, nachdem er mit seinem Förderer, dem Herzog Karl-August von Weimar, die industriellen Anfänge in Oberschlesien besichtigt hatte, der Friedrichsgrube bei Tarnowitz folgendes Epigramm widmete:

"Fern von gebildeten Menschen, am Ende des Reiches, wer hilft euch Schätze finden und sie glücklich bringen ans Licht?

Nur Verstand und Redlichkeit helfen, es führen die beiden Schlüssel zu jeglichem Schatz, welchen die Erde verwahrt."[3]

Für Goethe unterschied sich der neue Bergbau, Ausgang der industriellen Entwicklung dieser Region, noch nicht von der älteren Schatzsuche, war also in seinem Verständnis nichts Neues und schon gar nicht Beginn eines geradezu revolutionären Umbruchs, wie er in Deutschland am frühesten in Oberschlesien sichtbar wurde.

Auch in Westdeutschland begann die industrielle Entwicklung wenig spektakulär. Als Daten seien etwa die von Friedrich dem Großen erlassene Bergordnung von 1766 und das Knappschaftsprivileg von 1767 genannt, mit denen die Neuordnung des märkischen Bergbaus begann, oder das Privileg des Bergischen Herzogs Karl-Theodor, Kurfürst von Bayern, von 1783, das dem Elberfelder Kaufmann Johann Gottfried Brügelmann mit der Gewährung eines Absatzmonopols für seine Produkte die Errichtung der ersten mechanischen Spinnerei in Ratingen bei Düsseldorf zunächst ökonomisch absicherte, auch wenn bald in der „ausländischen" Nachbarschaft, nämlich in Mülheim a. d. Ruhr und im märkischen Hattingen weitere folgen sollten. Der bergisch-märkische Raum, eine ältere, trotz aller noch bestehenden territorialen Grenzen zusammengewachsene Wirtschaftslandschaft, war hier die Ausgangsregion. Zwar unterbrachen die napoleonischen Kriege den baldigen Ausbau des Begonnenen und – mit Ausnahme des Dampfmaschinenbaus – die Einführung weiterer Neuerungen auch jenseits des Bergbaus und der Textilindustrie, aber nach dem Ende der Kriege und nach der territorialen Neuordnung auf dem Wiener Kongreß erkannte die Führung des neuen preußischen Staates, zu dem nunmehr die gesamte Region gehörte, die Bedrohung der Wirtschaft, wenn sie nicht schnellen Anschluß an die technische Entwicklung in Großbritannien finden würde, und leitete den Aufholprozeß ein.

Die Tragweite der von der Technik ausgehenden Entwicklung wurde auch hier zunächst nur von wenigen begriffen. Zu diesen gehörte Friedrich Harkort. Er blieb lange Zeit insofern eine Ausnahme, als er als einer der ersten im bergisch-märkischen Raum nicht nur frühzeitig die Bedeutung der neuen Maschinen und Verfahren, sondern auch die des Eisenbahnwesens für die gesamte wirtschaftliche Entwicklung erkannt hatte. In seinem am 30. März 1825 im „Hermann", einer der frühen Zeitungen, veröffentlichten Artikel „Eisenbahnen (Railroads)" schilderte er geradezu emphatisch die Konsequenzen solcher Veränderung der Infrastruktur für Handel und Gewerbe der westdeutschen Provinzen Preußens: „Die Eisenbahnen werden manche Revolutionen in der Handelswelt hervorbringen ... Wie glänzend würden die Gewerbe von Rheinland-Westfalen bei einer ... Verbindung mit dem Meer sich gestalten". Und er schloß mit dem Wunsch: „Möge auch im Vaterlande bald die Zeit kommen, wo der Triumphwagen des Gewerbefleißes mit rauchenden Kolossen bespannt ist und dem Gemeinsinne die Wege bahnet"[4]. Hier zeigte Harkort ein Gespür für Möglichkeiten, wie nur wenige seiner Zeitgenossen; das lassen die doch recht verständnislosen Reaktionen auf diesen und andere Artikel in den heimischen Wochenblättern, in denen er die Einführung neuer Technik, z. B. des Puddelverfahrens zur Stahlerzeugung, und seine Eisenbahnpläne propagierte, erkennen.

Solch schöpferische Phantasie zeigte er nicht nur im Hinblick auf technische und allgemeine wirtschaftliche, sondern auch im Hinblick auf in der gegebenen Situation begründete soziale Entwicklungen, wie er sie in seiner unmittelbaren Umgebung, der märkisch-bergischen Wirtschaftslandschaft im Umbruch, beobachten konnte. Indem er in seinen Entwürfen zur Lösung der Probleme seiner Gegenwart Zukunft vorausschauend zu denken versuchte, stand er an einem entscheidenden Schnittpunkt geschichtlicher Entwicklungen, die in seiner Persönlichkeit Ausdruck fanden. Ähnliches gilt für Karl Marx und Friedrich Engels, die, schon von einem anderen Zeitverständnis und vom fortgeschritteneren englischen Beispiel ausgehend, wobei Engels aber auch von seinen Wuppertaler Jugenderlebnissen beeinflußt wurde, ihre aus der Kritik der dominierenden liberalen Auffassungen und Erwartungen entwickelte Analyse von Wirtschaft und Gesellschaft und die daraus nach ihrem Verständnis notwendig abzuleitenden Konsequenzen veröffentlichten.

Beide Deutungen der Gegenwart der 40er Jahre des 19. Jahrhunderts mit ihren daraus abgeleiteten Entwürfen für zukünftige Gestaltung, die über ihre Autoren und deren Lebensspannen geschichtsmächtig wurden, entstanden im Abstand weniger Jahre. Sie waren bei allen grundsätzlichen Unterschieden der Interpretation und der daraus gezogenen Folgerungen geprägt durch die jetzt hervortretenden Erscheinungen tiefgreifender Krise des Überganges von gewerblicher zu industrieller Wirtschaft mit ihren gesellschaftlichen und den sich bereits deutlich abzeichnenden politischen Folgen.

„So hat denn auch die Stunde geschlagen, wo die Unwissenheit und das Elend der untern Volksklassen aus den Höhlen des Lasters und den Kammern der Leiden und Not vor den Richterstuhl der Humanität gefordert werden. Die falschen Dekorationen der Lebensbühne sind verbannt, nackt erscheint der Jammer auf den Brettern, um Jene anzuklagen, denen das Glück die Mittel zur Hilfe verlieh ohne den redlichen kräftigen Willen. Der Bund der Guten reicht durch alle Lande, er bedarf der geheimen Zeichen nicht; öffentlich trete er auf zum Kampf gegen die Gebrechen der Zeit und die geistige Knechtschaft"[5]. Diese Sätze stehen im Vorwort der „Bemerkungen über die Hindernisse der Civilisation und Emancipation der untern Klassen", die Friedrich Harkort 1844 in der Julius Baedeker'schen Buchhandlung in Elberfeld veröffentlichte. Im Februar 1848 begann das von Karl Marx und Friedrich Engels in der Office der „Bildungs-Gesellschaft für Arbeiter"[6] von J. E. Burghardt in London publizierte „Manifest der Kommunistischen Partei": „Ein Gespenst geht um in Europa – das Gespenst des Kommunismus", und es endete: „Die Kommunisten verschmähen es, ihre Ansichten und Absichten zu verheimlichen. Sie erklären es offen, daß ihre Zwecke nur erreicht werden können durch den gewaltsamen Umsturz aller bisherigen Gesellschaftsordnung. Mögen die herrschenden Klassen vor einer kommunistischen Revolution zittern. Die Proletarier haben nichts zu verlieren als ihre Ketten. Sie haben eine Welt zu gewinnen. Proletarier aller Länder vereinigt euch!"[7]

Die politischen und sozialpolitischen Positionen, die in diesen zitierten Äußerungen aufscheinen, charakterisieren die Antagonismen der Interpretation gesellschaftlicher Realität in den Jahren des „Vormärz", der Zeit vor Ausbruch der bürgerlichen Revolution in Deutschland im März 1848. Aus gleicher oder zumindest ähnlicher Beurteilung der Lage zogen ihre Autoren miteinander unvereinbare Voraussagen zukünftiger Entwicklung: das Konzept der sozialen Reform und das Konzept der sozialen Revolution.

Hervorzuheben ist, daß die Antagonisten gleichem oder wenigstens ähnlichem Milieu entstammten: Harkort aus märkischem Reidemeistergeschlecht[8], Engels aus stadtbürgerlicher Honoratiorenschaft[9], Marx aus städtischem Bildungsbürgertum[10]. Aber solche Gemeinsamkeit wurde durch die Unterschiede des Alters und damit der Lebenserfahrung wieder aufgehoben. Karl Marx, geboren am 5. Mai 1818, und Friedrich Engels, geboren am 28. November 1820, waren eine Generation jünger als der am 22. Februar 1793 geborene Friedrich Harkort. Dieser wurde geprägt durch die noch im altständischen Verband wurzelnde Verortung landsässiger Bürgerlichkeit in Gesellschaft und Staat, durch die enge Bindung des weit von den Kernlanden entfernten Territoriums Grafschaft Mark an den preußischen Staat Friedrichs des Großen und des Freiherrn vom Stein, der diese gesellschaftliche Position auch ökonomisch abgesichert hatte, durch die Zeit der als Fremdherrschaft empfundenen Besetzung und Eingliederung in das Großherzogtum Berg von Napoleons Gnaden und durch das Erleben der Befreiungskriege, für ihn die Erhebung des Volkes gegen den Unterdrücker, an der er als gewählter Offizier in einem westfälischen Landwehrregiment Freiwilliger teilnahm. Als Marx und Engels geboren wurden, leitete er bereits seine „Mechanische Werkstätte" in Wetter und propagierte dort die Industrialisierung; als sie noch zur Schule gingen, forderte er im Westfälischen Provinziallandtag die Einlösung des königlichen Verfassungsversprechens durch Einrichtung eines gesamtpreußischen Parlaments, setzte sich für die Liberalisierung des Bodenverkehrs durch Aufhebung der Erbsitte der geschlossenen Hofübergabe und die Liberalisierung des Bergbaus durch Aufhebung der staatlichen Direktion ein und forderte den Ausbau des Verkehrswesens als Voraussetzung wirtschaftlichen Aufstiegs.

Hinter Friedrich Engels stand eine großbürgerliche Familie mit einem ambivalenten Verhältnis zum Staat. Man arrangierte sich mit Preußen, wie man sich vorher mit dem Herzogtum Berg und mit dem französischen Kaiserreich und seinem großherzoglichen Annex arrangiert hatte. Prägender war die protestantisch-pietistische Religiosität, deren Strenge im Elternhaus durch Teilhabe an den Bildungsgütern der Zeit, Schulung des Geistes gerade jenseits des kaufmännischen und kirchlichen Alltags, gemildert wurde. Hatte der Gymnasiast, ganz im Zeichen pietistischer Frömmigkeit des Elternhauses, noch einen Choral gedichtet, so wurde für den kaufmännischen Lehrling die Krise der pietistischen Erweckungsbewegung zur persönlichen Krise, in der er den Glauben der Kindheit verlor und sich mit allem Elan, dessen ein junger Mensch fähig sein kann, der kritischen Philosophie zuwandte, die ihm ein neues Weltbild zu eröffnen schien. Karl Marx' Eltern gehörten zu jenem deutschen Bildungsbürgertum, das jenseits der ökonomischen Lage im Staatsdienst seine Verortung fand. Zwar konvertierte die Familie zum Protestantismus[11], der Sohn blieb aber noch gezeichnet von der antiemanzipatorischen Diskriminierung der jüdischen Herkunft, obwohl er die im Rheinland verbreitete Ablehnung Preußens nicht teilte[12]. Sein Studium führte ihn in den Kreis der radikal-kritischen Junghegelianer, dem sich wenig später auch der als Einjährig-Freiwilliger in Berlin dienende Friedrich Engels anschloß.

Schon diese wenigen Angaben lassen erkennen, wie viel Friedrich Harkort von Karl Marx und Friedrich Engels trennte. Der als Unternehmer gescheiterte, aber weiterhin als Anreger industrieller Entwicklung beachtete und als Teilnehmer der Freiheitskriege, vielleicht schon als politischer Kämpfer für bürgerliche Mitsprache im Staat verehrte Mann, der die Mitte des Lebens schon überschritten hatte, und die von den radikalen Strömungen mitgerissenen jungen Intellektuellen, von denen der eine keine Aussicht auf eine eigentlich erhoffte akademische Karriere besaß[13], während den anderen eine zwar materiell gesicherte, aber doch alltägliche Kaufmannsexistenz erwartete, betrachteten ihre Zeit von Standorten aus, die so weit auseinander lagen, wie es nur möglich scheint. Gemeinsam war ihnen nur die geschichtliche Situation, in der sich ihre Anschauungen gesellschaftlicher Entwicklungen bildeten, gekennzeichnet durch eine ökonomische und soziale Krise bisher ungekannten Ausmaßes.

In dieser Krise wirkten Kräfte, die in der Phase irreversiblen Wandels zum modernen Staat, zur industriellen Wirtschaft und zur bürgerlichen Gesellschaft ausgelöst worden waren und in allen europäischen Regionen gleichen oder ähnlichen Entwicklungsstandes zu annähernd gleichen Erscheinungen geführt hatten. Weiterhin dominierten ältere Formen und Strukturen des Staates, der Wirtschaft und der Gesellschaft, während die Kräfte der Neuerung, wenn überhaupt schon wirksam, noch zu schwach waren, um Veränderungen kontrolliert und ohne Turbulenz ablaufen zu lassen. Für Deutschland[14] – und hier besonders für West- und Südwestdeutschland – zeichneten sich drei Prozesse ab, die in dieser Pauperismuskrise ihren Kulminationspunkt erreichten: der Niedergang der Heimgewerbe, die Übersetzung des Handwerks und die Übervölkerung. Der Niedergang der Heimgewerbe war eine Folge des technischen Umbruchs, der als „Industrielle Revolution" gekennzeichnet wird. Durch den Einsatz von Antriebs- und Arbeitsmaschinen wurde bei quantitativ und qualitativ verbesserter Produktion die ältere Handarbeit verdrängt. Damit fielen die Heimgewerbe der Konkurrenz der Industrie zum Opfer; ihre Arbeitskräfte wurden ohne Aussicht auf neue Arbeitsplätze in die gnadenlose Unsicherheit hoffnungslosen Elends entlassen. Im Handwerk zeichnete sich vor allem dort, wo die Wirtschaftsreformen die Zünfte aufgehoben und die Berufsausübung freigegeben hatten, eine Zunahme der Kümmerexistenzen ohne Orientierung an Bedarf oder Nachfrage ab; dies führte nicht zu struktureller Arbeitslosigkeit, sondern zu struktureller Unterbeschäftigung mit Einkommen, die ein Leben am Existenzminimum nicht mehr garantierten. Die Übervölkerung, mitbedingt durch die Freigabe älterer Ehekonsensregelungen in der Zeit der Reformen und gefördert durch die Ablösung älteren Berufssoldatentums, das den

Angeworbenen lebenslang von seinem Herkunftsgebiet entfernte und oft auch im Ledigendasein band, durch die allgemeine Wehrpflicht, die den jungen Männern nach wenigen Jahren Rückkehr und Ehestand ermöglichte, bewirkte ein wachsendes Angebot an Arbeitskraft auch jenseits von Handwerk und Heimgewerbe ohne entsprechend wachsendes Arbeitsplatzangebot. Außerdem wurde den Unterschichten auf dem Lande durch die Agrarreformen, vor allem durch die Teilung des dörflichen Gemeinbesitzes, den sie früher als Weideland oder Holzung mitgenutzt hatten, ein Teil ihrer Nahrungsgrundlage entzogen. Auch dies betraf in besonderem Maße die landsässigen Heimgewerbe und die Heranwachsenden. Resultat dieser drei Prozesse war eine breit verelendende Unterschicht, die sich vom älteren, in die ständische Gesellschaft eingebundenen „Pöbel" durch die Entlassung in die Bindungslosigkeit unterschied. Sie drohte allein schon durch ihren wachsenden Anteil an der Bevölkerung die bürgerliche Gesellschaft aus den Angeln zu heben. Zwar strebten die Kümmerexistenzen in Heimgewerbe und Handwerk retrospektiv die Erneuerung der für sie „heilen Welt" der Zünfte und Privilegien an, während die amorphe Masse der ohne Hoffnung auf Hilfe am Existenzminimum Vegetierenden zu zielgerichteter Aktion nicht oder noch nicht fähig war. Alle diese Gruppen stellten aber ein revolutionäres Potential dar, das, wie viele befürchteten, ein Zündfunke würde aktivieren können[15].

Hier setzten die gesellschaftspolitischen Entwürfe Marx' und Engels' und Harkorts an. Als Ergebnis ihrer Analyse der gesellschaftlichen Verhältnisse entstanden die beiden Modelle zukünftiger Entwicklung: das Modell der sozialen Revolution von Marx und Engels, eher abgeleitet aus den englischen Zuständen, wie sie Engels in seiner „Lage der arbeitenden Klassen in England" 1845 untersucht und als theoretische Gegenposition zum klassischen Liberalismus konzipiert hatte, und das Modell der sozialen Integration, das in dieser Zeit von bürgerlichen Sozialkritikern aller Richtungen entworfen wurde, dessen Hauptvertreter aber Harkort war, der seine Erkenntnisse im wesentlichen aus den Verhältnissen seiner engeren Region gewann[16], obwohl er sich in eher zufällig erscheinender Auswahl vor allem auf englische und französische „Autoritäten" berief.

Das Modell der sozialen Revolution ging von einer Interpretation der Geschichte als ständiger Abfolge von Klassenkämpfen aus, in denen die revolutionäre Aktion zum Prinzip sozialer Evolution wird. Zwar kann der Kampf der beherrschten gegen die herrschenden Klassen mit dem „gemeinsamen Untergang" enden, aber das Ziel „einer revolutionären Umgestaltung der ganzen Gesellschaft" wird trotz solcher Rückschläge letztendlich doch erreicht, wie die Überwindung der feudalen durch die bürgerliche Gesellschaft demonstriert. Solche neue Ordnung setzt aber stets „neue Klassen, neue Bedingungen der Unterdrückung, neue Gestaltungen des Kampfes an die Stelle der alten"[17], so daß der dialektische Prozeß der geschichtlichen Entwicklung notwendig in den Formen der Entstehung neuer Gegensätze der Herrschaft und Unterdrückung mit der Konsequenz neuer revolutionärer Umgestaltung verläuft. Allerdings ist auch dieser Prozeß endlich. Während nämlich alle früheren Gesellschaftsordnungen und die in ihnen sich manifestierenden Klassengegensätze multidimensional strukturiert waren, zeichnete sich die bürgerliche Gesellschaft durch die Zweidimensionalität der Struktur ihres Endstadiums aus[18], das nach dem Absinken der sozial-konservativen „Mittelstände"[19], sobald sie dem kapitalistischen Konkurrenzkampf nicht mehr gewachsen sind, erreicht wird. Nurmehr zwei uniforme Klassen stehen sich dann noch gegenüber: die „Bourgeoisie" als Klasse des Kapitals, die die Produktionsmittel besitzt und kontrolliert, und das mit ihrer Entwicklung als notwendiger Gegenpol gesetzte „Proletariat", die Klasse „der modernen Arbeiter, die nur so lange leben als sie Arbeit finden und die nur so lange Arbeit finden, als ihre Arbeit das Kapital vermehrt"[20]. Dem geschichtlichen Gesetz folgend wird damit der Kampf gegen die Bourgeoisie zum in seiner Entstehung mitgegebenen Bestandteil seiner Existenz als „Proletariat" und führt notwendig zur Organisation der Arbeiterklasse. Diese wird dann in der proletarischen Revolution die „Bourgeoisie" besiegen und in der folgenden Phase der Diktatur des Proletariats mit Hilfe des „Staates, d. h. des als herrschende Klasse organisierten Proletariats"[21], die Produktionsverhältnisse des Kapitalismus überwinden und die Klassenunterschiede zwangsweise einebnen. Auf diese Weise werden „die Existenz-Bedingungen des Klassengegensatzes, der Klassen überhaupt und damit seine eigene Herrschaft als Klasse"[22] aufgehoben. Weil es innerhalb des Proletariats keine strukturellen Differenzierungen mehr gibt, kann es danach auch keine Neubildung von Klassen in neuer Gegensätzlichkeit geben. Damit ist der Endzustand der Geschichte erreicht, eine „Assoziation, worin die freie Entwicklung aller ist"[23], eine Gesellschaft ohne politische Gewalt, wie sie sich im Staat instrumentalisiert, der deshalb überflüssig wird, weil es keine Herrschaft von Menschen über Menschen mehr geben kann.

Dieses von Marx und Engels entworfene Modell bleibt ein grandioser Versuch, Geschichte zu interpretieren und aus in der gesellschaftlichen Krise der Zeit möglich erscheinenden Tendenzen Zukunft zu projizieren. Aber seine Autoren vereinfachten jede geschichtliche Vielfalt, wenn sie alle Erscheinungen und jedes Geschehen auf einen einzigen Prozeß, den Klassenkampf, zurückführten und damit die Problematik ihrer Gegenwart in einem dogmatischen Chiliasmus auflösten. Aus dem Elend der Gegenwart und seiner weiteren Verschärfung erwächst für sie die Hoffnung auf zukünftige Erlösung ewiger Harmonie, indem die Diktatur des Proletariats, einem jüngsten Gericht vergleichbar, zu einem paradiesischen Zustand dauernder Problem- und Konfliktlosigkeit führen soll. Es war nur konsequent, daß die zur Einebnung aller Klassengegensätze durch die Diktatur des Proletariats entwickelten Maßnahmen[24] keine Konzeption zur Verbesserung der Lage des „Vierten Standes" bedeuten konnten: Enteignung des Grundeigentums, Progressivsteuer, Abschaffung des Erbrechts, Konfiskation des Eigentums aller Emigranten und Rebellen, Zentralisierung des Kredits bei einer Staatsbank mit Monopolstellung, Zentralisierung des Transportwesens, staatliche Planung der gewerblichen und agrarischen Produktion und allgemeiner Zwang zur Arbeit boten keine Lösungen der Krise, deren Hauptprobleme doch gerade Arbeitsmangel und Nahrungslosigkeit waren. Allein die Forderung nach unentgeltlicher Erziehung der Kinder und Beseitigung der Kinderarbeit trafen unmittelbar Mißstände, aber auch hier erinnerte der Vorschlag nach „Vereinigung der Erziehung mit der materiellen Produktion" eher an die bestehenden Fabrikschulen für arbeitende Kinder denn an ein unabhängiges, in die Gesellschaft eingebundenes Schulsystem. Enteignung, Verstaatlichung und Nivellierung, nach Auffassung von Marx und Engels Maßnahmen zu radikalem Bruch mit allem Überlieferten, instrumentalisierten eher revolutionären Umsturz ohne Ende denn ein Ende ohne Gewalt.

Dem stand das fast gleichzeitig entworfene Modell der sozialen Einbürgerung, der „Einpassung des Proletariats in die Gesellschaft"[25] gegenüber. Ohne den Anspruch zu erheben, eine ausgeführte Theorie der Gesellschaft oder gar der Geschichte zu sein, orientierte es sich an den Gegebenheiten und Problemen der Zeit und versuchte unmittelbar, kurz- oder längerfristige Lösungen zu entwickeln. Wenn Harkort hervorhob, daß er „von Jugend auf gewohnt" sei, „das Leben mit nüchternem Blick von der praktischen Seite zu betrachten" und „seit dreißig Jahren täglich unmittelbar in Berührung mit den untern Klassen ... eine klare Anschauung ihrer Verhältnisse gewonnen" habe[26], so kennzeichnete er damit den empirischen Ansatz, aus dem er seine Gedanken entwickelte. Gewiß verkannte er das sozialrevolutionäre Potential, das im „Vierten Stand" heranwuchs, nicht, wie sich aus manchen Äußerungen über die ungerechte Verteilung der „Reichtümer" auch eine deutlich antikapitalistische Position herauslesen ließe[27], aber er verurteilte ebenso die „der öffentlichen Wohlfahrt so schädlichen Arbeiterassoziationen und den Kommunismus", Erscheinungen, die das „Gefühl der Not ... zu gemeinsamer Verteidigung ... hervorgerufen" habe[28]. Ihnen setzte er seinen Gedanken der Zivilisation und Emanzipation der Unterschichten entgegen. „Zivilisation" bedeutete für ihn eine umfassende Volksbildung, „Emanzipation" die soziale Verselbständigung, zu der eben diese Volksbildung befähigen sollte. Für ihn waren die „untern Klassen" keine amorphe Masse, sondern er differenzierte, den Gegebenheiten der Zeit entsprechend, zwischen den „Arbeitern" als selbstbewußtem und eigenständigem Kern der „untern Klassen", dem „unständigen Gefolge der Industrie", das die bürgerliche Gesellschaft gefährde[29], und dem „Proletariat"[30]. Dazu rechnete er, obwohl es sich weitgehend aus den „untern Klassen" rekrutierte, alle jenseits der gesellschaftlichen Ordnung stehenden Gruppen aus allen Ständen. Für ihn war es demnach ein „Stand der Standeslosen" oder die „Negation aller Stände", wie wenig später der Volkskundler Wilhelm Riehl in seiner sozial-konservativen Volkslehre diese Gruppen[31] charakterisieren sollte. Zwar erkannte Harkort die Destabilisierung der ständischen Gesellschaft, wie sie die Französische Revolution, die Reformen vor allem in Preußen und die Industrialisierung ausgelöst hatten, aber er bewertete dies als Fortschritt, der sich in „Menschenwürde", Freiheit der Individuen und Gleichheit der Staatsbürger vor dem Gesetz manifestiere, ohne Individualität und soziale Differenzierungen einzuebnen, und eine bürgerliche Gesellschaft, in der „Familie und Staatsbürgertum die Hauptfaktoren"[32] der Verortung des Individuums waren, begründet habe.

Während Marx und Engels in der dialektischen Eigengesetzlichkeit permanenter Entstehung neuer Klassen, Klassenkampf und revolutionärer Überwindung des Klassengegensatzes das Bewegungsgesetz der Geschichte zu erkennen glaubten, sah Harkort die Geschichte als Fortschreiten der Menschheit[33] zu einem göttlichen Ziel der Harmonie der Welt. Aber er erlag nicht der Illusion der Utopie als Ende geschichtlicher Entwicklung, sondern versuchte in seiner Zeit, in die Geschichte eingebunden und ihr verhaftet, den Fortschritt zu erzielen, der ihm erreichbar schien. Die Gefährdung der bürgerlichen Gesellschaft durch den „Vierten Stand" sollte nicht durch revolutionäre Aktion, sondern durch evolutionäre Einbindung der neuen Unterschichten in eine bürgerliche Gesellschaft, die sich in diesem Prozeß selbst zur bürgerlich-industriellen Gesellschaft veränderte, beseitigt werden. Das Mittel, um ein solches Ziel zu erreichen, war für ihn Hilfe zur Selbsthilfe, eine aktive Sozialpolitik, die vier Bereiche umfaßte[34]:

1. Sicherung der Existenz in Notzeiten durch ein alle Abhängigen umfassendes Netz der Kranken-, Invaliden- und Altersversicherungen,

2. Förderung von Eigentumserwerb und Seßhaftigkeit mit Hilfe von Spar- und Darlehnskassen, Freigabe des Bodenverkehrs und Arbeitersiedlungsbau, Ausbau eines Personennahverkehrs zur Anbindung entfernterer Arbeitersiedlungen an die Standorte der Produktion,

3. Entwicklung der Betriebsverfassung im Sinne einer Mitbestimmung, noch nicht Mitbestimmung der Arbeiter, und

4. Ausbau des Erziehungs- und Bildungswesens vom Kindergarten über die Volksschule zu Gewerbe- und Haushaltsschulen, Volksbibliotheken und Bildungsvereinen.

Bei all diesen Vorschlägen, hier nach den verstreuten Angaben in den „Hindernissen" systematisiert, hatte er bestehende oder diskutierte Einrichtungen und Maßnahmen im Sinn: etwa die Knappschaften des Ruhrbergbaus, die Krupp'sche Betriebskrankenkasse, die „Ersparniskasse" der „Patriotischen Gesellschaft" in Hamburg von 1778, die Städtische Sparkasse Berlins von 1818, die Äußerungen des Bayerischen Oberbergrats Benedikt Franz Xaver von Baader oder des Tübinger Staatsrechtlers Robert von Mohl zur Errichtung von Arbeitervertretungen, um nur wenige zu nennen[35]. Auch der Kampf gegen die Kinderarbeit hatte mit dem von dem Barmer Textilfabrikanten Johannes Schuchard und dem Oberpräsidenten der Rheinprovinz, Ernst von Bodelschwingh-Velmede, initiierten preußischen Kinderschutzgesetz von 1839 einen ersten Erfolg erzielt[36]. Harkorts Verdienst war es, solche Vorschläge und Entwicklungen unter das Leitmotiv der „Zivilisation", einer aus der Enge moralistisch-religiöser Unterweisung befreiten Bildung, die auch politische Kenntnisse einschloß, gestellt und sie zugleich als Mittel der „Emanzipation" zur bürgerlichen Gleichheit befördert zu haben. Für ihn war erst der „erzogene" Mensch, der über Urteilsfähigkeit aus Wissen verfügte, vollwertiges Mitglied der bürgerlichen Gesellschaft in einem bürgerlich geprägten Staat. Bis solche Emanzipation zu demokratischer Verfassung von Gesellschaft und Staat verwirklicht war, bestand allerdings auch für Harkort der bürgerliche Führungsanspruch fort, wurde den unteren Klassen die Mündigkeit und damit das Recht auf politische Eigenständigkeit verwehrt. Hier lagen für ihn Grenzen, die erst überwunden werden mußten, aber an diesen Grenzen zeigte sich noch einmal der grundlegende Unterschied zu Marx und Engels. Wie Harkort dem Zwang der Diktatur die differenzierte Hilfe zur Selbsthilfe entgegensetzte, so blieben für ihn Klassengrenzen keine Bewußtseinsgrenzen. Klassenkampf und Revolution waren nicht die akzeptablen Triebkräfte geschichtlicher Entwicklung, sondern „eine Reform der sozialen Verhältnisse"[37], der stete Fortschritt zur Überwindung sozialer Barrieren mit dem Ziel sozialer Sicherheit und staatsbürgerlicher Gleichheit.

Die Geschichte der 150 Jahre, die seit den „Bemerkungen" Harkorts und dem „Kommunistischen Manifest" von Marx und Engels bis zu unserer Gegenwart vergangen sind, stand weithin im Zeichen der Auseinandersetzung der beiden Systeme, einer Auseinandersetzung, die im Ost-West-Gegensatz unseres Jahrhunderts kulminierte. Mit der fortschreitenden Demokratisierung und dem Sturz marxistisch-leninistischer Diktatur scheint der Kampf entschieden, auch wenn weiterhin von manchen noch die Utopie klassenloser und staatsfreier Gesellschaft geglaubt wird. Das Konzept sozialer Reform scheint das sozialer Revolution mit Verwirklichung der staatsbürgerlichen Gleichheit und sozialer Absicherung trotz fortbestehender sozioökonomischer Unterschiede überwunden zu haben. Es erwies sich als stärker, wenn neue Krisen die Existenz dieser Gesellschaft bedrohten. Verfehlt wäre allerdings, sich in trügerischer Sicherheit zu wiegen und den Prozeß gesellschaftlicher Entwicklung, dessen Beginn Harkort wie Marx und Engels sahen, als abgeschlossen, als Vergangenheit zu betrachten. Auch wenn unsere Gesellschaft heute nicht mehr in gleichem Maße gefordert und vielleicht auch nicht mehr in gleichem Maße gefährdet ist wie in der Krise zur Zeit des industriellen Beginns, wachsen ihr weiterhin neue, zunächst unterprivilegierte Gruppen zu. Damit stellt sich auch unserer Gegenwart erneut die Aufgabe sozialer Einbürgerung und sozialer Integration. Sie für ihre Zeit erkannt und ihre Zeit überdauernde Lösungen gefunden zu haben, ist bleibendes Verdienst Harkorts und der anderen bürgerlichen Sozialreformer dieser Zeit. Es sollte uns in unserer Gegenwart verpflichtendes Vermächtnis sein. Wenn wir dieses Erbe annehmen, in unserer Zeit bewahren und an die Zukunft weitergeben, erfüllt sich eine Hoffnung Harkorts, die er 1845 niederschrieb: „Wir möchten es von den Dächern predigen: öffnet dem Geist seine Bahnen, versündigt euch nicht länger an dem Gott ähnlichen Geschlecht. Dann wird die Zeit kommen, wo jeder begreift, daß keine Freiheit ohne Maß bestehen kann, das Gesetz dieses Maß ist, vor dem alle gleich sind, welches der Mächtige achtet gleich dem Schwachen – und die Stunde der wahren Zivilisation hat geschlagen"[38].

Anmerkungen

1 Die folgenden Ausführungen geben den Vortrag vor der Historischen Kommission für Westfalen in Hagen am 11. April 1994 sowie zu zwei Dritteln den Vortrag am 27. Februar 1993 in Wetter wieder. Sie sind durch Anmerkungen, vor allem Belege der Zitate, ergänzt.

2 Campagne in Frankreich 1792, in: Johann Wolfgang von Goethe, Werke. Hamburger Ausgabe in 14 Bänden, Bd. 10: Autobiographische Schriften II, München 1982, S. 235.

3 Zitiert nach J. G. Schummel, Reise durch Schlesien, in: „Das preußische England ..." Berichte über die industriellen und sozialen Zustände in Oberschlesien zwischen 1780 und 1876, hrsg. von Hanswalter Dobelmann, Volker Husberg und Wolfhard Weber, Wiesbaden 1993, S. 108.

4 Hermann Nr. 26 vom 25. März 1825.

5 Friedrich Harkort, Bemerkungen über die Hindernisse der Civilisation und Emancipation der untern Klassen, Elberfeld 1844 (im folgenden zitiert: Hindernisse), S. V.

6 Die „Bildungsgesellschaft für Arbeiter" war die vom geheimen „Bund der Kommunisten" in London „geleitete öffentliche Organisation", vgl. Karl Marx / Friedrich Engels, Werke und Schriften (im folgenden zitiert: MEGA), 1. Abt. Bd. 6, hg. von V. Adoratskij, Berlin 1932, S. 683. Der „Bund der Kommunisten war 1847 aus dem 1837 in Paris unter Spaltung des „Bundes der Geächteten" begründeten „Bund der Gerechten" hervorgegangen; vgl. dazu u. a. Wolfgang Schieder, Anfänge der deutschen Arbeiterbewegung, Stuttgart 1963, S. 45ff., und Karl Obermann, Die deutschen Arbeiter in der Revolution von 1848, (Ost-)Berlin 1953, S. 49ff., 77ff. (Gründung des „Bundes des Kommunisten").

7 MEGA 1/6, S. 523ff.; Zitate: S. 526, 557. „Proletarier aller Länder vereinigt Euch", die Devise des „Bundes der Kommunisten", steht auch als Motto auf dem Titelblatt des Manifestes.

8 Vgl. dazu: Ellen Soeding, Die Harkorts, 2 Bde., Münster 1957; Wolfgang Köllmann, Friedrich Harkort, Bd. 1: 1793–1838, Düsseldorf 1964.

9 Vgl. dazu: Heinrich Bollnow, Friedrich Engels, in: Neue Deutsche Biographie, Bd. 4, Berlin 1959, S. 520ff.; Helmut Hirsch, Friedrich Engels in Selbstzeugnissen und Bilddokumenten, Reinbek b. Hamburg 1968; Wolfgang Köllmann, Der junge Friedrich Engels, in: Zeitschrift des Bergischen Geschichtsvereins 68 (1973), S. 146–163.

10 Vgl. dazu: Iring Fetscher, Karl Marx, in: Neue Deutsche Biographie, Bd. 16, Berlin 1990, S. 328ff.

11 Der Vater, Heinrich Marx (1777–1838), Rechtsanwalt in Trier, konvertierte 1816 oder 1817, die Kinder wurden erst 1824 getauft (Fetscher, S. 328).

12 Carl Jantke, Der Vierte Stand, Freiburg 1955 hebt S. 118 die „Atmosphäre rheinischer bürgerlicher Bildung und aufgeklärter preußischer Staatsbejahung" des Elternhauses hervor.

13 Seinem Förderer Bruno Bauer, Privatdozent in der evangelisch-theologischen Fakultät der Universität Bonn, wurde 1842 (nicht 1841) durch den preußischen Kultusminister von Altenstein die Lehrbefugnis wegen seiner religionskritischen Publikationen entzogen. Damit entfiel die von Karl Marx angestrebte Anerkennung seiner in Jena promovierten Dissertation als Habilitationsleistung und die Erteilung der venia legendi durch die Bonner philosophische Fakultät (Fetscher, S. 330).

14 Zum folgenden vgl.: Werner Conze, Vom Pöbel zum Proletariat, in: Vierteljahrschrift für Sozial- und Wirtschaftsgeschichte 41 (1954), S. 333ff., jetzt in: ders., Gesellschaft, Staat, Nation, hrsg. von Ulrich Engelhardt, Reinhard Koselleck und Wolfgang Schieder, Stuttgart 1992, S. 220ff.; Carl Jantke, Zur Deutung des Pauperismus, in: Carl Jantke / Dietrich Hilger, Die Eigentumslosen, Freiburg/München 1965.

15 Jantke (wie Anm. 12), S. 41ff.

16 Vgl. dazu Wolfgang Köllmann, Rheinland und Westfalen an der Schwelle des Industriezeitalters, in: ders., Bevölkerung in der Industriellen Revolution, Göttingen 1974, S. 208–228.

17 Zitate MEGA 1/6, S. 526.

18 MEGA 1/6, S. 526: „Die ganze Gesellschaft spaltet sich mehr und mehr in zwei große einander direkt gegenüberstehende Klassen – Bourgeoisie und Proletariat".

19 MEGA 1/6, S. 535. Hier charakterisieren Marx und Engels die Bestrebungen des Handwerks und der Heimgewerbe zur Sicherung „ihrer Existenz als Mittelstände" als retrospektiv: „... sie sind reaktionär, denn sie suchen das Rad der Geschichte zurückzudrehen".

20 MEGA 1/6, S. 532. S. 533f. wird das Proletariat als Klasse deutlich vom „Lumpenproletariat, diese passive Verfaulung der untersten Schichten der Gesellschaft", abgesetzt.

21 MEGA 1/6, S. 545.

22 MEGA 1/6, S. 546.

23 Ibid.

24 MEGA 1/6, S. 545.

25 Conze (wie Anm. 14), S. 240; für die Restaurationsphase stellte Conze S. 243 fest: „Die Staaten hatten die Revolution niedergeschlagen und ihre Ordnung wiederhergestellt, und sie unternahmen nach ihrem Sieg nichts Wesentliches, um durch staatliche Sozialpolitik den Pauperismus zu überwinden und den Proletarier sozial einzubürgern".

26 Hindernisse, S. 23; zum folgenden vgl. auch: Wolfgang Köllmann, Gesellschaftsanschauungen und sozialpolitisches Wollen Friedrich Harkorts, in: Rheinische Vierteljahresblätter 24 (1960), S. 81–99.

27 Z. B. Hindernisse, S. 8f.: „Die Finanzleute reden von Kapitalien, Arbeitskräften und Schaffung der Reichtümer, aber wer spricht von gerechter Verteilung? Leider nur der St. Simonismus ... Indem man die Nationen in Schulden stürzte, hat man durch Agiotage Rothschilde geschaffen, die mit ihrem Gelde nicht die Gewerbe des Mittelstandes, sondern Monopole des Reichtums unterstützen".

28 Hindernisse, S. 9 (Satzteile umgestellt). Harkort lehnte damit nur politische Organisationen ab, nicht sozialpolitische. Zum Kommunismus: Hindernisse, S. 77: „Indem der Kommunismus das absolute und allgemeine Anrecht des Einzelnen auf Hilfe verficht, Gütergemeinschaft verlangt und die Ehe aufhebt, ist er der gefährlichste Feind der Gesellschaft. Freiheit und Eigentum treten zum Vernichtungskampfe in die Schranken"; damit wandte Harkort sich vor allem gegen St. Simon, Fourier und Experimente mit „Gütergemeinschaften".

29 Hindernisse, S. 48.

30 Seinen, dem marxistischen scharf entgegengesetzten Proletariatsbegriff definierte er in einer, nach dem Holzschnitt am Kopf „Bienenkorbbrief" genannten, „Brief an die Arbeiter" betitelten Flugschrift gegen die revolutionären Aufstände von Ende Mai 1849 (im Faksimi-

le abgedruckt bei Wilhelm Schulte, Volk und Staat. Westfalen im Vormärz und in der Revolution 1848/49, Münster 1954, S. 319–322), im Ansatz auch Hindernisse, S. 5; vgl. auch Conze (wie Anm. 14), S. 229.

31 Wilhelm Heinrich Riehl, Die Naturgeschichte des deutschen Volkes, zusammengefaßt und hrsg. von Gunther Ipsen (= Kröners Taschenausgabe Bd. 122), Stuttgart 1935, S. 355, 257; vgl. Jantke (wie Anm. 12), S. 72ff.

32 Hindernisse, S. 60; die „Familie" – es wird nicht deutlich, ob damit auch die „Sippe" gemeint sein kann – und die Ehe werden an vielen Stellen (z. B. S. 46, 77, 79) als Kern gesellschaftlicher und staatlicher Ordnung genannt.

33 Hindernisse, S. 3.

34 Köllmann (wie Anm. 26), S. 94ff.; dort finden sich ausführliche Belege auch aus anderen Schriften Harkorts.

35 Vgl. zur Geschichte der Knappschaften: Klaus Tenfelde, Sozialgeschichte der Bergarbeiterschaft an der Ruhr, Bonn-Bad Godesberg 1977, S. 90ff.; zur Geschichte der Krupp'schen Betriebskrankenkasse: Wilhelm Vossiek, Hundert Jahre Kruppsche Betriebskrankenkasse 1836–1936, Berlin 1937; zur Geschichte der Sparkassen: Adolf Trende, Geschichte der deutschen Sparkassen bis zum Anfang des 20. Jahrhunderts, Stuttgart 1957 (in Preußen gab es bereits 1838 ein Sparkassengesetz: „Reglement die Errichtung des Sparkassenwesens betreffend"); zu Baader und von Mohl: Hans-Jürgen Teuteberg, Geschichte der industriellen Mitbestimmung in Deutschland, Tübingen 1961, S. 23ff., Jantke (wie Anm. 12), S. 56ff. (Baader).

36 Zu Schuchard vgl. Hans Höring, Johannes Schuchard, in: Rheinisch-Westfälische Wirtschaftsbiographien, Bd. 1, Münster 1932, S. 1–19.

37 Hindernisse, S. 79.

38 Hindernisse, S. 30.

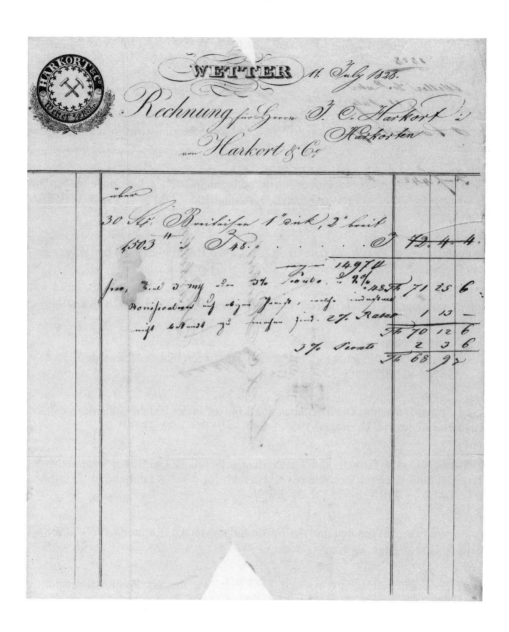

Rechnung von Harkort & Co. für Johann Caspar Harkort zu Harkorten über 30 Stangen Breiteisen (mit eigenhändigen Bemerkungen von Friedrich Harkort)
11. 7. 1828
WWA F 39 Nr. 2014

VERÖFFENTLICHUNGEN DER GESELLSCHAFT FÜR WESTFÄLISCHE WIRTSCHAFTS-GESCHICHTE E.V.

I Vortragsreihe

Berichte aus laufenden Forschungsarbeiten und Referate zu neuen Forschungsergebnissen:

Heft 1
Herrmann, Walther: Entwicklungslinien montanindustrieller Unternehmungen im rheinisch-westfälischen Industriegebiet, Dortmund 1954, DM 8,— ISBN 3-925227-00-8

Heft 2
Bechtel, Heinrich: Der Wirtschaftstil des deutschen Unternehmers in der Vergangenheit, Dortmund 1955, DM 8,— ISBN 3-925227-01-6

Heft 3
Beutin, Ludwig: Die Praxis und die Wirtschaftsgeschichte, Dortmund 1955, DM 8,— ISBN 3-925227-02-4

Heft 4
Kuske, Bruno: Grundlinien westfälischer Wirtschaftsgeschichte, Dortmund 1955, DM 8,— ISBN 3-925227-03-2

Heft 5
Schulz, Ernst Hermann: Die Stahlqualität als Faktor in der Entwicklung der westfälischen Eisenindustrie, Dortmund 1957, DM 8,— ISBN 3-925227-04-0

Heft 6
Richtering, Helmut: Firmen- und wirtschaftsgeschichtliche Quellen in Staatsarchiven. Dargestellt am Beispiel Westfalens vornehmlich für das 19. Jahrhundert, Dortmund 1957, DM 8,— ISBN 3-925227-05-9

Heft 7
Kohte, Wolfgang: Westfalen und der Emsmündungsraum, Dortmund 1960, DM 8,— ISBN 3-925227-06-7

Heft 8
Lütge, Friedrich: Reich und Wirtschaft. Zur Reichsgewerbe- und Reichshandelspolitik im 15.–18. Jahrhundert, Dortmund 1961 (vergriffen)

Heft 9
Fischer, Wolfram: Die Bedeutung der preußischen Bergrechtsreform (1851–1865) für den industriellen Ausbau des Ruhrgebiets, Dortmund 1961 (vergriffen)

Heft 10
Maschke, Erich: Grundzüge der deutschen Kartellgeschichte bis 1914, Dortmund 1964 (vergriffen)

Heft 11
Aubin, Hermann: Das westfälische Leinengewerbe im Rahmen der deutschen und europäischen Leinwanderzeugung bis zum Anbruch des Industriezeitalters, Dortmund 1964 (vergriffen)

Heft 12
Herrmann, Walther: Bündnisse und Zerwürfnisse zwischen Landwirtschaft und Industrie seit der Mitte des 19. Jahrhunderts, Dortmund 1965 (vergriffen)

Heft 13
Treue, Wilhelm: Konzentration und Expansion als Kennzeichen der politischen und wirtschaftlichen Geschichte Deutschlands im 19. und 20. Jahrhundert, Dortmund 1966, DM 8,—

Heft 14
Abel, Wilhelm: Der Pauperismus in Deutschland am Vorabend der industriellen Revolution, Dortmund 1966, DM 8,— ISBN 3-925227-07-5

Heft 15
Tilly, Richard H.: Die Industrialisierung des Ruhrgebiets und das Problem der Kapitalmobilisierung, Dortmund 1969, DM 8,— ISBN 3-925227-08-3

Heft 16
Zorn, Wolfgang: Das Unternehmerporträt – ein Stück Sozialgeschichte, Dortmund 1970, DM 8,— ISBN 3-925227-09-1

Heft 17
Klaveren, Jacob van: Die Industrielle Revolution und das Eindringen des Fabrikanten in den Handel, Dortmund 1972, DM 8,— ISBN 3-925227-10-5

Heft 18
Sprandel, Rolf: Die Betriebsformen der Eisenproduktion in Westdeutschland in vorindustrieller Zeit
Timm, Albrecht: Bergbau und Wissenschaft – ihre wechselseitige Beeinflussung zwischen dem 16. und 19. Jahrhundert, Dortmund 1974, DM 8,—

Heft 19
Paulinyi, Akos: Industriearchäologie. Neue Aspekte der Wirtschafts- und Technikgeschichte, Dortmund 1975, DM 8,— ISBN 3-925227-12-1

Heft 20
Kaufhold, Karl Heinrich: Das Metallgewerbe der Grafschaft Mark im 18. und frühen 19. Jahrhundert, Dortmund 1976, DM 9,50 ISBN 3-925227-13-X

Heft 21
Petzina, Dietmar: Krisen gestern und heute – Die Rezession von 1974/75 und die Erfahrungen der Weltwirtschaftskrise, Dortmund 1977, DM 8,— ISBN 3-925227-14-8

Heft 22
Troitzsch, Ulrich: Innovation, Organisation und Wissenschaft beim Aufbau von Hüttenwerken im Ruhrgebiet 1850-1870, Dortmund 1977, DM 8,—

Heft 23
Conze, Werner: Der Strukturwandel der Familie im industriellen Modernisierungsprozeß – Historische Begründung einer aktuellen Frage, Dortmund 1979, DM 8,50 ISBN 3-925227-17-2

Heft 24
Teuteberg, Hans-Jürgen: Westfälische Textilunternehmer in der Industrialisierung. Sozialer Status und betriebliches Verhalten im 19. Jahrhundert, Dortmund 1980, DM 12,50 ISBN 3-925227-18-0

Heft 25
Henning, Friedrich-Wilhelm: Vorindustrielles Gewerbe und wirtschaftlicher Wandel im Paderborner Land im 19. Jahrhundert
Pollard, Sidney: Region und Industrialisierung im Vergleich – Minden-Ravensberg und die englischen Industriegebiete, Dortmund 1982, DM 10,— ISBN 3-925227-21-0

Heft 26
Winkel, Harald: Der Glaube an die Beherrschbarkeit von Wirtschaftskrisen (1933-1970) – Lehren aus der Weltwirtschaftskrise –, Dortmund 1984, DM 8,— ISBN 3-925227-22-9

Heft 27
Treue, Wilhelm: Eisenbahnen und Industrialisierung. Ein Beitrag zur preußischen Wirtschafts- und Technikgeschichte im 19. Jahrhundert, Dortmund 1987, DM 10,— ISBN 3-925227-26-1

Heft 28
Henning, Friedrich-Wilhelm: Soziale Struktur und soziale Verhältnisse vom 15. bis zum 20. Jahrhundert im Hilchenbacher Raum, Dortmund 1988, DM 10,— ISBN 3-925227-27-X

Heft 29
Schremmer, Eckart: Über „stabiles Geld". Eine wirtschaftshistorische Sicht, Dortmund 1992, DM 12,— ISBN 3-925227-32-6

Heft 30
Vorträge zur Sparkassengeschichte. Wissenschaftliches Kolloquium der Stiftung Westfälisches Wirtschaftsarchiv und der Stadtsparkasse Dortmund am 26. Februar 1992 mit Beiträgen von Rolf Caesar, Gustav Luntowski, Hans Pohl und Josef Wysocki, Dortmund 1994, DM 15,— ISBN 3-925227-35-0

II Einzelveröffentlichungen

Wirtschaft und Geschichte. 25 Jahre Westfälisches Wirtschaftsarchiv Dortmund. Jubiläumsfeier am 1. Dezember 1966, Dortmund (1967), 55 S. (auf Anforderung kostenlos)

Reiseberichte eines westfälischen Glasindustriellen. Die Briefe Theodor Müllensiefens von seinen Auslandsreisen in den Jahren 1823–25 und 1828–29, bearb. von Hans Vollmerhaus, Dortmund 1971, X, 142 S. (vergriffen)

III Untersuchungen zur Wirtschafts-, Sozial- und Technikgeschichte

Band 1
Holtfrerich, Carl-Ludwig: Quantitative Wirtschaftsgeschichte des Ruhrkohlenbergbaus im 19. Jahrhundert. Eine Führungssektoranalyse, Dortmund 1973, XIV, 197 S., mit 33 Tabellen und 23 Schaubildern, gebunden DM 24,50 ISBN 3-925227-11-3

Band 2
Fremdling, Rainer: Eisenbahnen und deutsches Wirtschaftswachstum 1840–1879. Ein Beitrag zur Entwicklungstheorie und zur Theorie der Infrastruktur, 2., erw. Aufl., Dortmund 1985, XIV, 236 S. (vergriffen)

Band 3
Herbig, Wolfgang: Wirtschaft und Bevölkerung der Stadt Lüdenscheid im 19. Jahrhundert, Dortmund 1977, XX, 213 S., mit 63 Tabellen und 17 Graphiken, gebunden DM 35,— ISBN 3-925227-15-6; broschiert DM 28,— ISBN 3-925227-16-4

Band 4
Ditt, Karl: Industrialisierung, Arbeiterschaft und Arbeiterbewegung in Bielefeld 1850–1914, Dortmund 1982, XV, 322 S., mit 65 Tabellen und 8 Karten, gebunden DM 45,— ISBN 3-925227-19-9; broschiert DM 38,— ISBN 3-925227-20-2

Band 5
Schüren, Reinhard: Staat und ländliche Industrialisierung. Sozialer Wandel in zwei Dörfern einer deutsch-niederländischen Textilgewerberegion 1830–1914, Dortmund 1985, IX, 242 S., mit 30 Tabellen, 7 Schaubildern und 8 Abbildungen, gebunden DM 40,— ISBN 3-925227-23-7; broschiert DM 35,— ISBN 3-925227-24-5

Band 6
Teuteberg, Hans-Jürgen (Hg.): Westfalens Wirtschaft am Beginn des „Maschinenzeitalters", Dortmund 1988, X, 406 S., broschiert DM 42,— ISBN 3-925227-28-8

Band 7
Bratvogel, Friedrich W.: Stadtentwicklung und Wohnverhältnisse in Bielefeld unter dem Einfluß der Industrialisierung im 19. Jahrhundert, Dortmund 1989, XIV, 494 S., broschiert DM 49,— ISBN 3-925227-29-6

Band 8
Petzina, Dietmar / Reulecke, Jürgen (Hg.): Bevölkerung, Wirtschaft, Gesellschaft im Wandel. Festschrift für Wolfgang Köllmann zum 65. Geburtstag, Dortmund 1990, XIV, 428 S., gebunden DM 39,— ISBN 3-925227-30-X

Band 9

Dascher, Ottfried / Kleinschmidt, Christian (Hg.): Die Eisen- und Stahlindustrie im Dortmunder Raum. Wirtschaftliche Entwicklung, soziale Strukturen und technologischer Wandel im 19. und 20. Jahrhundert, Dortmund 1992, 589 S., broschiert DM 48,— ISBN 3-925227-31-8

Band 10

Kaudelka-Hanisch, Karin: Preußische Kommerzienräte in der Provinz Westfalen und im Regierungsbezirk Düsseldorf (1810–1918), Dortmund 1993, 364 S., broschiert DM 40,— ISBN 3-925227-33-4

Band 11

Reininghaus, Wilfried (Hg.): Wanderhandel in Europa. Beiträge zur wissenschaftlichen Tagung in Ibbenbüren, Mettingen, Recke und Hopsten vom 9.–11. Oktober 1992, Dortmund 1993, 231 S., broschiert DM 32,— ISBN 3-925227-34-2

Band 12

Köllmann, Wolfgang, Reininghaus, Wilfried, Teppe, Karl (Hg.): Bürgerlichkeit zwischen gewerblicher und industrieller Wirtschaft. Beiträge des wissenschaftlichen Kolloquiums anläßlich des 200. Geburtstags von Friedrich Harkort vom 25. bis 27. Februar 1993, Dortmund 1994, 170 S., broschiert, DM 28,– ISBN 3-925227-36-9

Dascher, Ottfried (Hg.): Das Westfälische Wirtschaftsarchiv und seine Bestände, bearb. von Wilfried Reininghaus, Gabriele Unverferth, Klaus Pradler, Horst Wermuth und Ottfried Dascher. Verlag K.G. Saur, München – London – New York – Paris 1990, XL, 706 S., 78 Abb., DM 88,— ISBN 3-598-10904-0 (vergriffen)

I Hilfsmittel der Forschung, Archivpublikationen sowie Inventare zu wichtigen Kammer-, Verbands- und Firmenarchiven im Westfälischen Wirtschaftsarchiv:

Band 1
Inventar zum Bestand K 2 IHK Bochum (1856-1944), Bd. 1, bearb. v. Ottfried Dascher u. Hans Vollmerhaus, Dortmund 1971, XI, 222 S. (vergriffen)

Band 2
Inventar zum Bestand K 2 IHK Bochum (1856-1944), Bd. 2, bearb. v. Ottfried Dascher u. Hans Vollmerhaus, Dortmund 1972, VIII, 192 S., DM 13,50 ISBN 3-921467-00-4

Band 3
Inventar zum Bestand K 3 IHK Bielefeld (1849-1933). Mit einem Anhang zum Archiv des Gnadenfonds (1829–1935), bearb. v. Ottfried Dascher u. Hans Vollmerhaus, Dortmund 1973, XX, 201 S., DM 15,— ISBN 3-921467-01-2

Band 4
Inventar zum Bestand K 4 IHK Minden (1848–1932). Mit einem Anhang K 7 IHK für Schaumburg-Lippe zu Stadthagen (1921–1932), bearb. v. Ottfried Dascher u. Hans Vollmerhaus, Dortmund 1973, XIV, 74 S., DM 7,50 ISBN 3-921467-02-0

Band 5
Ordnung und Information. Vorträge vor dem 7. Lehrgang der VDWW an der Archivschule Marburg – Institut für Archivwissenschaft – vom 5.–16. Februar 1973, bearb. und herausgegeben v. Ottfried Dascher, Dortmund 1974, XXIII, 231 S. (vergriffen)

Band 6
Inventar zu den Beständen F 17 Dresler (1695–1952), F 36 Hüttenhein (1777–1920), F 2 Kraemer (1813-1937), bearb. v. Ottfried Dascher u. Hans Vollmerhaus, Dortmund 1974, XVI, 73 S., DM 8,— ISBN 3-921467-03-9

Band 7
Geschichtliche Darstellungen, periodische Berichterstattung, Zeitschriften und Nachrichtendienste deutscher Industrie- und Handelskammern im WWA (1848–1972), bearb. v. Adelheid Böttcher u. Hans Vollmerhaus, Dortmund 1975, XXI, 345 S. (vergriffen)

Band 8
Inventar zum Bestand F 25 Vereinigte Deutsche Metallwerke AG, Zweigniederlassung Carl Berg, Werdohl (1716–) 1853–1955. Verzeichnet von dem 14. Wissenschaftlichen Lehrgang an der Archivschule Marburg – Institut für Archivwissenschaft, bearb. v. Ottfried Dascher u. Hans Vollmerhaus, Dortmund 1976, XXVI, 57 S., DM 9,50 ISBN 3-921467-05-5

Band 9

Inventar zum Bestand K 1 IHK Dortmund, Bd. 1: 1863–1914 (–1918), bearb. v. Ottfried Dascher u. Hans Vollmerhaus, Dortmund 1976, XXXIV, 92 S., DM 11,20 ISBN 3-921467-06-3

Band 10

Inventar zum Bestand K 1 IHK Dortmund, Bd. 2: Kriegs- und Kriegsfolgeakten (Kriegswirtschaftsregistratur) 1914–1918 (–1931), bearb. v. Ottfried Dascher u. Hans Vollmerhaus, Dortmund 1977, XI, 90 S., DM 10,50 ISBN 3-921467-07-1

Band 11

Inventar zum Bestand K 1 IHK Dortmund, Bd. 3: (1889–) 1918–1931, bearb. v. Ottfried Dascher u. Hans Vollmerhaus, Dortmund 1979, XIV, 216 S., DM 15,— ISBN 3-921467-08-X

Band 12

Inventar zum Bestand F 33 Privatbrauerei Dortmunder Kronen 1614–1980, bearb. v. Ottfried Dascher u. Hans Vollmerhaus, Dortmund 1980, VII, 122 S., DM 12,— ISBN 3-921467-09-8

Band 13

Inventar zum Bestand K 1 IHK Dortmund, Bd. 4: (1890) 1918–1932, bearb. v. Hans Vollmerhaus u. Wilfried Reininghaus, Dortmund 1983, V, 185 S., DM 15,— ISBN 3-921467-10-1

Band 14

Quellen zur Geschichte des Handwerks. Ein Bestandsnachweis für die Kreishandwerkerschaften in Westfalen und Lippe, bearb. v. Wilfried Reininghaus, Dortmund 1984, XXII, 275 S., DM 25,— ISBN 3-921467-11-X

Band 15

Quellen zur Wirtschaftsgeschichte Iserlohns, bearb. v. Wilfried Reininghaus u. Klaus Pradler, Dortmund 1987, XXVIII, 238 S., 62 Abb., DM 20,— ISBN 3-921467-12-8

Band 16

Inventar zum Bestand F 3 Werkzeugmaschinenfabrik Wagner & Co. Dortmund [1855] 1865–1978, bearb. v. Wilfried Reininghaus, Dortmund 1990, XXXI, 142 S., DM 10,— ISBN 3-921467-13-6

Band 17

Friedrich Harkort, Kamp & Co. – Die Mechanische Werkstätte in Wetter und ihre Nachfolgefirmen [1780] 1819–1910. Inventar zum Bestand F 1, Bd. 1, bearb. v. Wilfried Reininghaus, Dortmund 1993, XXII, 184 S., DM 20,— ISBN 3-921467-15-2

Band 18

Friedrich Harkort, Kamp & Co. – Die Mechanische Werkstätte in Wetter und ihre Nachfolgefirmen [1780] 1819–1910. Inventar zum Bestand F 1, Bd. 2, bearb. v. Wilfried Reininghaus, Dortmund 1993, IV, 182 S., DM 20,— ISBN 3-921467-16-0

Band 19

Die Handelskammer Münster und ihr Archiv 1854–1926. Inventar zum Bestand K 5, bearb. v. Wilfried Reininghaus und Bernd D. Plaum, Dortmund 1993, XVIII, 284 S., DM 25,— ISBN 3-921467-17-9

Band 20
Das Archiv der Wendener Hütte 1731–1932. Inventar zum Bestand F 40, bearb. v. Ottfried Dascher, Bernd D. Plaum und Horst Wermuth, Dortmund 1994, XII, 179 S., DM 19,50 ISBN 3-921467-18-7

(zu beziehen über die Stiftung Westfälisches Wirtschaftsarchiv, Märkische Str. 120, 44141 Dortmund)

Das Archiv der Familie und Firma Johann Caspar Harkort zu Hagen-Harkorten im Westfälischen Wirtschaftsarchiv, bearb. v. Wilfried Reininghaus, erschienen in der Reihe der Inventare der nicht-staatlichen Archive Westfalens, Bd. 11, hg. von Norbert Reimann, Münster 1991, 359 S., DM 39,— ISSN 0539-2292

(zu beziehen über das Westfälische Archivamt, Warendorfer Str. 24, 48145 Münster)

II Einzelveröffentlichungen

Fabrik im Ornament. Ansichten auf Firmenbriefköpfen des 19. Jahrhunderts. Ausstellung des Landschaftsverbandes Westfalen-Lippe Westfälisches Museumsamt und der Stiftung Westfälisches Wirtschaftsarchiv Dortmund, Münster 1980, 186 S., DM 20,—

Fabrik im Ornament. Ansichten auf Firmenbriefköpfen. Sammlung von Briefen der Firmen des Kammerbezirks um die Jahrhundertwende an die Handelskammer zu Bochum. Ausstellung des Landschaftsverbandes Westfalen-Lippe Westfälisches Museumsamt und der Stiftung Westfälisches Wirtschaftsarchiv Dortmund im Zusammenwirken mit der Industrie- und Handelskammer zu Bochum, Bochum 1981, 36 S. (vergriffen)

Fabrik im Ornament. Ansichten auf Firmenbriefköpfen des Dortmunder Raumes aus dem 19. und frühen 20. Jahrhundert. Ausstellung der Industrie- und Handelskammer zu Dortmund und der Stiftung Westfälisches Wirtschaftsarchiv im Zusammenwirken mit dem Landschaftsverband Westfalen-Lippe Westfälisches Museumsamt, Dortmund 1982, 48 S., (vergriffen)

Porträt eines Wirtschaftsraumes. Der IHK-Bezirk Münster im Spiegel alter Firmenbriefköpfe. Ausstellung der Industrie- und Handelskammer zu Münster und der Stiftung Westfälisches Wirtschaftsarchiv Dortmund in Zusammenarbeit mit dem Landschaftsverband Westfalen-Lippe Westfälisches Museumsamt, Münster und Dortmund 1983, 128 S., DM 10,—

„Mein Feld ist die Welt". Musterbücher und Kataloge 1784–1914. Eine Ausstellung der Stiftung Westfälisches Wirtschaftsarchiv Dortmund in Zusammenarbeit mit dem Westfälischen Museumsamt Münster Landschaftsverband Westfalen-Lippe, hg. von Ottfried Dascher, Dortmund 1984, 312 S., DM 24,80

Soll und Haben. Geschichte und Geschichten aus dem Westfälischen Wirtschaftsarchiv, hg. von Ottfried Dascher, Wilfried Reininghaus, Gabriele Unverferth, Dortmund 1991, 160 S., DM 20,00 ISBN 3-921467-14-4

(zu beziehen über die Stiftung Westfälisches Wirtschaftsarchiv, Märkische Str. 120, 44141 Dortmund)

VERÖFFENTLICHUNGEN DES INTERNATIONALEN KOMITEES FÜR WIRTSCHAFTS-ARCHIVWESEN BEIM INTERNATIONALEN ARCHIVRAT, PARIS

Bulletin du Comité des Archives d'Entreprises – Bulletin of the Committee on Business Archives, N 1-11, Bruxelles-Brussels-Dortmund 1978–1988, $ 5,— (Bände 1 und 2 vergriffen)

(zu beziehen über die Stiftung Westfälisches Wirtschaftsarchiv, Märkische Straße 120, 44141 Dortmund)